William H. Masters · Virginia E. Johnson
Robert C. Kolodny

**Das verdrängte Risiko**

William H. Masters · Virginia E. Johnson
Robert C. Kolodny

# Das verdrängte
# Risiko

## Sexualverhalten im Aidszeitalter

Der aktuelle Report
der führenden Sexualforscher über
Aids und Heterosexualität

Aus dem Amerikanischen von
Charlotte Franke · Stefanie Kuhn-Werner
Ulrike von Puttkamer

ECON Verlag
Düsseldorf · Wien · New York

Titel der amerikanischen Originalausgabe:
CRISIS: Heterosexual Behavior in the Age of AIDS
Originalverlag: Grove Press, Inc., New York
Übersetzt von Charlotte Franke, Stefanie Kuhn-Werner, Ulrike von Puttkamer
Copyright © 1988 by William H. Masters, M. D., Virginia E. Johnson,
Robert C. Kolodny, M. D.

CIP-Titelaufnahme der Deutschen Bibliothek

*Masters, William H.:*
Das verdrängte Risiko: Sexualverhalten im Aidszeitalter;
d. aktuelle Report d. führenden Sexualforscher über Aids
u. Heterosexualität / William H. Masters; Virginia E. Johnson;
Robert C. Kolodny. Aus d. Amerikan. von Charlotte Franke . . .
Düsseldorf; Wien; New York: ECON Verl., 1988
Amerikan. Orig.-Ausg. u. d. T.: Masters, William H.:
Crisis: heterosexual behavior in the age of AIDS
ISBN 3-430-16369-2
NE: Johnson, Virginia E.:; Kolodny, Robert C.:

Lektorat: Regina Hilbertz
Gesetzt aus der Times der Linotype
Satz: ICS Communikations-Service GmbH, Bergisch Gladbach
Papier: Papierfabrik Schleipen GmbH, Bad Dürkheim
Druck und Bindearbeiten: Ebner Ulm
Printed in Germany
ISBN 3-430-16369-2

# Inhalt

# Vorwort

Aids ist eine erschreckende Krankheit. Die Ängste, die durch die Seuche Aids erzeugt werden, rühren an die Wurzeln der menschlichen Natur: Angst vor dem Unbekannten, Angst vor Blut, Angst vor Sex, Angst vor Krankheiten, Angst vor Hilflosigkeit, Angst vor dem Verlassenwerden und Alleinsein, Angst vor dem Tod. All diese Ängste sind natürlich nicht völlig irrational. Aids ist ein Killer, und unsere Unkenntnis über das genaue Ausmaß der Aids-Epidemie macht unsere Angst nur noch größer.

Aber die durch Aids geweckten Ängste haben eine schlimme Nebenwirkung – sie verleiten zu Voreingenommenheit, Diskriminierung und Gefühllosigkeit, bis hin zur Vernichtung. Menschen, die sich mit dem Aids-Virus infiziert haben, werden gebrandmarkt, als hätten sie es freiwillig getan. Ganze Menschengruppen – vor allem homosexuelle und bisexuelle Männer und Drogenabhängige – werden verleumdet und wie überflüssige Gegenstände behandelt, die man am besten den verheerenden Auswirkungen der Verseuchung überläßt. Nach den öffentlichen Reaktionen zu urteilen, scheinen viele Menschen der Meinung zu sein, daß man diese Parias von der Oberfläche der Erde tilgen sollte – zur Strafe für ihre unerlaubte soziale und moralische Abweichung. Diese Einstellung ist äußerst beunruhigend, denn nur wenn wir auch anderen menschliche Würde zugestehen, bewahren wir uns unsere eigene menschliche Würde, so wie es unsere Welt zu einer anderen Zeit von einem anderen Holocaust gelernt hat.

Dieses Buch handelt im Prinzip nicht von der Krankheit Aids. Vielmehr berichtet es von Forschungen, aus denen

7

hervorgeht, wie weit sich das Aids-Virus bereits über die ursprünglichen Hochrisikogruppen hinaus verbreitet hat. Wir erklären in allen Einzelheiten – und zwar sehr deutlich –, warum wir als Individuen und als Gesellschaft nicht länger vor der Realität der sich explosionsartig verbreitenden Epidemie die Augen verschließen dürfen, sondern uns vielmehr persönlich und öffentlich entschieden für Vorbeugung als vordringliche Aufgabe einsetzen müssen. Außerdem legen wir auch einige schmerzliche Tatsachen über realistische, aber im allgemeinen nicht beachtete Risiken einer Infektion mit diesem heimtückischen Virus vor – Risiken, die viele Wissenschaftler, Experten der öffentlichen Gesundheitsämter und andere Fachleute im allgemeinen nur widerstrebend an die Öffentlichkeit bringen, obwohl sie im privaten Gespräch häufig zugeben, sich gerade wegen dieser speziellen Gefahren große Sorgen zu machen.

Soviel ist klar: Solange keine Möglichkeit zur Heilung besteht, ist unsere beste Waffe im Kampf gegen Aids die Information. Aber Informationen, die wissenschaftliche Gewißheit suggerieren, wo sie gar nicht existiert, oder Informationen, die Optimismus verbreiten, nur um Panik und Hysterie zu verhindern, verstoßen gegen das Verantwortungsbewußtsein, das die Wissenschaft energisch wahren und die Öffentlichkeit mit allem Nachdruck fordern sollte.

Einiges von dem, was wir zu sagen haben, wird umstritten sein. Einige unserer Ergebnisse und Empfehlungen wird man abwerten, weil sie die allgemein übereinstimmende Meinung anfechten, die sich inzwischen auch im Sinne der Möglichkeit gebildet hat, der Aids-Epidemie, die zunehmend um sich greift, auf bequeme Weise zu begegnen. Aber unsere Ergebnisse zu ignorieren oder unsere besonnene Deutung der voraussichtlichen weiteren Entwicklung und der Probleme, vor die uns diese Krankheit noch stellen wird, einfach abzutun, nur weil sie nicht mit den häufig wiederholten offiziellen Versicherungen übereinstimmt, würde bedeuten, vor einer großen Gefahr für die öffentliche Gesundheit die Augen zu verschließen.

An einem Projekt dieses Umfangs sind viele Personen beteiligt, die hier Erwähnung finden müssen. Die eigentliche Forschungsarbeit, die den Anstoß zu diesem Buch gegeben hat, hat Robert C. Kolodny zusammen mit dem Behavioral Medicine Institute durchgeführt. Einen entscheidenden Beitrag leistete Nancy J. Kolodny mit der Überprüfung der Untersuchungsdaten und der Begutachtung und Bearbeitung unseres Textes während seiner Entstehung. Unser alter Freund Charles Rembar hat uns in den Anfangsstadien des Buches immer wieder ermutigt und beraten – ohne ihn wäre es wohl kaum zustande gekommen. Fred Jordan, unser Verlagslektor, hatte für die Bedeutung dieses Projekts von Anfang an großes Verständnis und hat uns im weiteren Verlauf viele nützliche Anregungen gegeben. Es war für uns in jeder Hinsicht ein großes Vergnügen, mit Fred zusammenarbeiten zu können, dessen verlegerische Kompetenz nicht hoch genug eingeschätzt werden kann. Besondere Erwähnung verdient auch Joy Johannessen von der Grove Press, deren redaktionelles Können beispielhaft ist und deren unermüdliche Bereitschaft bewundernswert war.

Vor allem aber möchten wir an dieser Stelle den vielen Menschen danken, die sich an den Untersuchungen beteiligt haben und die im wahrsten Sinne des Wortes unsere Mitarbeiter sind.

W. H. M.
V. E. J.
R. C. K.

# 1
# Der Ausbruch

Über die weltweite Epidemie Aids – AIDS ist die Abkürzung für den amerikanischen Begriff *Acquired Immune Deficiency Syndrome*, deutsch: erworbene Immunschwäche-Krankheit – sind schon viele hundert Millionen Wörter geschrieben worden. Bedauerlicherweise ist von dem, was geschrieben wurde, vieles einfach nicht richtig. Zum Teil gehen diese falschen Informationen auf das massive erste Auftreten von Aids in den Vereinigten Staaten von Amerika und in Europa vornehmlich bei homosexuellen und bisexuellen Männern sowie »Fixern«, also Abhängigen von intravenös verabreichten Drogen, zurück – soziale Gruppen, die sich (zumindest in bestimmten Kreisen) schnell und auch recht bequem als von der Norm »abweichend« einstufen lassen, so daß man sich gegenüber den Kranken moralisch überlegen fühlen und sich von ihnen distanzieren kann. (Stephen Jay Gould sagte dazu: »Wenn Aids zuerst von Afrika aus direkt in ein Apartment an der Park Avenue verschleppt worden wäre, hätten wir nicht zu zittern brauchen, als der Aufmarsch der Exponierten begann.«)[1] Außerdem sind die falschen Informationen, die über Aids im Umlauf sind, eine Folge des mildtätig gemeinten Täuschungsmanövers, das ein großer Expertenkreis praktiziert: Aus dem verständlichen Wunsch heraus, eine Massenpanik zu vermeiden, wurde das Phänomen Aids in zahlreichen Erklärungen vorsätzlich in einem äußerst optimistischen Licht dargestellt, während schon ein gesundes Maß wissenschaftlicher Skepsis gegenüber dem Unbekannten zu einer völlig anderen, realistischeren Reaktion hätte führen müssen. Zu diesen fehlerhaften Informationen kam die bedenkliche Vernachlässigung systematischer Grundlagenforschung nach der Art und Weise, wie sich das Aids-Virus verbreitet – insbesondere der erstaunliche Mangel an durchdachten, zuverlässigen Untersuchungen des spezifischen Zusammenhangs zwischen verschiedenen Formen sexuellen Verhaltens und der Ausbreitung dieser Infektionskrankheit.

In den folgenden Kapiteln werden wir viele Beispiele für Fehlinformationen über Aids anführen, mit denen die Öffentlichkeit bisher gefüttert wurde. Zuerst jedoch wollen wir das Resultat und die sich daraus ergebenden alarmierenden Schlüsse aus unseren Untersuchungen und auch denen einiger anderer Forschungsteams vorlegen: Im Gegensatz zu den Behauptungen verschiedener Regierungsstellen und Experten des öffentlichen Gesundheitsdienstes, die Infektion mit dem Aids-Virus beschränke sich noch immer fast ausschließlich auf die ursprünglichen »Hochrisiko«-Gruppen (homosexuelle und bisexuelle Männer; injizierende = i.v.-Drogenabhängige), hat sich die Krankheit inzwischen ganz unbestreitbar auf die gesamte Bevölkerung ausgeweitet und tut das auch weiterhin, lautlos und unauffällig, während sich viele Menschen noch immer in Sicherheit wiegen und sich gar nicht darüber im klaren sind, in welcher Gefahr sie schweben. Außerdem gelangen wir ganz kategorisch zu dem Schluß, daß für die Infektion mit dem Aids-Virus *kein* intimer sexueller Kontakt oder die gemeinsame Benutzung von intravenösen Spritzen erforderlich ist: Die Übertragung *kann* durch Kontakt erfolgen, bei dem Blut oder andere Körperflüssigkeiten von einer Person, die das Virus beherbergt, auf eine andere Person geraten − durch Spritzen oder Reiben −, und zwar schon bei einem einzigen Vorfall dieser Art.

Es ist wichtig, an dieser Stelle darauf hinzuweisen, daß wir diese Behauptungen nicht etwa leichtfertig aufstellen und uns sehr wohl der Gefahr bewußt sind, daß dadurch persönliche Ängste, eine allgemeine Paranoia und diskriminierendes Verhalten hervorgerufen oder verstärkt werden könnten. Diskriminierung und Paranoia sind keinesfalls wünschenswert, realistische Angst dagegen vermag unseres Erachtens dem Thema Aids erst die richtige Perspektive zu geben und auch in starkem Maße zu einer Veränderung im Verhalten zu motivieren − einer Veränderung, die in diesem besonderen Fall für viele Menschen der Schlüssel zum Überleben ist.

# Einige grundlegende Tatsachen

Die breite Öffentlichkeit wurde im großen und ganzen in Sicherheit gewiegt, indem man sie dahingehend informierte, die Infektion mit dem Aids-Virus beschränke sich noch immer weitgehend auf homosexuelle und bisexuelle Männer und auf injizierende Drogenabhängige.[2] Aber diese einseitige Betrachtungsweise der Aids-Epidemie geht ganz außerordentlich in die Irre. Hinter dieser Erklärung stehen folgende wichtige Tatsachen:

*Die Behörden unterschätzen die Zahl der Menschen, die sich bereits mit dem Aids-Virus infiziert haben.* Noch nie ist eine sexuell übertragene Krankheit ohne einen vorbeugenden Impfstoff oder ein Heilmittel zahlenmäßig gleichgeblieben oder gar zurückgegangen. Trotzdem behaupten die meisten medizinischen Fachleute auch weiterhin, daß sich bis heute in den USA nur 1,5 Millionen Menschen mit dem Aids-Virus infiziert hätten – eine Schätzung, die der *U. S. Public Health Service* (öffentlicher Gesundheitsdienst) und die CDC (*Centers for Disease Control*, die dem deutschen Bundesgesundheitsamt vergleichbare amerikanische Zentralbehörde) bereits Mitte 1986 gemacht hatten.[3] Selbst wenn das Aids-Virus weit weniger ansteckend wäre als andere sexuell übertragene Viren (z. B. Herpes und Hepatitis B), bleibt die Tatsache bestehen, daß sich die meisten Menschen, die das Aids-Virus in sich bergen – und es, ohne es zu wissen, auf andere übertragen –, gar nicht darüber im klaren sind, daß sie sich infiziert haben. Viele, wenn nicht die meisten von ihnen, treffen in ihrem sexuellen Verhalten, beim Blutspenden oder bei der Verwendung von intravenösen Drogen keinerlei Vorsichtsmaßnahmen, so daß sie innerhalb eines unbestimmten Zeitraums weiterhin andere anstecken. Aus diesem Grund ist es ziemlich wahrscheinlich, daß es in den USA allein drei Millionen oder mehr »Träger« des Aids-Virus gibt, von denen die meisten ansonsten gesund sind und gar keine Ahnung von ihrem ansteckenden Zustand haben.[4] Obwohl die Verbreitung von Aids in Europa, Kanada und Australien noch nicht so weit fortgeschritten ist – offenbar liegen diese Länder zwei bis drei Jahre hinter den USA zurück –, stirbt die Bevölkerung in Zentralafrika und Haiti bereits in großen Scharen an dieser Krankheit.

*Die Fachleute unterschätzen ganz erheblich das Ausmaß, in dem sich das Aids-Virus unter der heterosexuellen Bevölkerung verbreitet hat.* Das Aids-Virus ist mit Hilfe mehrerer unterschiedlicher Mechanismen von den ursprünglichen Hochrisikogruppen auf die allgemeine Bevölkerung »übergewechselt«. Zu den ersten, die das Virus übertragen haben, gehörten ganz bestimmt die bisexuellen Männer. Aber rein zahlenmäßig kam der Gruppe der Drogenabhängigen wahrscheinlich noch größere Bedeutung zu. Hierbei fällt die Tatsache, daß viele drogenabhängige Frauen als Prostituierte arbeiten – und es auch weiterhin tun, um ihre Drogensucht zu finanzieren –, besonders ins Gewicht. Da Prostituierte häufigen sexuellen Kontakt mit zahlreichen Partnern haben und da viele Prostituierte nicht darauf bestehen, daß ihre Kunden Kondome verwenden, läßt sich unschwer erkennen, daß selbst eine relativ kleine Zahl mit Aids infizierter Prostituierter zahlreiche Männer anstecken kann. Diese Männer, die nicht wissen, daß sie sich angesteckt haben, könnten das Aids-Virus dann auf andere weibliche Geschlechtspartner übertragen. Da genau diese Situation jetzt seit über fünf Jahren vorherrscht, ist mit ziemlicher Sicherheit anzunehmen, daß sich eine beträchtliche Anzahl Heterosexuelle, die nicht drogenabhängig sind, schon auf diese Weise angesteckt haben: schätzungsweise 200 000 oder mehr.

Aber das ist noch lange nicht das Ende. Es gibt Anzeichen dafür, daß sich das Aids-Virus langsam aber sicher auf die jüngeren Mitglieder der Bevölkerung zubewegt – auf die Fünfzehn- bis Vierundzwanzigjährigen –, die, zumindest in den vergangenen 25 Jahren, in den USA und auch überall sonst auf der Welt am meisten zur Verbreitung von seuchenartigen Krankheiten, die beim Geschlechtsverkehr weitergegeben werden, beigetragen haben.[5] (Allerdings ist die Bestandsaufnahme von jungen Menschen, die sich mit dem Aids-Virus infiziert haben, unverständlicherweise bis jetzt völlig ignoriert worden, so daß wir nur Vermutungen anstellen können.)

Genauso alarmierend ist die unerwartete Konzentration der Infektion bei Heterosexuellen, die Muster von ausgeprägter »Promiskuität« im Sexualverhalten aufweisen, wie man es früher gern nannte, was man heute aber vielleicht besser als »Geschlechtsverkehr mit häufig wechselnden Partnern« bezeichnen sollte. Der *U. S. Surgeon General*, der höchste beamtete Arzt im Gesundheitswesen der USA, schrieb 1986 in seinem Bericht: »Das Infektionsrisiko steigt mit der Zahl der Geschlechtspartner, die man hat, ob *männlich oder weiblich*. Je mehr Partner man hat, um so größer ist die Gefahr, sich mit Aids-Viren zu infizieren.«[6] Auf diesen Punkt werden wir später noch genauer eingehen; an dieser Stelle sei nur gesagt, daß er aus mehreren verschiedenen Gründen bemerkenswert ist.

Erstens glauben die Menschen, die trotz großer Herpes- und Aids-Kampagnen in den Medien zahlreiche sexuelle Kontakte mit verschiedenen Partnern haben, daß sie persönlich keine Gefahr laufen, sich anzustecken. (Zum Beispiel berichteten die CDC über Aids-Infektionen bei zwei weiblichen Mitgliedern von »Sex-Clubs« und stellten durch eine Umfrage bei 55 Clubmitgliedern fest, daß sich 40 bis 73 Prozent für nicht gefährdet hielten, möglicherweise mit Aids infiziert zu sein!)[7] Daß sie die Gefahr einfach ignorieren, erlaubt ihnen nicht nur, ihr gewohntes Sexualverhalten weiterzuführen, sondern bedeutet auch, daß sie höchstwahrscheinlich nicht die notwendigen Vorsichtsmaßnahmen treffen, um sich und andere beim Geschlechtsverkehr zu schützen – etwa durch die Verwendung von Kondomen oder durch die Vermeidung analen Geschlechtsverkehrs. Zweitens heißt das aber, daß sie, da sie mit zahlreichen Partnern Geschlechtsverkehr haben, die Wahrscheinlichkeit erhöhen, die Infektion zu verbreiten, und die Menschen, die sie anstecken, werden dann wahrscheinlich wiederum eine große Anzahl Partner anstecken. Dieses Phänomen ist Fachleuten, die auf dem Gebiet sexuell übertragener Krankheiten arbeiten, gut bekannt. Denn unter den Personen mit einer spezifischen Geschlechtskrankheit (z. B. Syphilis oder Gonorrhöe) sorgen die 5 Prozent mit den meisten Geschlechtspartnern schon allein für die Verbreitung von mehr als der Hälfte aller in einer bestimmten Region auftretenden Krankheitsfälle. Drittens ist das sexuelle Verhalten von Menschen, die mit einer großen Anzahl Partner Geschlechtsverkehr haben, wahrscheinlich auch vielfältiger als das von monogam veranlagten Personen.[8] Das wiederum bedeutet, daß sie mit einer größeren Wahrscheinlichkeit oralen oder analen Geschlechtsverkehr ausüben − wodurch die Wahrscheinlichkeit einer Infektion noch erhöht wird.

Der Ausbruch von Aids in der heterosexuellen Bevölkerung der USA dürfte eigentlich keine Überraschung sein. Zum Beispiel verteilen sich die aus Afrika berichteten Fälle von Aids-Erkrankungen zu gleichen Teilen auf Männer und Frauen, und nur relativ wenige Fälle können auf homosexuellen oder bisexuellen Kontakt zurückverfolgt werden.[9] Genauso steigen die auf Haiti festgestellten Aids-Erkrankungen bei Frauen ständig weiter an: Von 14 Prozent in den Jahren 1980 bis 1982 auf 36 Prozent im Jahre 1985.[10] Und heute sind es bereits fast 50 Prozent.[11] Es ist abzusehen, daß die heterosexuelle Übertragung von Aids schon bald, weltweit, die größte Rolle bei der Verbreitung der Infektion spielen wird.

*Je mehr Menschen mit dem Aids-Virus infiziert sind, um so schneller wird sich die Krankheit verbreiten (wenn sich das sexuelle Verhalten nicht grundlegend ändert).* Zwei Fachleute der CDC haben es folgendermaßen ausgedrückt:

Mit zunehmender Verbreitung der Infektion innerhalb der Bevölkerung erhöht sich auch die Wahrscheinlichkeit der Ansteckung durch einen beliebigen Partner. Daher besteht auch ein zunehmendes Infektionsrisiko, je häufiger die Krankheit auftritt.[12]

All diese Überlegungen lassen nur einen Schluß zu: Aids ist eben erst dabei, richtig auszubrechen. Das Aids-Virus breitet sich jetzt völlig zügellos in der heterosexuellen Gesellschaft aus. Solange nichts unternommen wird, um diese globale Seuche aufzuhalten, wird die Zahl der Todesopfer in den kommenden Jahren ständig steigen, womöglich schrecklicher als alles, was die Welt je erlebt hat.

## Einige neue Ergebnisse über die Infektion mit dem Aids-Virus bei Heterosexuellen

Da wir Ende 1985 mit Besorgnis erste Anzeichen dafür wahrnahmen, daß die Infektion mit Aids von den primär gefährdeten Gruppen auf die breite Öffentlichkeit überzugreifen schien, bemühten wir uns, eine Strategie zur Erfassung der Aids-Verbreitung innerhalb der heterosexuellen Bevölkerung auszuarbeiten. Nach dem Suttonschen Gesetz* müßten sich neue Entwicklungen in den ersten Stadien bei heterosexuellen Personen abzeichnen, die pro Jahr eine relativ große Anzahl sexueller Partner haben. Um die Komplikationen zu umgehen, die sich bei einer Untersuchung von Prostituierten ergeben würden (zum Beispiel, weil bei i.v.-Drogenabhängigen die genaue Art der Übertragung nicht eindeutig festzustellen ist), beschlossen wir, einen anderen Weg einzuschlagen. Wir begannen damit, eine nach Region und sozialem Stand gemischte Gruppe von nichtmonogamen heterosexuellen Männern und Frauen zusammenzustellen und neben einer

---

\* Der berühmte Bankräuber Willie Sutton antwortete auf die Frage, warum er Banken ausraube, kurz und bündig: »Weil dort das Geld liegt.« In der Medizin bedeutet das Suttonsche Gesetz die Verwendung der diagnostischen Untersuchung oder Methode, die mit größter Wahrscheinlichkeit zum richtigen Ergebnis führt.

vergleichbaren weiteren Gruppe heterosexueller Männer und Frauen, die jedoch lang anhaltende monogame Beziehungen unterhalten, zu untersuchen.

Dafür standen uns 800 sexuell aktive heterosexuelle erwachsene Männer und Frauen im Alter von 21 bis 40 Jahren zur Verfügung, die alle die folgenden drei Bedingungen erfüllten:

1. Seit 1977 keine Bluttransfusionen erhalten;
2. Keine Verwendung unerlaubter Drogen durch Injektion;
3. Kein homosexueller oder bisexueller Kontakt seit 1977.

Diese 800 erwachsenen Personen setzten sich aus folgenden Gruppen zusammen: 200 Männer und 200 Frauen, die (in einer Ehe oder einem eheähnlichen Verhältnis) nach ihren Angaben langfristige monogame Beziehungen unterhalten hatten, und zwar seit mindestens fünf Jahren bis zu dem Zeitpunkt der Befragung; 200 Männer und 200 Frauen, die angaben, in den vorangegangenen fünf Jahren mindestens sechs Geschlechtspartner pro Jahr gehabt zu haben (unabhängig davon, ob sie verheiratet waren oder nicht). Die Teilnehmer beider Gruppen stammten aus Großstädten in vier verschiedenen geographischen Regionen der USA – dem Nordosten, dem Süden, dem Mittelwesten und dem Westen.

Alle Personen füllten einen Fragebogen aus und beantworteten darüber hinaus auch mündlich detaillierte Fragen nach ihrer sexuellen Vorgeschichte – der vorangegangenen fünf Jahre –, nach Geschlechtskrankheiten in der Vergangenheit, früheren oder gegenwärtigen Verhütungspraktiken sowie nach ihrer persönlichen Einstellung hinsichtlich des Risikos einer Herpes- und Aids-Übertragung. Jeder Beteiligte unterzog sich einem Aids-Bluttest.

Auf die Ergebnisse dieser Untersuchung werden wir in Kapitel 4 in allen Einzelheiten eingehen. An dieser Stelle nur eine kurze Zusammenfassung:

● Die durchschnittliche Zahl der Geschlechtspartner betrug in der nichtmonogamen Gruppe bei den Frauen pro Jahr 11,5 und bei den Männern 9,8. Im Vergleich dazu lag die durchschnittliche Zahl der Geschlechtspartner bei der monogamen Gruppe pro Jahr bei 1.

● Bei den 400 streng monogamen Männern und Frauen war die Infektion mit dem Aids-Virus, wie erwartet, sehr gering: Nur eine Person aus 400 oder 0,25 Prozent wies eine Infektion auf.

● Im Vergleich dazu kam die Infektion mit dem Aids-Virus bei den 400 Männern und Frauen mit zahlreichen Geschlechtspartnern erheblich häufiger vor: bei 14 Frauen (7 Prozent) und 10 Männern (5 Prozent).

● Bei der Untergruppe von nichtmonogamen Personen, die im Durchschnitt mehr als 12 Geschlechtspartner jährlich hatten, trat die HIV-Infektion sogar noch häufiger auf: 14 Prozent bei Frauen, 12 Prozent bei Männern.

● Bei nichtmonogamen Personen bestand während der vorangegangenen fünf Jahre eine größere Tendenz zur Ausübung von analem Geschlechtsverkehr als bei monogamen Personen; außerdem galt für alle Teilnehmer beider Gruppen mit Erfahrung in dieser Praktik, daß die nichtmonogamen Personen sie ungefähr dreimal so häufig wie die monogamen ausübten.

● Nur relativ wenige unter den Männern und Frauen, die zahlreiche Geschlechtspartner pro Jahr hatten, betrachteten sich im Hinblick auf eine HIV-Infektion als gefährdet. Kaum eine der Frauen in dieser Gruppe forderte ihre sexuellen Partner auf, Kondome zu verwenden; und keiner der Männer hatte in den zwölf Monaten vor dem Interview routinemäßig und zuverlässig Kondome verwendet.

Die Bedeutung dieser Untersuchungen ist relativ klar. Wenn die Infektion mit dem Aids-Virus bei einer großen Zahl heterosexueller Personen auftritt, die sexuell äußerst aktiv sind, und zwar mit vielen verschiedenen Partnern, dann folgt daraus, daß noch wesentlich mehr Menschen einer möglichen Ansteckung ausgesetzt sind. Zum Beispiel bedeutet das bei unserer Untersuchung, daß die 24 infizierten Personen der nichtmonogamen Gruppe, wenn sie im Verlauf eines Jahres mit jeweils 15 verschiedenen Geschlechtspartnern zusammen waren, insgesamt 360 Menschen dem Virus direkt ausgesetzt haben würden. Falls jede dieser 360 Personen mit fünf weiteren Partnern sexuellen Kontakt aufrechterhält, dann sind durch die ursprüngliche Gruppe von 24 Personen 1800 weitere Personen dem Virus potentiell ausgeliefert. Im Vergleich dazu setzt die eine Person, die sich innerhalb der monogamen Gruppe als Aids-positiv erwies, wahrscheinlich nur einen Partner der Krankheit aus – oder hat die Infektion höchstwahrscheinlich *von* ihrem Partner erhalten (der an der Untersuchung nicht teilgenommen hat).

Je mehr Menschen der Infektion ausgesetzt sind, um so häufiger wird auch die Infektion auf eine größere Anzahl Menschen übertragen, auf sexuelle wie auch auf andere Art. Mit der Zeit – vielleicht schon in wenigen Jahren – wird die Ausbreitung der Infektion mit dem Aids-Virus eine erschreckende alltägliche Erscheinung werden, und zwar nicht nur bei Menschen mit oft wechselnden Geschlechtspartnern, sondern auch bei heterosexuellen Personen, die sich in ihrem Leben auf relativ wenige Sexualpartner beschränken. Während sich die Infektion immer mehr ausbreitet, gelingt es uns vielleicht, uns auch weiterhin in Sicherheit zu wiegen, indem wir einfach nur die tatsächlichen Fälle von Aids-Erkrankungen zur Kenntnis nehmen. Das wird vor allem diejenigen beruhigen, die das Fehlen eines Anstiegs der Aids-Fälle bei Heterosexuellen ohne Drogenabhängigkeit als einen »Beweis« dafür ansehen, daß sich das Virus im großen und ganzen noch immer auf Kreise der Homosexuellen/Bisexuellen/Fixer

beschränkt. Aber bei einer Krankheit, die häufig eine Latenz-
zeit von fünf oder mehr Jahren, vom Zeitpunkt der ursprünglichen Infektion an gerechnet, aufweist, bis die Diagnose
definitiv gestellt werden kann,[13] würden wir die biologische
Realität ignorieren, wenn wir einen solchen Beweis als gültig
hinnähmen.

Wir haben es hier nicht mit einer Krankheit zu tun, die nur
peinlich oder unbequem ist: Aids ist, soviel wir wissen, eine
Krankheit, die unweigerlich einen tödlichen Ausgang nimmt.
Und obwohl noch nicht feststeht, wie viele Menschen, die sich
mit dem Aids-Virus infiziert haben, am Ende auch an Aids
erkranken werden, sieht es im Augenblick so aus, als würde es
sich um einen sehr hohen Prozentsatz handeln. Die ungehin-
derte Ausbreitung des Aids-Virus unter der allgemeinen
Bevölkerung hätte schreckliche Folgen. Wir behaupten nicht
als erste, daß mit Aids womöglich die größte Naturtragödie in
der menschlichen Geschichte auf uns zukommt.

## Eine globale Seuche und ihre Zahlen

1986 schätzte ein Sprecher der Weltgesundheitsorganisation,
daß es weltweit 100 000 Fälle von Aids im ausgeprägten
Stadium gebe, dazu 300 000 bis 500 000 Menschen mit verschiedenen Symptomen einer Aids-Infektion und ungefähr
5 bis 10 Millionen Aids-Infizierte ohne Symptome, von denen
jedoch letzten Endes viele an Aids erkranken würden.[14] Bis
Ende 1987 waren allein in den USA über 45 000 Fälle von
Aids-Erkrankungen bekannt. In Westeuropa belief sich die
Zahl auf etwa 8 000*. In Afrika muß eine Zahl von ungefähr
50 000 Fällen angenommen werden. Tatsächlich sind nach den
letzten Berichten in über 120 Ländern, einschließlich der

---

* Für die BRD führt das Bundesgesundheitsamt ein Aids-Fallregister und gibt
  mit Stand vom 31. 12. 1987 1669 Fälle an (101 davon weiblichen Geschlechts;
  742 der Betroffenen sind inzwischen verstorben. Anm. d. Verlags).

Sowjetunion, Japans, Australiens, Indiens und der Volksrepublik China, Fälle von Aids-Erkrankungen festgestellt worden.

Diese Zahlen liegen, wie wir glauben, weit unter dem tatsächlichen Ausmaß an Aids-Erkrankungen. Dafür gibt es mehrere Erklärungen. Zum Beispiel wurde das Thema Aids in manchen Ländern – vor allem kurz nach dem ersten Auftreten – vornehmlich politisch gewertet. Falls eine alarmierend große Anzahl Aids-Erkrankungen bekannt wurde, bestand die Gefahr, daß der Fremdenverkehr dadurch Schaden nahm und wirtschaftliche Einbußen zu erwarten waren; man würde zugeben müssen, daß es Probleme mit der öffentlichen Gesundheit gab, was vielleicht zu Rückschlüssen auf etwaige unhygienische Zustände führen würde oder auf ungenügende öffentliche Aufklärung und so weiter. Außerdem waren viele Länder aus religiösen oder kulturellen Gründen nicht bereit, offiziell ein Problem zuzugeben, das sich anfangs ausschließlich auf Homosexuelle, Bisexuelle und injizierende Suchtkranke zu konzentrieren schien.

In den USA und in Europa waren es mehrere verschiedene Probleme, die dazu führten, daß die Zahlen von Anfang an viel zu niedrig angesetzt wurden – bis heute. Zum einen konnten die Ärzte in weiten Teilen der Länder gar keine Diagnose für Aids stellen, weil sie mit dem Syndrom persönlich überhaupt nicht vertraut waren. (Die meisten Ärzte, die vor 1979 ihr Medizinstudium abgeschlossen haben, sind während des Studiums oder ihrer praktischen Ausbildung höchstwahrscheinlich nie mit Aids konfrontiert worden.) Zweitens wurde die Diagnose, bevor der Aids-Bluttest zur Feststellung der Antikörper Mitte 1985 zur Verfügung stand, hauptsächlich aufgrund klinischen Erkennens gestellt, ohne direkten Labornachweis, der die Diagnose des Arztes hätte unterstützen können. Drittens haben einige Ärzte das wahre Ergebnis ihrer Diagnose zurückgehalten, um die Patienten und ihre Familien vor der Schmach einer Aids-Diagnose zu bewahren. (Wir brauchen nur an einige Horrorgeschichten zu denken, wie sie durch die Medien bekannt wurden.) Wir schätzen, daß in den USA und in Europa allein aus diesem Grund 20 Prozent aller Aids-Fälle nicht registriert worden sind.[15]

Weiterhin melden viele Ärzte die Aids-Fälle erst, wenn der Patient bereits gestorben ist. Das mag teilweise an der Befürchtung des Arztes liegen, er könne als »Aids-Doktor« abgestempelt werden mit den entsprechend negativen Auswirkungen auf seine Praxis. Vielleicht geschieht es aber auch aus anderen Überlegungen heraus. Der betreffende Arzt oder die betreffende Ärztin könnte sich in einer solchen Situation auch von humanen Gefühlen leiten lassen. Diese Art der Motivation kann jedoch fragwürdigen Charakter haben, wie etwa im Fall von Stewart McKinney, einem Kongreßabgeordneten aus Connecticut, dessen Aids-Erkrankung vor den Wahlen trotz der Gerüchte über seinen Zustand vertuscht wurde. Nach seinem Tod bestätigte man die Aids-Diagnose schließlich, doch solche Fälle von verzögerter Berichterstattung können die Bemühungen der Regierung sehr behindern, die zunehmende Verbreitung der Krankheit und ihre geographische Verteilung im Auge zu behalten.

Ein anderer wichtiger Grund für die viel zu niedrigen Zahlenangaben im Zusammenhang mit dem tatsächlichen Aids-Aufkommen war technischer Art: In den Jahren von 1982 bis August 1987 bestanden die CDC bei der Aids-Diagnose auf äußerst restriktiven Kriterien.[16] Das haben schon viele Fachleute, die in diesem Bereich tätig sind, hervorgehoben. Obwohl es genügend wissenschaftliche Gründe für die Beibehaltung relativ unveränderter diagnostischer Kriterien gab (wie die CDC selbst feststellten, hat diese genaue Definition des Einzelfalls »nützliche Daten über die Entwicklung der Krankheit geliefert, weil sie eine genaue und gleichbleibende Interpretation zuläßt und sehr spezifische Informationen liefert«)[17], hatte diese Maßnahme auch deutliche Nachteile. Nachdem seit 1985 klar war, daß extreme Abmagerung und Ausfallserscheinungen der Gehirnfunktionen charakteristische Merkmale für das Aids-Syndrom sind und daß Tausende infizierter Menschen, die diese Symptome aufwiesen, tatsächlich schwer krank waren (viele von ihnen starben inzwischen), war es schon ein merkwürdiger Fall wissenschaftlicher Verleugnung, diese Fälle nicht als Aids-Erkrankung in der offiziellen Erfassung zuzulassen. Dieses Festhalten an unrealistischen Kriterien, bevor ein Krankheitsfall gemeldet werden durfte, diente nicht nur dazu, die Zahl der Aids-Fälle niedrig zu halten, sondern es sollte dadurch auch der Anschein geweckt werden, als wären die Aids-Fälle in den USA rückläufig, während genau das Gegenteil der Fall war.

Aufgrund all dieser Erwägungen gelangt man zu dem Schluß, daß das tatsächliche Vorkommen von Aids so stark unterschätzt wurde, daß die Statistiken von Ende 1987 bis zu 50 Prozent falsch sind. Das bedeutet, daß es in den USA seit dem Ausbrechen der Krankheit bis Ende 1987 wahrscheinlich ingesamt 67 000 Aids-Erkrankungen gegeben hat. In Afrika, wo die Fallberichte noch weit lückenhafter sind, gab es Ende 1987 wahrscheinlich mindestens 100 000 Fälle, wenn nicht noch mehr.

Das ist nicht allein ein akademisches Problem. Wenn die Ausgangszahl der Fälle, die die Epidemiologen und Behörden des öffentlichen Gesundheitsdienstes dazu verwenden, die künftige Entwicklung dieser Krankheit einzuschätzen, so stark von den tatsächlichen Zahlen abweicht, dann sind die »offiziellen« Schätzungen über die Zahl der Opfer, die noch zu erwarten sind, ebenfalls viel zu niedrig gegriffen. Zum Beispiel schätzt der *U. S. Public Health Service*, daß allein in den USA bis Ende 1991 insgesamt 270 000 Aids-Erkrankungen zu erwarten sind, mit 179 000 Todesfällen.[18] Aber diese Schätzung stützt sich auf die »offizielle« Statistik, die Mitte 1986 zur Verfügung stand. Wenn man jedoch eine weitaus höhere Gesamtzahl von bereits aufgetretenen Krankheitsfällen ansetzt – was mit größter Wahrscheinlichkeit zutrifft – und die Entwicklungsrate vom symptomlosen Zustand einer Infektion mit Aids-Viren bis zu dem voll entwickelten Aids-Syndrom realistisch einschätzt, wird unserer Ansicht nach bis Ende 1991 die tatsächliche Zahl der Aids-Erkrankungen in den USA auf 500 000 gestiegen sein – mit über 300 000 Todesfällen. Weltweit wird es dann zumindest zwei Millionen Aids-Fälle geben – mit weit über einer Million Toten. Und wenn nicht erstaunliche Fortschritte bei der Entwicklung eines Impfstoffs zur Verhinderung der Infektion gemacht werden, wird es allein in den USA bis zum Jahr 2000 insgesamt fünf Millionen Aids-Fälle geben. Weltweit wird sich die Zahl zu 25 Millionen Fällen summieren. Das enorme Ausmaß dieser Bedrohung – und unsere Unfähigkeit, mit Geldern für Forschung und Planung schnell genug auf diese erschreckenden Zukunftsaussichten zu reagieren – sollte nicht auf die leichte Schulter genommen werden.

# 2
# Aids:
# Das Virus und seine Übertragung

Wie es zu der Aids-Epidemie gekommen ist, läßt sich nur vermuten. Im Rückblick sieht es so aus, als sei 1969 in St. Louis ein junger Mann mit dem Aids-Virus infiziert gewesen.[1] Das läßt darauf schließen, daß das Aids-Virus in den USA vielleicht schon mehrmals sporadisch aufgetreten ist, bevor es zu einer regelrechten Epidemie kam. Vor Bekanntwerden dieses Falls bezog sich die plausibelste Erklärung für die Entstehung der Aids-Krankheit auf die große Ähnlichkeit in der Struktur wie auch bestimmter immunologischer Auswirkungen zwischen dem Aids-Virus und einem Virus, das häufig bei Affen vorkommt und eine Krankheit verursacht, die Aids sehr ähnlich ist.[2] Es ist möglich, daß es bei diesem Virus zu einer Mutation gekommen ist, die auch Menschen angreift, oder daß es sich bei den ersten Aids-Fällen, die in Afrika aufgetreten sind, tatsächlich um Infektionen handelt, die von einem Affenvirus erzeugt wurden.

Weil eine solche Krankheit damals offiziell gar nicht existierte und weil sie so selten vorkam, wurden die ersten Fälle ungewöhnlicher Infektionen und seltener Krebserkrankungen, die von der Unterdrückung des Immunsystems durch das Aids-Virus herrührten, zuerst nicht als Aids erkannt, und erst, nachdem sie in den USA in geballter Form auftraten, wurden sie 1981 schließlich als eine »neue« Krankheit registriert.[3] Mehrere nachträgliche Untersuchungen, für die afrikanische Blutproben verwendet wurden, die Anfang und Mitte der siebziger Jahre für andere Zwecke eingefroren und gelagert worden waren, haben gezeigt, daß bereits 1977 Antikörper gegen das Aids-Virus in Menschen vorhanden waren.[4] Solche Beweise machen es einem schwer, daran zu glauben, daß das Aids-Virus aus einem hochgeheimen biologischen Kriegsprojekt der Regierung stamme, das irgendwie Amok lief, wie in sowjetischen Zeitungen nachzulesen war.[5] Und falls man nicht gerade der felsenfesten Überzeugung ist, der liebe Gott habe besondere Absichten gegen die Menschen in Zentralafrika gehegt, fällt es schwer, Aids als eine Art göttlicher Vergeltung mit moralischem Beigeschmack anzusehen.

# Das Aids-Virus

Aids ist ein tödliches Syndrom – eine Ansammlung klinischer Merkmale –, das durch das »menschliche Immunschwäche-Virus« HIV (= *Human Immunodeficiency Virus;* ursprünglich LAV, teilweise auch HTLV-III oder anders bezeichnet) verursacht wird. HIV-Schäden des Immunsystems, das den Körper gewöhnlich gerade vor Infektionen schützt, machen den Menschen besonders anfällig für Infektionen und Erkrankungen. Aids ist im Prizip das Endstadium einer HIV-Infektion. In den ersten Stadien der Infektion weisen viele Menschen keinerlei sichtbare Symptome auf, während bei anderen wiederum verschiedene leichte Krankheiten oder auch ernste gesundheitliche Probleme auftreten, die den Körper schwächen können, aber trotzdem nicht die Kriterien für eine sichere Aids-Diagnose erfüllen. (Auf die medizinischen Merkmale von Aids gehen wir in Anhang A ein.) Während noch nicht mit Sicherheit gesagt werden kann, wie viele Menschen, die sich mit dem HIV-Virus infiziert haben, am Ende Aids bekommen werden, so wird es immer offensichtlicher, daß sie in der Mehrzahl schließlich an dieser Krankheit sterben werden.[6]

In den meisten Fällen wird das Aids-Virus durch sexuellen Kontakt oder durch gemeinsame Benutzung von Spritzen übertragen. (Auf andere, seltenere Formen der Übertragung werden wir später eingehen.) Wenn das Virus erst einmal in den Körper gelangt ist, greift es ganz bestimmte Lymphozyten an (ein Typus weißer Blutzellen), die als T-Helfer-Zellen bezeichnet werden und denen eine besondere Funktion der Regulation und Steuerung im Immunsystem zukommt. Die Invasion von HIV als solche ist ein faszinierender Vorgang, fast wie eine militärische Operation. Zuerst sucht das Aids-Virus die T-Helfer-Zellen und identifiziert sie als Ziele. Als nächstes macht es sich an der Außenseite der jeweiligen Zelle fest, und von dort startet es den eigentlichen Angriff. Nachdem es in die Zelle eingedrungen ist, gibt es einen Strang RNS

29

(Ribonukleinsäure) ab, ein genetisches Material, das durch ein einzigartiges Enzym in mehrere Stränge DNS (Desoxyribonukleinsäure) umgewandelt wird, ein anderes genetisches Material, das wichtige molekulare Codes für die Produktion von Aminosäuren und Proteinen mit sich führt. Die DNS, die wie ein Geschoß funktioniert, durchdringt dann den Kern der T-Helfer-Zelle, von dem aus die Zelle gewöhnlich operiert.

Im Zellkern wird die DNS aus dem Virus mit dem genetischen Code der Wirtszelle verbunden, so daß die Wirtszelle zur Minifabrik wird, die Kopien von dem Virus herstellt. Jedesmal, wenn sich die infizierte Wirtszelle teilt, werden, zusammen mit weiteren Wirtszellen, neue Kopien des Aids-Virus erzeugt, von denen jede den viralen DNS-Code enthält. Da der Reproduktionsvorgang des Aids-Virus gewöhnlich nur so lange anhält, bis die infizierte Wirtszelle aktiviert wird,[7] läßt sich dieser Prozeß mit dem Aufstellen Zehntausender von Zeitbomben in einem Gebiet vergleichen, das zum Zwecke einer späteren Zerstörung überfallen und eingenommen wurde. Obwohl uns dieser Aktivierungsprozeß bislang noch nicht völlig klar ist, hat es den Anschein, als würden andere Infektionen (z. B. Hepatitis B, Herpes und möglicherweise Syphilis) dieses Ereignis auslösen, indem sie die Gelegenheit bieten, eine bis dahin ruhende HIV-Infektion zur Multiplikation zu bringen.[8] Wenn die T-Helfer-Zelle erst einmal aktiviert und das Aids-Virus reproduziert ist, wird die Zelle zerstört. Das ist der Grund, warum Menschen mit Aids häufig eine sehr niedrige Lymphozytenzahl aufweisen. Tatsächlich haben auch viele Menschen mit einer HIV-Infektion eine stark reduzierte relative Lymphozytenzahl, bevor sie Aids bekommen. Diese Verringerung der Lymphozyten kann als Vorzeichen eines Defekts im Immunsystem gelten, da ungewöhnliche Infektionen, die häufig mit Aids einhergehen, mit größerer Wahrscheinlichkeit auftreten, wenn die T-Helfer-Zellen so stark reduziert sind, daß die noch verbliebenen Zellen die Arbeit des Immunsystems nicht mehr wirksam koordinieren können.

Das Aids-Virus infiziert auch mehrere andere Zellen, die Teil des Immunsystems sind: B-Zellen, Monozyten und Makrophagen (Freßzellen). Obgleich diese Zellen durch HIV normalerweise nicht getötet werden, auch nicht, wenn es sich reproduziert, so werden sie doch in ihrer Funktion als integraler Teil des Immunsystems beeinträchtigt. Man nimmt aber an, daß diese Zellen als eine Art Nachschubplatz bei hartnäckigen Virusinfektionen von Menschen, die sich mit HIV infiziert haben, eine wichtige Rolle spielen.[9]

Außerdem greift das Aids-Virus selektiv Zellen im Gehirn an, breitet sich in ihnen aus und zerstört sie. Wenn auch der Mechanismus dieses Angriffs noch nicht genau bekannt ist, so vertreten einige Wissenschaftler die Meinung, daß HIV außerhalb des zentralen Nervensystems die Monozyten infiziert. Diese infizierten Monozyten dienen dann als eine Art Trojanisches Pferd, das die Infektion an der Abwehrfront des Gehirns vorbeischleust, dem Schutzfilter, das als Blut-Hirn-Schranke bezeichnet wird. Wenn die infizierten Monozyten erst einmal in das Gehirn eingedrungen sind, können sie chemische Stoffe abgeben, die für die Gehirnzellen schädlich sind, was zu verschiedenen Störungen im Gehirn führt, wie sie bei Menschen mit Aids-Erkrankungen häufig anzutreffen sind.

Obwohl einige der Mechanismen, die mit den biologischen Vorgängen der HIV-Infektion zu tun haben, nicht genau bekannt sind, ist klar, daß es sich dabei um eine nachhaltige Infektion handelt. Da der genetische Code des Aids-Virus in den Code der Wirtszelle, die es angreift, integriert wird, »sind mit HIV infizierte Personen ein für allemal infiziert«.[10]

## Die Ansteckung

Anfang der achtziger Jahre herrschte ziemliche Unsicherheit darüber, wie Aids übertragen wird. Einige Aspekte der Ansteckung sind auch heute noch unklar, aber in den wichtigsten Punkten sind sich die Fachleute einig:

31

1. Das Aids-Virus wird hauptsächlich durch sexuellen Kontakt verbreitet.

2. Transfusionen von infiziertem Blut oder entsprechenden Blutprodukten übertragen das Aids-Virus ebenfalls.

3. Die gemeinsame Benutzung oder die Wiederbenutzung kontaminierter Nadeln oder Spritzen von Drogenkonsumenten ist ein weiterer wichtiger Faktor bei der Übertragung des Aids-Virus.

4. Das Aids-Virus wird häufig während der Schwangerschaft und Geburt von der Mutter auf das Kind übertragen und möglicherweise auch beim Stillen.

5. Beim Kontakt von Haut oder Schleimhäuten mit infiziertem Blut (und anderen biologischen Flüssigkeiten) kann das Aids-Virus ebenfalls übertragen werden.

Um die verschiedenen Formen der Übertragung des Aids-Virus und die damit verbundenen Gefahren richtig zu verstehen, ist es wichtig, zu wissen, welche Schritte unternommen werden müssen, um vorbeugende Maßnahmen zu ergreifen. Daher werden wir jeden Übertragungsmechanismus im einzelnen besprechen.

## Sexuelle Übertragung

Während sich die Fachleute darüber einig sind, daß jeder sexuelle Kontakt, der den Austausch biologischer Flüssigkeiten von einem Partner zum anderen mit sich bringt, das Risiko einer HIV-Übertragung in sich birgt (wenn ein Partner infiziert ist), herrscht Unsicherheit darüber, wie groß dieses Risiko bei den verschiedenen Formen der sexuellen Praktiken ist. Die größte Gefahr scheint beim analen Geschlechtsverkehr gegeben, sowohl bei Homosexuellen als auch bei Heterosexuellen.[11] Das liegt zum Teil daran, daß es im Analbereich leicht zu kleinen Verletzungen kommt, da das Hautgewebe dort relativ dünn ist.[12] Aber auch andere Faktoren könnten dabei eine Rolle spielen, zum Beispiel der Unterschied des pH-Werts von Rektum und Vagina, die unterschiedliche mikrobielle Umgebung oder ein Unterschied im Widerstand des Gewebes beim Eindringen der Virusteilchen.

Auch beim vaginalen Geschlechtsverkehr werden eindeutig Aids-Viren übertragen, sowohl vom Mann auf die Frau als auch von der Frau auf den Mann.[13] Gegenwärtig sieht es so aus, als sei die Gefahr einer Infektion durch vaginalen Geschlechtsverkehr erheblich geringer als durch analen Geschlechtsverkehr. Aber das ist nur eine Vermutung und wissenschaftlich nicht bewiesen. Bei mehreren Untersuchungen, die sich mit der Übertragung des Aids-Virus beim Geschlechtsverkehr befaßt haben, wurde kein besonderer Zusammenhang mit analem Sex festgestellt, vielmehr weist alles darauf hin, daß ungeschützter vaginaler Sex ebenfalls sehr häufig zur Verbreitung der Infektion beiträgt.[14] Allerdings beläuft sich der errechnete Schätzwert des Risikos, daß ein infizierter Mann bei einem einzigen ungeschützten vaginalen Geschlechtsverkehr eine Frau mit HIV ansteckt, auf ungefähr 1 zu 1 000, jedoch der, daß eine infizierte Frau mit einem einzigen ungeschützten vaginalen Geschlechtsverkehr einen Mann mit HIV ansteckt, auf nur 1 zu 2 000.[15] Wir glauben, daß diese Schätzungen unangemessen optimistisch sind, da wir bei unseren eigenen Untersuchungen vorläufige Beweise dafür gefunden haben, daß das Ansteckungsrisiko für Frauen ungefähr 1 zu 400 und für Männer 1 zu 600 beträgt.[16] Es wurde eindeutig festgestellt, daß das Aids-Virus im Samen infizierter Männer in relativ hoher Konzentration vorhanden ist.[17] Und es wurde ebenfalls festgestellt, daß das Aids-Virus in Absonderungen aus dem Gebärmutterhals und der Vagina anzutreffen ist,[18] wenn auch vielleicht nicht in so großer Konzentration wie im Samen.[19] Auch scheint das Virus zu keinem Zeitpunkt

33

im Menstruationszyklus verschwunden zu sein, so daß es keine »sicheren« Tage gibt, in denen keine Gefahr einer Infizierung besteht. Da sich der Menstruationsfluß aber leicht mit zervikalen und vaginalen Absonderungen vermischen kann, besteht die Möglichkeit – die jedoch noch nicht bestätigt wurde –, daß beim vaginalen Geschlechtsverkehr (oder Cunnilingus) während der monatlichen Blutung mit einer erhöhten Infektionsgefahr zu rechnen ist.

Weitaus weniger sicher ist, ob HIV durch oralen Sex übertragen wird. Der *Surgeon General's Report on Acquired Immune Deficiency Syndrome* von 1986 führt die oral-genitale Übertragung nur mit folgenden Worten an: »Falls Sie oder Ihr Partner Aids-gefährdet sind, vermeiden Sie jeden Mundkontakt mit dem Penis, der Vagina oder dem Rektum.«[20] Mehrere Untersuchungen haben keinen Beweis für ein erhöhtes Risiko einer HIV-Infektion in Verbindung mit oralem Geschlechtsverkehr erbracht. Beispielsweise stellten Winkelstein und seine Mitarbeiter,[21] die in San Francisco eine umfassende Untersuchung mit Männern durchführten (ohne Beweise für HIV-Infektionen bei heterosexuellen Männern zu finden) fest, daß oraler Geschlechtsverkehr das Risiko einer HIV-Infektion bei homosexuellen oder bisexuellen Männern, die keinen analen Geschlechtsverkehr ausüben, nicht erhöht.* Genauso hat eine Untersuchung, die von Padian und ihren Mitarbeitern an 97 weiblichen Sexualpartnern von Männern mit einer HIV-Infektion durchgeführt wurde, keinen Hinweis auf ein erhöhtes Ansteckungsrisiko im Zusammenhang mit oralem Geschlechtsverkehr ergeben, obwohl Frauen, die

---

* Es wäre jedoch möglich, daß die Ergebnisse den Einfluß von oralem Geschlechtsverkehr bei HIV-Infektionen gar nicht erfaßt haben, weil oraler Geschlechtsverkehr nur in Begriffen von »keiner« oder »wenig« quantifiziert wurde. Denn vielleicht wäre es sehr aufschlußreich gewesen, die Untergruppe der Männer zu untersuchen, die relativ häufig oralen Geschlechtsverkehr ausüben (zum Beispiel hundertmal pro Jahr oder mehr), und zwar im Vergleich zu den Männern, die oralen Geschlechtsverkehr ganz vermeiden, oder zu denen, die ihn selten ausüben (zum Beispiel weniger als zwölfmal pro Jahr).

außer vaginalem oder oralem Geschlechtsverkehr auch analen Geschlechtsverkehr ausübten, mit zwei- bis dreimal größerer Wahrscheinlichkeit eine HIV-Infektion erwarben als diejenigen, die keinen analen Geschlechtsverkehr hatten.[22] Allerdings hatte keine der Frauen aus dieser Untersuchungsgruppe ausschließlich oralen Geschlechtsverkehr, so daß es sehr wohl möglich sein könnte, daß HIV zwar bei Fellatio mit Ejakulation *übertragen* werden kann, dadurch aber nicht das Risiko einer Übertragung, wie es für den vaginalen Geschlechtsverkehr festgestellt wurde, *erhöht* wird.

Trotz dieser Untersuchungsergebnisse, die nicht belegen, daß das Aids-Virus durch oralen Geschlechtsverkehr übertragen werden kann, vertreten andere Berichte eine unterschiedliche Meinung. Möglicherweise liefert eine 1987 durchgeführte Untersuchung von Fischl und Mitarbeitern[23] die bisher besten Beweise, denn in ihr werden statistische Daten vorgelegt, die bei einer Überprüfung von 45 Aids-Patienten und ihren Geschlechtspartnern, sowohl männlichen als auch weiblichen, eine Verbindung zwischen oralem Geschlechtsverkehr und der Übertragung des Aids-Virus bestätigen (26 der 45 Geschlechtspartner oder 58 Prozent hatten eine HIV-Infektion, was auf eine hohe Rate der sexuellen Übertragung bei heterosexuellen Paaren schließen läßt).* Wir hatten in zwei Fällen auch HIV-Infektionen bei ausschließlich homosexuellen Männern (im Alter von 21 und 33 Jahren) zu verzeichnen, die niemals analen Geschlechtsverkehr, sondern immer nur − und zwar sehr häufig − oral-genitalen Geschlechtsverkehr ausübten.

Obwohl bis jetzt also noch keine Untersuchungen absolut schlüssige Beweise dafür geliefert haben, daß das Aids-Virus durch oralen Geschlechtsverkehr übertragen wird, muß mit

---

* Fischl und seine Mitarbeiter haben die Häufigkeit des oralen Geschlechtsverkehrs bei ihren Untersuchungsobjekten quantifiziert, wodurch sie vielleicht genauere Ergebnisse erzielten. »Wiederholten oralen Sex« definierten sie als »wenigstens zwei Kontakte pro Monat oder mindestens 50 Prozent der gesamten sexuellen Aktivität«.

allem Nachdruck darauf hingewiesen werden, daß diese Art der Ansteckung mit Sicherheit gegeben ist. Es gibt keine virale oder bakterielle sexuell übertragene Krankheit, die *nicht* auch — wenigstens gelegentlich — durch oral-genitalen Kontakt übertragen wird.[24] Die Schwierigkeit, den »Beweis« zu erbringen, daß oral-genitaler Geschlechtsverkehr das Aids-Virus überträgt, beruht auf den allgemeinen Umständen: Es widerspräche ganz offenbar ethischen Grundsätzen, an Menschen Experimente durchzuführen, nur um die Existenz dieser Übertragungsart nachzuweisen, so daß wir gezwungen sind, uns auf relativ indirekte Forschungsstrategien zu verlassen, bei denen wegen der anderen sexuellen Praktiken die tatsächliche Wirkung des oralen Geschlechtsverkehrs im allgemeinen verborgen bleibt. Und schließlich ist es vielleicht sogar noch wahrscheinlicher, daß die Schleimhaut im Mund kleine Schnitte, Kratzer, Blasen oder Abschürfungen hat — vom Essen wie auch von Zahnbürste oder Zahnseide —, als daß die Schleimhaut des Rektums beim analen Geschlechtsverkehr reißt und daß diese Verletzungen dem Virus ein leichtes Eindringen ermöglichen — zusammen mit Samenflüssigkeit oder Scheidenabsonderungen —, läßt sich wohl kaum bestreiten.

Noch größere Skepsis besteht darüber, ob das Aids-Virus durch Küsse übertragen werden kann. Aber auch an dieser Form potentieller Übertragung gibt es nichts zu rütteln. Das Aids-Virus ist schon des öfteren im Speichel von Menschen gefunden worden.[25] Und auch andere sexuell übertragene Krankheiten, einschließlich Genitalherpes und Syphilis, werden auf diesem Weg übertragen. Und die schon erwähnten Schnitte, Kratzer oder Abschürfungen auf den Lippen oder im Mund lassen, insbesondere beim »Zungen-« oder »französischen Kuß«, auf die Möglichkeit einer Übertragung des Aids-Virus auf diesem Weg schließen.

Die Meinung, daß das Aids-Virus nicht durch Küsse übertragen werden könne, stützt sich auf die Tatsache, daß das Virus im Speichel nur in sehr geringer Konzentration vorkommt, weniger als in der Samenflüssigkeit oder im Blut, was durchaus zutreffen mag und in einigen Untersuchungen auch nachgewiesen wurde. Allerdings sind auch im Speichel vermutlich genügend lebende Viren vorhanden, um einen anderen Menschen zu infizieren. Der zweite Punkt, der − wenn auch begrenzt − ebenfalls zutrifft, bezieht sich auf die Tatsache, daß bis jetzt noch kein einziger Fall von Aids bekannt geworden ist, der definitiv durch Küsse übertragen wurde. Aber auch das ist nur ein weiteres Beispiel dafür, wie durch das Fehlen sorgfältiger, kontrollierter Untersuchungen Verwirrung geschaffen wird. Obwohl es wichtig ist, zu erfahren, ob Küsse tatsächlich das Aids-Virus übertragen können, ist es natürlich nicht möglich, deswegen Experimente mit Menschen durchzuführen. Einen solchen »Beweis« aus dem wirklichen Leben zu verlangen, ist unvernünftig, und unter den Augen von Wissenschaftlern spielen sich reale Situationen wie diese auch nicht gerade sehr häufig ab.

Es kommt einem merkwürdig vor, eine so offensichtliche Frage überhaupt zur Sprache zu bringen, aber wenn es im Zusammenhang mit einer tödlichen Infektion Unsicherheiten gibt, sollten wir dann nicht eher Vorsichtsmaßnahmen treffen und uns auf das Schlimmste vorbereiten, anstatt eine optimistische Stimmung zu verbreiten? Schließlich handelt es sich hier buchstäblich um Leben und Tod, und nicht um einen intellektuellen Diskurs. Und doch haben viele Mediziner und Wissenschaftler versucht, die Öffentlichkeit mit der Behauptung zu beruhigen, Küsse seien kaum dazu geeignet, das Aids-Virus von einem Menschen auf den anderen zu übertragen.[26] In diesem Zusammenhang muß man sich jedoch fragen, ob hinter einer solchen Haltung wirklich die Absicht steht, die Öffentlichkeit über die relevanten Gefahren zu informieren, oder ob es nicht darum geht, auf dem Weg des geringsten Widerstandes lediglich auf bereits nachgewiesene Gefahren hinzuweisen, nicht aber auf solche, die zwar durchaus im Bereich des Möglichen liegen, für die es nur noch keine Beweise gibt.

## Andere Möglichkeiten der Ansteckung

Der wichtigste nichtsexuelle Mechanismus einer Übertragung des Aids-Virus ist die Verwendung von Nadeln oder Spritzen, die mit dem Blut eines bereits infizierten Menschen kontaminiert sind. Das passiert im allgemeinen, wenn sich Abhängige intravenöser Drogen ihre »Bestecke« teilen, aber es geschieht auch bei gemeinsamer Benutzung anderer Nadeln – bei intramuskulären Injektionen (zum Beispiel bei Sportlern, die manchmal anabole Steroide, also Aufbaustoffe, gespritzt bekommen) oder bei subkutanen Injektionen (Einspritzungen unter die Haut, den Drogenabhängigen als »skin popping« vertraut). Obwohl es allgemein bekannt ist, daß durch die gemeinsame Benutzung kontaminierter Nadeln das Aids-Virus übertragen wird, herrscht über die Gefahr bei gemeinsamer Benutzung von Injektionsspritzen weitgehend Unwissenheit. Eine Injektionsspritze wird meistens kontaminiert, während der Kolben zurückgezogen wird, damit man feststellen kann, ob die Nadel in einer Vene steckt; wenn sich das Blut mit der Spritze leicht absaugen läßt, ist eine Vene angezapft. Die relativ kleine Blutmenge in der Injektionsspritze enthält bereits große Mengen Aids-Viren, und auch wenn die Spritze geleert wird und nur ein kleiner Rest Blut an den Wänden festklebt (oder an der Öffnung), der danach wieder mit der Droge verdünnt wird, die gespritzt werden soll, findet mit großer Wahrscheinlichkeit eine Infektion statt. Ein Grund dafür ist natürlich die Tatsache, daß das lebende Virus direkt in die Blutbahn gelangt und somit einige der sonst üblichen Abwehrmechanismen gegen Infektionen umgeht – zum Beispiel die Haut.

Man möchte meinen, daß die Menschen, die Drogen verwenden, durch die geradezu lawinenartige Publicity, die Aids und die damit verbundenen Risiken erfahren haben, gewarnt seien und sich mit größter Vorsicht der Nadeln und Spritzen bedienen, so daß die Ansteckung rapide zurückgeht. Aber das ist leider nicht der Fall. Und dafür gibt es zwei Gründe.

Erstens gibt es nur wenige »Fixer«, die vorsichtig sind, was vielleicht nicht weiter überrascht, da sie durch ihre Sucht in eine solche Abhängigkeit geraten sind, daß sie ständig riskieren, durch eine Überdosis oder durch die Verwendung unreiner Stoffe aus unbestimmten chemischen Zusammensetzungen ihr Leben aufs Spiel zu setzen. Ihr zwanghafter Drang nach einem »Schuß« oder »fix«, wenn ihr Körper praktisch nach einem Narkotikum schreit, macht jede andere Erwägung irrelevant. Unter diesen Umständen ist der Schuß, sobald sie den Stoff haben, eine fast notwendige Handlung, selbst wenn sie dabei wüßten, daß jemand die Nadel vorher mit Zyankali vergiftet hat. Zweitens ist in den vergangenen fünf Jahren das Vorkommen von HIV-Infektionen bei Drogensüchtigen stark gestiegen,[27] so daß auch die Wahrscheinlichkeit, eine kontaminierte Nadel oder Spritze zu benutzen, drastisch zugenommen hat. Was das bedeutet, läßt sich ganz einfach errechnen. Wenn in einer bestimmten Stadt nur 10 Prozent der Drogenabhängigen mit HIV infiziert sind, stehen die Chancen eins zu zehn, daß man sich ansteckt, sobald man die Nadel eines anderen Drogenabhängigen benutzt. Wenn die Infektionsrate 70 bis 80 Prozent beträgt, ist die Gefahr einer Infektion erheblich größer und wird praktisch zur Gewißheit, wenn man häufig unsterilisierte Nadeln verwendet. Je häufiger die Infektion auftritt, um so größer ist auch die Wahrscheinlichkeit, daß sich Suchtkranke schon sehr bald nach Beginn ihrer Abhängigkeit von injizierten Drogen anstecken.

Eine weitere große Gefahr der nichtsexuellen Ansteckung mit dem Aids-Virus besteht in der Transfusion kontaminierter Blutpräparate, und zwar nicht nur bei »regulären« Bluttransfusionen (mit Blut oder Blutbestandteilen), sondern auch bei Gerinnungsfaktoren, wie sie die meisten Bluter zur Verhinderung unkontrollierter Blutungen benötigen. Von den schätzungsweise zwanzigtausend Menschen mit der Bluterkrankheit, die in den USA leben und von denen etwa die Hälfte wöchentlich Gerinnungsfaktoren brauchen, haben sich bis jetzt fast 75 Prozent mit dem Aids-Virus infiziert, und zwar die meisten in der Zeit vor 1985.[28] Obgleich sich nur bei einem geringen Prozentsatz der infizierten Bluter die Krankheit voll entwickelt hat (was vielleicht nur zeigt, wie lang die Inkubationszeit dauert, bevor die Infektion zu sichtbaren Symptomen oder der Krankheit selbst führt), glauben viele Behörden, daß die meisten Betroffenen, wenn nicht alle, am Ende Aids haben werden. Es gibt Grund zu der Hoffnung, daß die HIV-Infektionen bei Blutern in Zukunft zurückgehen werden, denn es hat sich herausgestellt, daß die Erhitzung der Gerinnungsfaktoren im allgemeinen zur Tötung des Aids-Virus führt.[29]

Das Risiko einer HIV-Infektion bei Nichtblutern, die Bluttransfusionen erhalten, war schon Gegenstand vieler widersprüchlicher Meinungen. Verschiedene Regierungsexperten und Fachleute der Blutbankindustrie behaupten, daß höchstens 4000 Fälle von Aids-Ansteckung durch Transfusionen vor dem Einsatz von Bluttests im Jahre 1985 aufgetreten sein können;[30] und weiterhin, daß nur bei etwa 15 Prozent der Fälle bis Ende 1986 die Aids-Diagnose gestellt wurde.[31] Trotzdem ist klar, daß 2 Prozent aller bisherigen Aids-Fälle bei Erwachsenen und fast 10 Prozent bei Kindern eine Folge von Bluttransfusionen waren,[32] die auch den Hauptrisikofaktor bei 10 Prozent der Aids-Fälle von Frauen ausmachen.[33]

Die meisten Fachleute sind der Meinung, daß durch eine sorgfältigere Auslese der Blutspender (homosexuelle und bisexuelle Männer und Drogenabhängige dürfen kein Blut spenden) und durch die Verfügbarkeit eines sicheren Tests zur Feststellung von Antikörpern (wodurch es möglich ist, Spenderblut zu beseitigen, wenn es sich als infiziert herausstellt) die nationale Blutversorgung jetzt vor der Bedrohung durch Aids sicher sei. Wir können uns dieser Meinung nicht anschließen und werden unsere Gründe in Kapitel 5 in allen Einzelheiten darlegen. An dieser Stelle sei nur darauf hingewiesen, daß weder die Ausschlußkriterien der Spender noch der Antikörper-Test narrensicher sind, und es darf als sicher gelten, daß auch weiterhin bei Transfusionen kontaminiertes Blut verwendet wird.

Einer der traurigsten Aspekte der Aids-Krankheit ist die Übertragung des tödlichen Virus von der Mutter auf das Kind – während der Schwangerschaft und auch nach der Geburt. Die Fachleute schätzen, daß sich 50 bis 60 Prozent der Kinder mit infizierten Müttern ebenfalls anstecken[34] – eine besonders alarmierende Statistik, da die HIV-Infektion bei Frauen im wesentlichen im gebärfähigen Alter stattfindet. HIV wurde auch in der Muttermilch infizierter Frauen festgestellt,[35] und es gibt Beweise dafür, daß die Übertragung auch nach der Geburt stattfinden kann: Eine Frau, die durch eine Bluttransfusion nach der Geburt infiziert worden war, übertrug die Infektion nachweislich beim Stillen mit Muttermilch auf ihr Kind.[36]

Es ist in den vergangenen Jahren viel darüber gerätselt worden, ob das Aids-Virus durch nichtsexuellen Kontakt auch mit Hilfe anderer Mechanismen als der oben erwähnten übertragen werden kann. Im großen und ganzen konzentrierte sich die Diskussion auf die Übertragung durch sogenannte Zufallskontakte, die allerdings nie so deutlich definiert worden sind, wie man es sich wünschen würde. Man war allgemein der Meinung, daß das Aids-Virus praktisch niemals auf diese Weise übertragen wird – und eines der Argumente, das dazu verwendet wurde, um diese angstmindernde Botschaft zu festigen, lautete, daß es unter den vielen tausend Angestellten im Gesundheits- und Wohlfahrtswesen, die sich mit Nadeln gestochen hatten, mit denen Aids-Patienten (oder anderen Personen, von denen man wußte, daß sie sich mit HIV infiziert hatten) Blut entnommen worden war, nur einige wenige Fälle von Aids-Infektionen gegeben hat.[37]

Dieses Argument muß man sich einmal mit gesundem wissenschaftlichem Menschenverstand ansehen und mit neueren Daten der CDC vergleichen, um es richtig einschätzen zu können. Viele Jahre lang wurde behauptet, daß – genauso wie bei anderen Virusinfektionen – jeder, der dem Blut oder anderen Körperflüssigkeiten eines HIV-infizierten Menschen ausgesetzt ist, selbst eine HIV-Infektion bekommen kann.

41

Das ist möglich, so hieß es, weil die Haut nicht immer eine absolut vollkommene Schranke für die Infektion darstellt. Wenn jemand eine Schnittwunde hat (selbst eine sehr kleine, die mit dem bloßen Auge nicht zu erkennen ist), einen Ausschlag, einen Kratzer, ein aufgebrochenes Bläschen oder irgendeine andere Öffnung oder Verletzung der Haut aufweist und dann infiziertem Blut oder anderen biologischen Flüssigkeiten ausgesetzt wird, dann wird das in vielen Fällen schon genügen, um eine Infektion in Gang zu setzen.

Im Mai 1987 schließlich revidierten die CDC ihre früheren beharrlichen Behauptungen, daß eine Übertragung auf diese Weise nicht möglich sei, und berichteten von drei Fällen, bei denen ebendies geschehen war.[38] Es handelte sich um Personen, die im Gesundheitswesen tätig waren und die mit dem Blut infizierter Personen Hautkontakt gehabt hatten, *ohne* einem Nadelstich ausgesetzt gewesen zu sein. Bei dem ersten Vorfall ging es um eine Frau, die jemandem die Hand gab und die etwa zwanzig Minuten lang »einen kleinen Blutspritzer auf dem Zeigefinger hatte, bevor sie sich die Hände wusch«. Im zweiten Fall bekam eine Frau, die chirurgische Handschuhe und Augengläser trug und anscheinend keine offenen Wunden, Risse oder Verletzungen hatte, im Gesicht einen Blutspritzer von einem Infizierten ab, und möglicherweise geriet auch ein wenig in den Mund. Im dritten Fall spritzte infiziertes Blut auf die Hände und Unterarme einer Frau, die keine sichtbaren Schnitte oder Verletzungen aufwies außer einem kleinen Riß am Ohrläppchen, das sie möglicherweise berührte. Uns sind noch einige andere Fälle dieser Art bekannt, über die noch nicht berichtet wurde.

Die praktische Bedeutung der eindeutigen Demonstration von HIV-Übertragungen auf diesem Weg ist beängstigend. Denn wahrscheinlich weiß die betreffende Person in den meisten Fällen gar nicht, daß sie sich mit HIV infiziert hat. Zum Beispiel stellte sich bei einer kürzlich durchgeführten Untersuchung schwerkranker oder schwerverletzter Patienten, die in die Notaufnahme des John-Hopkins-Hospitals eingeliefert wurden, heraus, daß von 203 Personen 6 – oder 3 Prozent – mit HIV infiziert waren; in den meisten Fällen ist sich, wie sich herausstellte, das diensthabende Personal in der Notaufnahme über das HIV-Risiko bei der Versorgung von Patienten gar nicht im klaren, die häufig bluten oder medizinische Maßnahmen benötigen, bei denen es zu Blutungen kommt.[39] Außerdem gibt es auch außerhalb der Krankenhäuser und anderer Institutionen des Gesundheitswesens Situationen, in denen Blutungen keine Seltenheit sind – bei vielen sportlichen Ereignissen etwa, bei denen der Körperkontakt eine große Rolle spielt und Schnitte, Kratzer und Nasenbluten zum Alltag gehören. Ist es möglich, sich bei einem Football-Spiel mit dem Aids-Virus zu infizieren oder beim Fußball, Baseball oder Basketball? Ja. Und bis sich die Menschen, die an diesen Spielen teilnehmen, nicht von Kopf bis Fuß mit Gummianzügen bekleiden (was wir, wie wir gleich hinzufügen wollen, nicht empfehlen), ist es leider wahr, daß die Gefahr einer zufälligen Aids-Infektion besteht.

Gegenwärtig gibt es keine Möglichkeit, den Umfang eines solchen Risikos einzuschätzen. Aber auch wenn es jetzt vielleicht noch ziemlich klein ist – wenn das Vorkommen von HIV-Infektionen unter der allgemeinen Bevölkerung weiter ansteigt, dann steigt auch das Risiko einer Infektion durch einen nichtsexuellen, nicht-i.v.-drogenbedingten, nicht durch Bluttransfusionen verursachten Kontakt mit dem Blut eines Aids-Infizierten. Das eröffnet erschreckende Perspektiven.

# 3
# Klinische Tatsachen, die jeder kennen muß

Wir schätzen, daß es in den USA gegenwärtig mindestens drei Millionen Menschen gibt, die sich bereits mit dem Aids-Virus infiziert haben. Aber nur bei einem kleinen Teil der Betroffenen hat die Infektion bisher zur Erkrankung an Aids geführt. In diesem Kapitel werden wir kurz auf die ersten Stadien einer HIV-Infektion eingehen und danach über die Wahrscheinlichkeit sprechen, mit der infizierte Personen, die sich gegenwärtig in diesen Stadien befinden, letzten Endes das Aids-Syndrom entwickeln werden. Außerdem werden wir uns mit den Grundzügen (und Schwachstellen) der Testverfahren befassen, die zur Feststellung einer Infektion mit dem Aids-Virus verwendet werden, wobei wir uns insbesondere auf die Verwendung und die Interpretation der Tests konzentrieren wollen, die zum Nachweis von HIV-Antikörpern entwickelt wurden.

## Zu Beginn der Infektion

In den ersten Wochen, die unmittelbar auf die Infektion mit dem Aids-Virus folgen, egal, auf welche Weise die Übertragung stattgefunden hat, treten gewöhnlich keine Symptome auf. Das ist vor allem deshalb problematisch, weil praktisch jede andere sexuell übertragene Krankheit frühzeitig Symptome aufweist und somit einen Hinweis auf das Vorhandensein der Krankheit gibt, so daß die betroffene Person nicht nur medizinische Hilfe erhalten, sondern auch von sexuellen Aktivitäten absehen kann. Bei 10 bis 25 Prozent der infizierten Personen bricht zwei bis fünf Wochen, nachdem sich das Aids-Virus in ihrem Körper ausgebreitet hat, eine kurze Krankheit aus, mit Symptomen, die entweder auf eine Mononukleose (Pfeiffersches Drüsenfieber) oder einen Grippeinfekt hinweisen.[1] Diese Infektion ist im allgemeinen von Gliederschmerzen, Fieber, Frösteln, Juckreiz und geschwollenen Lymphknoten begleitet. Leider sind die Symptome so unspezifisch, daß dem Erkrankten wahrscheinlich gar nicht klar wird, daß er sich mit dem Aids-Virus infiziert hat. Und selbst wenn ein HIV-Antikörper-Test zur Diagnose der Krankheit durchgeführt wird, kommt er wahrscheinlich zu einem negativen Ergebnis, weil das Immunsystem noch gar keine Zeit hatte, mit der Produktion von Antikörpern auf die Invasion des Aids-Virus zu reagieren.

Bei einer kleineren Anzahl von Fällen folgt auf die Infektion eine Erkrankung an Meningitis (Hirnhautentzündung).[2] Sie ist gewöhnlich von starken Kopfschmerzen in der Stirn oder hinter den Augen begleitet, wie auch von Versteifungen im Nacken, die beim Beugen des Körpers sehr schmerzhaft sein können. Andere Begleiterscheinungen können Übelkeit und Erbrechen, Fieber, Rastlosigkeit und Unbehagen bei hellem Licht sein. Zum Glück ist diese Form der Meningitis nicht so ernst wie verschiedene andere, die bakteriellen Ursprungs sind, und vergeht innerhalb einer Woche gewöhnlich von selbst.

Obgleich all diese Beobachtungen bemerkenswert sind, muß vor allem auf die Tatsache hingewiesen werden, der die größte Bedeutung zukommt. *Die meisten Menschen weisen nach ihrer Infektion mit dem Aids-Virus überhaupt keine Symptome auf, und selbst wenn Symptome auftreten, dann sind sie so unspezifisch, daß nur eine sehr geringe Chance besteht, die wahre Ursache zu erkennen.*

## Symptomlose Virusträger

Nach der Infektion mit dem Aids-Virus fühlen sich die meisten Menschen völlig gesund und haben keine Ahnung, daß sie jetzt andere anstecken. Zu diesem Zeitpunkt ist das Virus bereits in die Blutbahn gelangt. Bei den meisten symptomlosen Trägern befindet sich das Aids-Virus auch in verschiedenen anderen Körperflüssigkeiten − im Samen und in vaginalen und zervikalen Absonderungen, sowie in der Tränenflüssigkeit, der Brustmilch, dem Speichel und dem Schweiß.[3]

47

Es ist wichtig, sich darüber klar zu werden, daß es sich bei dem Virus, das bei symptomlosen Trägern vorkommt, um genau das gleiche Virus handelt wie bei dem Virus, das Aids verursacht. Es ist nicht, wie manche Menschen fälschlicherweise glauben, weniger ansteckend oder ein anderes, weniger gefährliches Aids-Virus. Wenn dieses Virus also auf einen anderen Menschen übertragen wird, egal auf welchem Weg, besitzt es die Fähigkeit, beim Empfänger Aids zu erzeugen, der dann ebenfalls zum Träger der Infektion wird – mit dem lebenslangen Potential, das Aids-Virus wieder auf andere zu übertragen. Ho, Pomerantz und Kaplan schrieben im *New England Journal of Medicine:* »Wer mit HIV infiziert ist, muß sein ganzes Leben lang als infiziert und ansteckend betrachtet werden, außer es wird eine wirksame Therapie zur Bekämpfung des Virus entwickelt.«[4]

Warum manche Menschen für lange Zeit zu symptomlosen Trägern werden und keinerlei Anzeichen für die Krankheit entwickeln, während bei anderen schon ziemlich bald Symptome auftreten, ist gegenwärtig nicht bekannt. Es besteht die Möglichkeit, daß bei diesem Prozeß die Stärke des Immunsystems eine Rolle spielt. Mit anderen Worten, jemand mit einem stärkeren und kräftigeren Immunsystem, das weniger verwundbar ist und sich gegen das Eindringen von Viren besser wehren kann, bleibt vielleicht länger ohne Symptome als jemand mit einem schwachen Immunsystem. Manche Wissenschaftler sind der Überzeugung, daß Menschen, die fähig sind, Antikörper zu produzieren, die das Aids-Virus auf irgendeine Weise neutralisieren, einen besonderen Vorteil haben.[5] Es wäre natürlich auch möglich, daß es für das Immunsystem eine bestimmte Schwelle der Funktionsfähigkeit gibt, die aufrechterhalten werden muß, damit Mikrobenangriffe jeder Art abgewehrt werden können. Wenn ein Mensch also ein »starkes« Immunsystem besitzt, funktioniert, selbst bei einem Verlust von bis zu einem Drittel seiner üblichen Immunreaktionen, der Abwehrmechanismus noch immer zufriedenstellend. Ein Mensch, der mit einem weniger kräftigen Immunsystem ausgerüstet ist, müßte dagegen wahrscheinlich feststellen, daß ihn der Verlust eines Drittels seiner immunologischen Kapazität gegenüber den eindringenden Organismen wehrlos macht, wodurch es zu einer ganzen Reihe von Infekten kommen kann, die sein Körper bis dahin abgewehrt hatte.

Dieser Gedanke ist vor allem im Hinblick auf die Beweise wichtig, die ergeben haben, daß bei mehr als 90 Prozent der Personen, die sich mit dem Aids-Virus infiziert hatten, innerhalb von fünf Jahren nach Entwicklung der Antikörper Immunschäden aufgetreten sind.[6] Viele Wissenschaftler haben eruiert, daß die Zahl der T-Helfer-Lymphozyten als ein Hinweis auf die Funktionstüchtigkeit des Immunsystems gelten kann: Wenn sie über 800 pro Milliliter Blut beträgt, gilt das als Beweis für ein relativ unbeschädigtes Immunsystem; wenn die Zahl unter 400 pro Milliliter Blut sinkt, gilt das als Zeichen dafür, daß das Immunsystem durch das Aids-Virus erheblich geschwächt wurde, so daß mit einer schnelleren Weiterentwicklung zu der Krankheit selbst zu rechnen ist.[7] (Die Zahl der T-Helfer-Lymphozyten wird auch bei Personen, die bereits an Aids erkrankt sind, zur Einschätzung des relativen Funktionsstadiums des Immunsystems verwendet; wenn die Zahl der T-Helfer-Lymphozyten zum Beispiel unter 200 sinkt, nimmt man an, daß der Betroffene höchstwahrscheinlich für lebensgefährliche Infektionen anfällig ist.)[8]

Aber es gibt noch andere Erklärungen für die Entwicklung vom symptomlosen Trägerzustand zur offenkundigen Erkrankung: Eine Möglichkeit bestünde darin, daß andere Infektionen (wie Syphilis oder Hepatitis B) dabei mitwirken, das Aids-Virus bei symptomlosen Trägern zu aktivieren. Diese Theorie wird von zwei verschiedenen Seiten unterstützt. Erstens gibt es Untersuchungen, die eindeutig zeigen, daß in den USA homosexuelle Männer mit größerer Wahrscheinlichkeit schon einmal mit Hepatitis A und B, Syphilis und vielen anderen mikrobiellen Organismen infiziert waren als heterosexuelle; weiterhin läßt sich die Prävalenz, also Verbreitung dieser Infektionen bei homosexuellen Männern in den USA – welche die bei heterosexuellen weit übertrifft – mit der bei heterosexuellen afrikanischen Männern und Frauen vergleichen.[9] Es ist eine ganze Anzahl Krankheiten bekannt, die vor allem in Afrika und anderen tropischen Ländern auftreten und das Immunsystem angreifen.[10] Daraus ziehen einige Fachleute nun den Schluß, daß sich dadurch die weitverbreitete Aids-Erkrankung heterosexueller Personen in Afrika und Haiti erklären ließe.[11] Mehrere gleichzeitige Mikroben-Infektionen könnten die Reproduktion des Aids-Virus beschleunigen, die Zahl der Virusteilchen im Wirtsgewebe – im Gehirn oder in der Lunge – erhöhen oder das Abwehrsystem der infizierten Person schwächen. Neuere Laboruntersuchungen scheinen diese Theorie des infektiösen Co-Faktors zu unterstützen. Die Untersuchungsergebnisse gehen dahin, daß sich das Aids-Virus in aktivierten T-Helfer-Zellen leichter festsetzt als in ruhenden T-Zellen – diese Aktivierung aber scheint durch verschiedene Virusinfektionen ausgelöst zu werden, einschließlich des allgegenwärtigen Herpes-Virus.[12] Aber was noch wichtiger ist: In aktivierten T-Zellen wurde ein Protein gefunden, das die Vervielfältigung des Aids-Virus wie eine Art Schalter zu steuern scheint – durch An- und Ausschalten.[13]

Eine andere Erklärung für den Wechsel vom symptomlosen Zustand zum Auftreten von Symptomen fußt darauf, daß vielleicht die wiederholte Infizierung mit dem Aids-Virus eine Rolle spielt. Durch die mehrmalige Infektion – aufgrund von zahlreichen sexuellen Kontakten mit einem infizierten Partner oder mit mehreren verschiedenen infizierten Partnern über längere Zeit zum Beispiel oder durch mehrmaligen Gebrauch von kontaminierten Nadeln infizierter Personen – könnte sich die Zahl der Virusteilchen im Blutstrom deutlich erhöhen und die Zerstörung der T-4-Helfer-Lymphozyten und anderer Zellen, die eine Schlüsselrolle im körpereigenen Abwehrmechanismus spielen, beschleunigen. Wiederholungen von HIV-Infektionen könnten auch dazu beitragen, das Virus, das bereits aufgrund einer früheren Infektion im Körper vorhanden ist, zu aktivieren.

## Die Symptome

Wenn jemand infolge einer HIV-Infektion erst einmal Symptome entwickelt hat, gelangt er automatisch in ein Stadium, das als ARC *(AIDS-related complex)* bezeichnet wird. Es gibt viele sehr unterschiedliche Symptome. Zu den typischsten gehören Gewichtsverlust, Müdigkeit, Fieber, Nachtschweiß und Durchfall. Außerdem sind sie häufig von einigen eher geringfügigen Infektionen begleitet, etwa Mundsoor oder Gürtelrose. Aber obwohl die ARC-Phase angeblich nur Symptome aufweist, die noch nicht auf eine voll ausgebildete Aids-Krankheit hinweisen, können die Infizierten während dieser Phase sterben, wenn die Krankheit einen fulminanten Verlauf nimmt. Es ist unerklärlich, warum die CDC diese Entwicklungsphase von Aids noch nie genau definiert beziehungsweise keine Erfassung aller Fälle von ARC gefordert haben.[14]

Es gibt bei einer HIV-Infektion auch eine Phase, von der manche Wissenschaftler glauben, daß sie zwischen der symptomlosen Phase und der ARC-Phase liegt, während andere sie, mehr oder weniger, für die ARC-Phase selbst halten. Dieser Zustand wird als PGL *(persistent generalized lymphadenopathy)* oder LAS = Lymphadenopathie-Syndrom, auch GLP (generalisierte Lymphadenopathie) bezeichnet. In dieser Phase treten an mehreren Stellen des Körpers chronisch geschwollene Lymphknoten auf, wie sie im Zusammenhang mit anderen Krankheiten nicht vorkommen. Obwohl es homosexuelle Männer mit LAS gibt, die nach dem Auftreten der Lymphknotenschwellung länger als fünf Jahre gesund geblieben sind, haben sich daraus bei vielen mit der Zeit ARC und Aids entwickelt, und bei praktisch allen war ein Zusammenbruch des körpereigenen Abwehrsystems zu verzeichnen.[15]

Gegenwärtige Forschungen zeigen, daß bereits ein bedeutender Schaden am Immunsystem entstanden ist, wenn die Symptome einer HIV-Infektion auftreten, so daß mit großer Wahrscheinlichkeit mit einer Weiterentwicklung zu fortgeschrittenen Stadien der HIV-Infektion zu rechnen ist. Allerdings ist man sich über den zeitlichen Verlauf einer solchen Weiterentwicklung nicht im klaren. Niemand kann mit absoluter Sicherheit sagen, warum manche Menschen mit ARC innerhalb weniger Monate Aids bekommen, während andere einen relativ stabilen Zustand beizubehalten scheinen. Einige Beweise sprechen jedoch dafür, daß bei HIV-Infektionen die Gefahr, an Aids zu erkranken, nicht konstant bleibt, sondern sich im Laufe der Zeit beschleunigt.[16]

Auch ist man sich gegenwärtig noch immer nicht darüber im klaren, wie viele Menschen, die sich mit dem Aids-Virus infiziert haben, später tatsächlich an Aids erkranken. Vor einigen Jahren beliefen sich die Schätzungen darauf, daß 20 bis 30 Prozent aller Infizierten innerhalb einer Zeitspanne von fünf Jahren an Aids erkranken würden, wobei sich allerdings die amerikanischen Bundesbehörden bemerkenswerterweise immer zu der Frage ausschwiegen, was denn wohl *nach* dieser Zeit geschehen mochte – und dadurch bei vielen den Eindruck weckten, das Risiko, durch eine HIV-Infektion auch Aids zu bekommen, sei letztlich nicht größer als eins zu drei, was natürlich so ausgelegt wurde, daß nur jeder dritte HIV-Infizierte an Aids sterben würde. Heute herrscht ein viel größerer Pessimismus. Ein deutsches Forschungsprojekt kam zu der Prognose, daß letzten Endes 75 Prozent aller HIV-Infizierten Aids bekommen.[17] Und einige Wissenschaftler sagen bereits mit Unbehagen voraus – ganz privat natürlich –, daß praktisch jeder, der sich mit dem Aids-Virus infiziert hat, im Laufe der Zeit auch an Aids erkranken wird.[18] Selbst wenn sich die Realität nicht als ganz so ernst herausstellen sollte wie diese Voraussagen, besteht noch immer die Wahrscheinlichkeit, daß HIV-infizierte Menschen in ihrer überwiegenden Mehrheit an Aids erkranken und sterben werden.

## Tests zum Nachweis einer HIV-Infektion

Ein entscheidender Punkt bei der Planung eines erfolgreichen Vorbeugungsprogramms ist die Identifizierung von Menschen, die sich bereits mit dem Aids-Virus infiziert haben. Dafür stehen bereits verschiedene Methoden zur Verfügung. Weil es von entscheidender Bedeutung ist, diese Tests zu verstehen – um die Ergebnisse unserer Untersuchungen, die im nächsten Kapitel beschrieben werden, und die Maßnahmen zur Vorbeugung richtig interpretieren zu können –, werden wir uns jetzt einigen Testmethoden zuwenden, die eine HIV-Infektion aufdecken.

Wie es scheint, wäre es zur Feststellung einer Infektion mit dem Aids-Virus am einfachsten, wenn man versuchen würde, das Virus aus einer Blutprobe zu isolieren, eine Technik, die bei medizinischen Diagnosen häufig angewandt wird, um bakterielle Infektionen festzustellen. Leider funktioniert diese Methode bei Viruskulturen nicht so gut wie bei bakteriellen Kulturen, und obwohl ein positives Virusisolat einen eindeutigen Beweis für eine Infektion darstellt, kommt es bei vielen Infizierten (einschließlich derjenigen mit einer voll entwickelten Aids-Erkrankung) nicht zu positiven Testergebnissen bei dieser Methode.[19] HIV-Kulturen sind technisch ziemlich aufwendig und sehr teuer und in den meisten klinischen Labors gar nicht möglich. Daher ist es geradezu ein Glück, daß eine praktischere Methode zur Feststellung einer HIV-Infektion zur Verfügung steht. Bei dieser Methode werden die Antikörper gegen das Virus aufgedeckt, nicht das Virus selbst. (Antikörper sind natürliche Abwehrstoffe, die vom Immunsystem des Körpers als Reaktion auf alle Zellen oder Organismen produziert werden, die es als »fremd« erkennt; Antikörper binden sich gewöhnlich an den Eindringling und neutralisieren ihn.)

Der am häufigsten verwendete HIV-Antikörper-Test ist unter der Kurzform ELISA-Bluttest bekannt. Dieser Test läßt sich relativ einfach durchführen, und er ist auch nicht teuer.

(Die tatsächlichen Kosten belaufen sich auf zwei oder drei Dollar, je nach der Anzahl der Tests, die gleichzeitig durchgeführt werden, obwohl viele Labors den Patienten 25 Dollar oder noch mehr berechnen.) Beim ELISA-Bluttest wird Serum mit Proteinstücken des HIV unter Einwirkung von chemischen Wirkstoffen zusammengebracht, die eine Farbreaktion verursachen, wenn ein HIV-Antikörper vorhanden ist. Die Intensität der Verfärbung wird von einem elektronischen Gerät abgelesen. Der Test ist sehr sensitiv − das bedeutet, daß er in einem hohen Prozentsatz von Blutproben vorhandene HIV-Antikörper auch tatsächlich entdeckt.

Aufgrund verschiedener Schätzungen hat der ELISA-Bluttest unter idealen Testbedingungen eine Sensitivität von ungefähr 98 bis 99 Prozent[20] − das heißt, daß von hundert Proben, die HIV-Antikörper aufweisen, ein oder zwei nicht erfaßt werden, eine Fehlerquote, die als falsch-negatives Ergebnis bezeichnet wird. (Leider findet der Test, wie wir in Kapitel 5 erläutern werden, nicht immer unter idealen Bedingungen statt, so daß die tatsächlichen Ergebnisse vielleicht nicht ganz so zuverlässig sind.) Allerdings hat der Test dafür eine andere Schwäche − gelegentlich reagiert er auch auf Blut, das keine HIV-Antikörper enthält. Diese sogenannten falsch-positiven Ergebnisse sind aus mehreren Gründen, die wir später noch im einzelnen erläutern werden, störend − zum Beispiel können sie sich auf Entscheidungen in bezug auf sexuelle Beziehungen, Geburten und medizinische Pflege auswirken −, aber das entscheidende ist natürlich, daß eine falsche Aids-positiv-Diagnose schlimme persönliche Folgen haben könnte. Falsch-positive Ergebnisse scheinen am ehesten bei Menschen vorzukommen, die zahlreiche Bluttransfusionen erhalten haben, oder bei Frauen, die mehrere Schwangerschaften gehabt haben, aber natürlich auch in anderen Fällen.

Um sich gegen die vielen falsch-positiven Ergebnisse zu schützen, die vorkommen, wenn der ELISA-Bluttest nur einmal durchgeführt wird, erachten die meisten Laboratorien ein Testresultat erst dann als positiv, wenn es durch einen zweiten ELISA-Bluttest als positiv bestätigt wird, und wenn dieses Ergebnis dann durch einen noch spezifischeren Test, den Western-Blot, wiederum bestätigt wird. Der Western-Blot wird nicht als erster Test verwendet, weil er relativ teuer (50 bis 75 Dollar) und technisch sehr aufwendig ist. Obwohl er im Vergleich zum ELISA-Bluttest als genauer gilt, ist auch der Western-Blot-Test nicht unfehlbar. Bei einer Untersuchung von ELISA-positiv-Blutspendern, die auch mittels HIV-Kulturen positive Resultate hatten, war der Western-Blot bei 2 von 25 Spendern negativ, was eine Sensitivität von nur 92 Prozent ergibt.[21] Andere Untersuchungen haben ebenfalls gezeigt, daß die Sensitivität dieses Tests weit davon entfernt ist, vollkommen zu sein, wenn er auch zum Zweck der Bestätigung eines positiven ELISA-Bluttests ein hohes Maß an Genauigkeit erzielt.[22]

Aber wir müssen uns darüber im klaren sein, daß es keinen medizinischen Test gibt, der 100 Prozent sicher ist. Tatsächlich schneiden die gegenwärtigen HIV-Antikörper-Testmethoden in bezug auf ihre relative Genauigkeit bei dem Vergleich mit den vielen übrigen Labortests verschiedenster Art recht gut ab. Nur sollte man dabei natürlich bedenken, daß bei einem Fehler in der Messung von Blutkalzium oder Cholesterin nicht die Gefahr besteht, daß der betreffende Mensch dadurch als todkrank und ansteckend abgestempelt wird mit meist verheerenden emotionalen Folgen. Selbst wenn einmal für Syphilis ein falsch-positiver Test erstellt wird – keine medizinische Seltenheit –, hat das wohl kaum je die gleichen psychologischen, sozialen oder wirtschaftlichen Folgen wie bei einem falsch-positiven HIV-Test.

Die HIV-Antikörper-Tests haben noch einen weiteren und womöglich noch gravierenderen Nachteil neben den üblichen Ungenauigkeiten gegenwärtiger Testverfahren. Dieser Nachteil hat nichts mit der Qualität der Testdurchführung selbst zu tun, sondern vielmehr damit, daß die Antikörper nicht unmittelbar nach der Infizierung mit HIV gebildet werden. Eine meßbare Antikörper-Bildung auf eine HIV-Infektion kann drei Monate bis zu über einem Jahr auf sich warten lassen,[23] obwohl sie bei den meisten Menschen offenbar innerhalb von sechs Monaten nach der Infektion eintritt.[24]

Das Fehlen einer meßbaren Antikörper-Reaktion in der ersten Phase einer HIV-Infektion bedeutet aber, daß es eine Zeitspanne gibt, in der ein ELISA-Bluttest völlig richtig anzeigt, daß keine Antikörper im Blut vorhanden sind, obwohl das Blut in Wirklichkeit mit dem Aids-Virus infiziert ist. Welche Folgen dieses »Intervall der Ansteckungsfähigkeit« für die Sicherheit unserer Blutversorgung und für uns persönlich haben kann − zum Beispiel, wenn es um die Einschätzung des Risikos bei einem neuen Geschlechtspartner geht −, wird in den Kapiteln 5 und 6 ausführlich behandelt.

Wenn man von eventuell falschen Testergebnissen und dem Fehlen einer frühzeitigen Antikörper-Bildung einmal absieht − was bedeutet es dann eigentlich, wenn jemand ein seropositives Testergebnis auf Antikörper gegen das Aids-Virus aufweist? Nach Meinung des *Institute of Medicine* und der *National Academy of Sciences* ist »jede Person, bei der durch den Western-Blot-Bluttest oder irgendeine andere Untersuchungsmethode Antikörper bestätigt wurden, ein Risiko für ungeschützte Sexualpartner und ungeeignet für Blut-, Sperma- oder Organspenden«.[25] Und eine von den CDC und verschiedenen anderen Bundesbehörden einberufene Konferenz kam zu dem Schluß: »Alle Personen mit einem positiven HIV-Antikörper-Testergebnis müssen, symptomlos oder mit Krankheitserscheinungen, beim Geschlechtsverkehr oder bei der gemeinsamen Benutzung von Utensilien zur Verabreichung intravenöser Drogen oder beim Spenden von Blut, Samen oder Organen als potentiell anstekkend angesehen werden.«[26] Diese Erklärungen stehen im deutlichen Gegensatz zu der Haltung, die viele Menschen 1985 eingenommen haben, als der HIV-Antikörper-Test zum erstenmal auf breiter Basis Anwendung fand. Damals hieß es nämlich, daß das Vorhandensein der Antikörper vielleicht nur anzeige, daß der Betreffende einem Aids-Virus ausgesetzt gewesen sei – genauso wie jemand mit Masern Antikörper produziere, die Infektion selbst aber erfolgreich abwehren kann. Obgleich dieser Gedanke vorübergehend Zustimmung fand, vor allem bei Menschen, welche die Idee eines umfangreichen Testprogramms ablehnten (einschließlich der Untersuchung von Blutspendern),[27] wurde er glücklicherweise wieder aufgegeben, nachdem überzeugend bewiesen worden war, daß der seropositive Zustand tatsächlich auch eine aktive Infektion verkörpert.

Natürlich werden uns die Weiterentwicklung der technischen Mittel und ein zunehmend besseres Verständnis der biologischen Vorgänge im Zusammenhang mit dem Aids-Virus zu immer genaueren Testmethoden verhelfen, um die Menschen zu identifizieren, die sich mit dem Aids-Virus infiziert haben. Die Verfahren zur Bestimmung des HIV-Antigens, die bereits geprüft wurden, sind sehr vielversprechend – die ersten Auswertungsdaten lassen vermuten, daß sie, jedenfalls in einigen Fällen, eine HIV-Infektion feststellen, noch bevor meßbare Mengen des Antikörpers im infizierten Blut vorhanden sind.[28] Im Idealfall kommt es zu der Entwicklung von Viruskulturen, die bei der Identifizierung von HIV-Infektionen genauer und zuverlässiger sind als die indirekten Testmethoden, aber im Augenblick müssen wir froh sein, wenigstens die paar brauchbaren Testverfahren, die uns bereits jetzt zur Verfügung stehen, verwenden zu können.

# 4
# Infektionen bei Heterosexuellen: Neue Forschungsergebnisse

Unsere Befürchtung, die Infektion mit dem Aids-Virus könne über die ursprünglichen Hochrisikogruppen hinaus weiter um sich greifen, veranlaßte uns Ende 1985 dazu, in dieser Richtung Untersuchungen anzustellen. Als eine der Möglichkeiten zogen wir in Betracht, landesweit an jungen Menschen die Wahrscheinlichkeit eines Zusammenhangs zwischen dem Sexualverhalten und dem Auftreten von Aids-Antikörpern zu untersuchen. Diesen Plan gaben wir aus mehreren Gründen wieder auf. Wir glaubten zum einen, daß es schwierig sein würde, geeignete Teilnehmer für das Projekt zu finden, so daß am Ende nicht sicher sein würde, ob wir nach dem Prinzip der Stichprobenerhebung ein wirklich repräsentatives, unverfälschtes Bild erhalten würden. Zweitens kamen wir zu dem Schluß, daß dieser Plan schon allein aus logistischen Gründen schwer durchzuführen sein würde, da wir in allen 50 Bundesstaaten Interviews und Bluttests hätten machen müssen. Drittens waren die Kosten für ein Unternehmen dieser Größenordnung für uns unerschwinglich, insbesondere auch, weil wir keine staatliche Unterstützung erhielten und auch kaum Aussicht hatten, eine zu erhalten. Schließlich erfuhren wir auch noch, daß die CDC vorhatten, eine Untersuchung ähnlicher Art in Gang zu setzen (allerdings wurde dieses Projekt dann − offenbar aus politischen Gründen − nie wirklich in Angriff genommen). Danach überlegten wir uns eine ganze Reihe weiterer Möglichkeiten, wie wir, weniger aufwendig und billiger, eine Antwort auf unsere Frage erhalten könnten.

## Forschungsdesign

Eine Möglichkeit, die Kosten beträchtlich zu senken, bestand darin, die Interviews nur in einigen wenigen Orten durchzuführen anstatt in vielen verschiedenen. Allerdings mußte die Untersuchung in verschiedenen Teilen des Landes durchgeführt werden, denn wenn die Ergebnisse nur aus einem einzigen Ort stammten – zum Beispiel New York City oder San Francisco –, konnten sie als atypisch und auf andere Gebiete nicht zutreffend abgetan werden. Daher beschlossen wir, unsere Untersuchung in vier Großstädten durchzuführen, von denen zwei – New York und Los Angeles – im Unterschied zu den beiden anderen – St. Louis und Atlanta – als »Hochrisiko«-Gebiete für Aids galten.

Außerdem hielten wir es für sinnvoller, eine gezielte Untersuchung an zwei heterosexuellen Vergleichsgruppen vorzunehmen, die in ihrem Sexualverhalten deutliche Unterschiede aufwiesen. Wir diskutierten das Forschungsvorhaben Mitte 1986 mehrere Monate lang durch und wurden von einer wichtigen Arbeit, die im September desselben Jahres im *Journal of the American Medical Association* erschien, in unserem Plan bestärkt. Dieser Bericht von Alter und anderen, der mit Unterstützung der CDC angefertigt wurde, hatte die Übertragung des Hepatitis-B-Virus bei Heterosexuellen zum Thema und stellte einen engen Zusammenhang zwischen den sexuellen Gewohnheiten, insbesondere in bezug auf die Zahl der Geschlechtspartner – häufig wechselnd bis lebenslang –, und dem Auftreten von Hepatitis-B-Infektionen fest.[1] Das Ergebnis dieser Untersuchung war auch in bezug auf die Übertragung des Aids-Virus bei heterosexuellen Geschlechtspartnern interessant, da die durch sexuell übertragene Hepatitis B am meisten gefährdete Gruppe homosexuelle Männer sind.[2] Alter und ihre Mitarbeiter erklärten: »Diese Untersuchung zeigt, daß bei Heterosexuellen mit weißer Hautfarbe die Gefahr einer HBV(= Hepatitis-B-Virus)-Infektion mit der wachsenden Zahl von Geschlechtspartnern steigt, von anderen Risikofaktoren einer HBV-Infektion jedoch unabhängig ist.«[3] Dieses Ergebnis stimmte mit unserer Hypothese überein, daß Infektionen mit dem Aids-Virus bei Heterosexuellen mit vielen verschiedenen Geschlechtspartnern häufiger vorkommen als bei Heterosexuellen mit wenigen Geschlechtspartnern.

Wir beschlossen daher, zwei verschiedene Gruppen Heterosexueller mit aktivem Geschlechtsverkehr miteinander zu vergleichen: Eine Gruppe (die Testgruppe), bei der jeder Teilnehmer in den vergangenen fünf Jahren mindestens sechs verschiedene Geschlechtspartner pro Jahr gehabt hatte, und eine andere Gruppe (die Kontrollgruppe), deren Teilnehmer in den vorangegangenen fünf Jahren ausschließlich monogame Beziehungen unterhalten hatten. Ohne anderweitige Geschlechtspartner (außerhalb ihrer monogamen Beziehung) konnten sich die Personen aus der Kontrollgruppe also auf sexuellem Weg keinem Aids-Virus ausgesetzt haben, es sei denn, ihr jeweiliger Partner, den sie für monogam hielten, hätte sich anderweitig sexuell betätigt. Die Kriterien für die Teilnehmer der Testgruppe (mit mehreren verschiedenen Sexualpartnern) waren jedoch schwieriger festzulegen. Nach eingehenden Überlegungen trafen wir unsere Entscheidung über die Auswahl und berücksichtigten dabei unsere Daten über die sexuellen Gewohnheiten all der Personen, die Ende der siebziger und Anfang der achtziger Jahre an verschiedenen Forschungsprojekten des *Masters & Johnson Institute* teilgenommen hatten. Aus den damaligen Ergebnissen ging hervor, daß weniger als fünf Prozent sexuell aktiver heterosexueller Erwachsener unter 40 Jahren sechs oder mehr Geschlechtspartner pro Jahr gehabt hatten.

Die Teilnehmer der Testgruppe waren 21 bis 40 Jahre alt und wurden nicht nach dem Zufallsprinzip, sondern gezielt ausgesucht. Zum Beispiel wurden verheiratete Personen über Kontakte mit Schwangerengruppen und Kirchengruppen angeworben; im eheähnlichen Zustand lebende Personen wurden durch Anschläge an den schwarzen Brettern in mehr als einem Dutzend Universitäten angeworben; und Singles wurden durch Flugblätter, die wir in Singles-Bars, Singles-Tanzstätten und an den Universitäten verteilen ließen, angeworben. In vielen Fällen wurden die Teilnehmer durch Mund-zu-Mund-Propaganda für das Projekt gewonnen. Auf diese Weise fanden wir genügend Personen, die unsere Bedingungen zu erfüllen schienen.

Anfang 1987 teilten wir Fragebogen an sie aus, um unsere endgültige Auswahl von 400 Teilnehmern für die Testgruppe treffen zu können. Um die Möglichkeit auszuschließen, daß sich die Teilnehmer infolge einer nichtsexuellen Übertragung anstecken könnten, sahen wir folgende Ausschlußkriterien vor: (Die Personen, die wir überprüften, wurden jedoch nicht über die Ausschlußkriterien in Kenntnis gesetzt, damit sie keine falschen Angaben machten, nur um an dem Studienprojekt teilnehmen zu können):

1. Seit 1977 keine Bluttransfusionen erhalten;
2. Keine Verwendung von verbotenen Drogen durch Injizieren in die Venen;
3. Seit 1977 kein homosexueller oder bisexueller Kontakt.

Außerdem wurden Personen, die im Gesundheitswesen arbeiteten und daher womöglich infizierten Blutproben, biologischen Flüssigkeiten oder Gewebeproben ausgesetzt gewesen waren, von der Untersuchung ausgeschlossen, obwohl dieser Punkt in der anfänglichen Prüfungsphase nicht berücksichtigt worden war. Den ersten Fragebogen füllten insgesamt 3 805 Männer und Frauen aus. Von dieser Gruppe waren 1 326 verheiratet, 437 lebten in einer eheähnlichen Beziehung und 2 042 waren Singles. Von den 1 047 verheirateten Personen, die mindestens fünf Jahre verheiratet waren und die oben angeführten Kriterien erfüllten, behaupteten 568 (54,3%), in den vorangegangenen fünf Jahren keinen sexuellen Kontakt außerhalb ihrer Ehe gehabt zu haben, und von diesen 568 waren 485 überzeugt, daß ihnen ihre Partner während der Ehe sexuell treu gewesen waren.

Nur 211 der 437 Personen, die mit ihrem gegenwärtigen Partner seit mindestens fünf Jahren in einem eheähnlichen Zustand zusammenlebten, erfüllten die Aufnahmebedingungen. Von diesen 211 Personen erklärten 99, daß sie in den vergangenen fünf Jahren neben ihrer festen Beziehung keinen anderen Sexualpartner gehabt hätten. Von diesen 99 waren nur 61 ganz sicher, daß ihnen ihr Partner während des Verlaufs ihrer Beziehung sexuell treu gewesen sei.

Von den 2 042 Singles, die überprüft wurden, erfüllten 430 alle Kriterien, die für ihre Aufnahme in die Testgruppe nötig waren.

In allen vier Orten wurden je 50 Männer und 50 Frauen sowohl für die Kontrollgruppe als auch für die Testgruppe ausgesucht, so daß wir wie geplant 800 Teilnehmer am Projekt hatten. (Tatsächlich wurden aus jedem Ort 53 Männer und 53 Frauen für jede Gruppe ausgesucht, damit wir für den Fall, daß sich unerwartete Probleme ergaben – etwa der Verlust einer Blutprobe, die Entdeckung, daß jemand falsche Angaben gemacht hatte und ähnliches –, die betreffende Person sofort aus der Gruppe ausschließen und durch jemanden ersetzen konnten, von dem uns bereits alle nötigen Daten zur Verfügung standen.) Die Kontrollgruppe, die ebenfalls 400 Mitglieder zählte, bestand aus 175 verheirateten Männern und 175 verheirateten Frauen (im allgemeinen ohne den jeweiligen Partner) sowie aus 25 Männern und 25 Frauen, die in einer eheähnlichen Beziehung zusammenlebten. Die 400 Teilnehmer umfassende Testgruppe setzte sich aus 180 männlichen Singles, 190 weiblichen Singles, 20 verheirateten Männern und 10 verheirateten Frauen zusammen. Weitere Informationen über die beiden Gruppen sind in der Tabelle 4.1, Seite 67, gegeben.

Alle Teilnehmer des Forschungsprogramms gaben ihre Einwilligung, nachdem sie eine auf einem Tonband wiedergegebene Erklärung über den Zweck und die Methoden der Untersuchung angehört hatten mit der Gelegenheit zu weiteren Fragen. Das Tonband beschrieb die verschiedenen Schritte, die unternommen wurden, damit alle Daten vertraulich blieben; außerdem bekamen alle Teilnehmer eine Code-Zahl, die nur dem Betreffenden selbst bekannt war, damit er oder sie ganz sicher sein konnte, daß die Daten anonym blieben. Mit Hilfe eines Fragebogens, der nur mit der Code-Zahl zu identifizieren war, wurden demographische Angaben,

Daten über den gesundheitlichen Zustand und Angaben über das sexuelle Verhalten in den vorangegangenen fünf Jahren gesammelt. Der Fragebogen enthielt auch einige Punkte, die dem Zweck dienten, die persönliche Einstellung der Teilnehmer in bezug auf Aids festzustellen. (Dieser Fragebogen und der anfängliche Fragebogen zur Auswahl der Teilnehmer sind in Anhang B wiedergegeben.) Nachdem der Fragebogen ausgefüllt war, wurde mit allen Beteiligten ein persönliches Interview durchgeführt, das normalerweise etwa 30 Minuten dauerte. Am Ende des Interviews wurde dem Betreffenden eine Blutprobe entnommen, um sie auf Antikörper gegen das Aids-Virus zu untersuchen.

Es muß an dieser Stelle noch einmal betont werden, daß alle Untersuchungen anonym waren. Die Testpersonen erhielten eine Telefonnummer, um die Ergebnisse ihres Bluttests zu erfragen, *falls sie es wünschten*. Es wurde ihnen jedoch erklärt, daß sie nicht verpflichtet waren anzurufen, falls sie es vorzogen, diese Information nicht zu erhalten. Es wurde ihnen ebenfalls versichert, daß die Ergebnisse positiver Bluttests nicht den Behörden des Gesundheitsamts oder irgendwelchen anderen Regierungsstellen gemeldet werden würden, da ja keine Möglichkeit bestand, die Teilnehmer im einzelnen zu identifizieren. Und umgekehrt bestand auch nicht die Möglichkeit, irgendeinem Teilnehmer der Gruppen Ergebnisse mitzuteilen, wenn er sie nicht erfahren wollte. Schließlich wurden alle Teilnehmer darüber aufgeklärt, daß die Fragebogen, die bei der Untersuchung verwendet wurden, sowie die Liste mit den Code-Zahlen 90 Tage nach Beendigung des Projekts vernichtet werden würden, damit die Anonymität auch in Zukunft gewährleistet war. (Das geschah auch, um handgeschriebene Analysen oder andere Informationen, die eine eventuelle Identifizierung ermöglichten, zu beseitigen, falls das Material aufgrund eines gültigen Gerichtsbeschlusses beschlagnahmt werden sollte.)

Alle verschlüsselten Blutproben wurden mit dem ELISA-Bluttest der Abbott Laboratories auf Antikörper gegen das

Aids-Virus untersucht. Proben, die wiederholt positive Resultate anzeigten, wurden dann mit der Western-Blot-Methode noch einmal zur Bestätigung getestet. Nur Blutproben, die auf diese Weise durch beide Testmethoden ein positives Ergebnis erzielten, werden in unseren Auswertungen als positiv angeführt.

## Die Ergebnisse

Die durchschnittliche Anzahl Geschlechtspartner pro Jahr lag bei der Testgruppe in den vorangegangenen fünf Jahren bei 11,5 für Frauen und 9,8 für Männer. In der Testgruppe hatten ungefähr ein Viertel der Frauen und ein Fünftel der Männer im Durchschnitt mindestens 15 verschiedene Geschlechtspartner pro Jahr, wie aus der Tabelle 4.2, Seite 68, ersichtlich ist. Im Vergleich dazu gaben die 400 Personen der monogamen Kontrollgruppe an, in den vergangenen fünf Jahren nur einen einzigen Geschlechtspartner gehabt zu haben.

Von den 400 monogamen Männern und Frauen hatte nur ein einziger Mann ein positives HIV-Antikörper-Ergebnis. In der Testgruppe war ein auffallend höheres Vorkommen der Infektion zu verzeichnen: Bei 10 von 200 Männern (5%) und 14 von 200 Frauen (7%) war der HIV-Antikörper-Test positiv (siehe Tabelle 4.3, Seite 69).* Diese Unterschiede waren statistisch signifikant, denn die Wahrscheinlichkeit, daß die Diskrepanz zwischen den beiden Gruppen reiner Zufall war, lag aufgrund eines Chi-Quadrat-Tests weit unter 1 zu 100 ($p < 0,01$).

Da wir die Hypothese aufgestellt hatten, daß sich Heterosexuelle mit einer größeren Anzahl Geschlechtspartner auch mit größerer Wahrscheinlichkeit mit dem Aids-Virus infizieren, untersuchten wir auch die Teilnehmer der Testuntergruppe, die in den vorangegangenen fünf Jahren im Durchschnitt mehr als

---

* Soviel wir wissen, hatte sich keiner der Teilnehmer vorher einem Test unterzogen oder wußte, daß er seropositiv war.

**Tabelle 4.1**
**Eigenschaften der Teilnehmer am Forschungsprojekt**

| | KONTROLLGRUPPE | | TESTGRUPPE | |
| | Männer | Frauen | Männer | Frauen |
| | (N = 200)* | (N = 200) | (N = 200) | (N = 200) |
|---|---|---|---|---|
| *Durchschnittsalter* | | | | |
| *(in Jahren)* | 31,4 | 30,5 | 29,9 | 29,6 |
| *Familienstand[1]* | N   % | N   % | N   % | N   % |
| verheiratet | 175  *87,5* | 175  *87,5* | 20  *10,0* | 10  *5,0* |
| geschieden | 0   – | 0   – | 14  *7,0* | 26  *13,0* |
| eheähnliche Beziehung | 25  *12,5* | 25  *12,5* | 0   – | 0   – |
| Single | | | | |
| (ohne festen Partner) | 0   – | 0   – | 180  *90,0* | 190  *95,0* |
| *Rasse* | | | | |
| weiß | 181  *90,5* | 178  *89,0* | 179  *89,5* | 177  *88,5* |
| farbig | 14  *7,0* | 15  *7,5* | 18  *9,0* | 16  *8,0* |
| hispanisch | 3  *1,5* | 5  *2,5* | 1  *0,5* | 4  *2,0* |
| andere | 2  *1,0* | 2  *1,0* | 2  *1,0* | 3  *1,5* |
| *Ausbildung* | | | | |
| Studium mit Abschluß | 14  *7,0* | 7  *3,5* | 18  *9,0* | 13  *6,5* |
| Studium ohne Abschluß | 8  *4,0* | 6  *3,0* | 14  *7,0* | 17  *8,5* |
| College-Abschluß | 123  *61,5* | 108  *54,0* | 129  *64,5* | 114  *57,0* |
| College-Ausbildung | | | | |
| ohne Abschluß | 31  *15,5* | 42  *21,0* | 28  *14,0* | 39  *19,5* |
| Highschool-Abschluß | 19  *9,5* | 33  *16,5* | 10  *5,0* | 12  *6,0* |
| Highschool-Besuch | | | | |
| ohne Abschluß | 5  *2,5* | 4  *2,0* | 1  *0,5* | 5  *2,5* |
| *Geschlechtskrankheiten[2]* | 2  *1,0* | 1  *0,5* | 18  *9,0* | 15  *7,5* |

* N = Zahl

1 Für die Kontrollgruppe wurden nur Personen ausgewählt, deren gegenwärtige sexuelle Beziehung (Ehe oder eheähnliche Beziehung) mindestens schon fünf Jahre dauerte und wenn sie in dieser Zeit völlig monogam gelebt hatten. Teilnehmer der Testgruppe können in mehreren Kategorien gleichzeitig angeführt sein (z. B. kann jemand sowohl geschieden als auch Single sein), so daß sich die Zahlen und Prozentsätze nicht zu 100 addieren.

2 Im Fragebogen wurde die Frage gestellt, ob der Betreffende schon einmal eine Geschlechtskrankheit oder eine sexuell übertragene Krankheit wie Syphilis, Gonorrhöe, Herpes o. ä. hatte. Frauen, die diese Frage mit ja beantworteten, im Interview aber erklärten, daß es sich um eine Pilzinfektion, Scheidenentzündung oder Candida gehandelt habe, sind in der Statistik der Geschlechtskrankheiten nicht erfaßt.

**Tabelle 4.2**
**Zahl der Geschlechtspartner in den vorangegangenen fünf Jahren bei der Testgruppe[1], nach Geschlechtern**

| Zahl der Partner | VERTEILUNG NACH JAHREN BEI DER TESTGRUPPE | | | | | | | | | |
| --- | --- | --- | --- | --- | --- | --- | --- | --- | --- | --- |
| | 1982 | | 1983 | | 1984 | | 1985 | | 1986 | |
| *Männer* | N | % | N | % | N | % | N | % | N | % |
| 6– 9 | 95 | 47,5 | 98 | 49,0 | 94 | 47,0 | 98 | 49,0 | 97 | 48,5 |
| 10–14 | 65 | 32,5 | 62 | 31,0 | 64 | 32,0 | 66 | 33,0 | 63 | 31,5 |
| 15–19 | 37 | 18,5 | 37 | 18,5 | 39 | 19,5 | 33 | 16,5 | 36 | 18,0 |
| 20–24 | 2 | 1,0 | 1 | 0,5 | 2 | 1,0 | 2 | 1,0 | 3 | 1,5 |
| ≥ 25 | 1 | 0,5 | 2 | 1,0 | 1 | 0,5 | 1 | 0,5 | 1 | 0,5 |
| *Frauen* | | | | | | | | | | |
| 6– 9 | 91 | 45,5 | 90 | 45,0 | 94 | 47,0 | 94 | 47,0 | 92 | 46,0 |
| 10–14 | 62 | 31,0 | 62 | 31,0 | 56 | 28,0 | 54 | 27,0 | 60 | 30,0 |
| 15–19 | 40 | 20,0 | 39 | 19,5 | 43 | 21,5 | 41 | 20,5 | 40 | 20,0 |
| 20–24 | 5 | 2,5 | 6 | 3,0 | 4 | 2,0 | 7 | 3,5 | 6 | 3,0 |
| ≥ 25 | 2 | 1,0 | 3 | 1,5 | 3 | 1,5 | 4 | 2,0 | 2 | 1,0 |

1 Die Testgruppe bestand aus 200 heterosexuellen Männern und 200 heterosexuellen Frauen, die angaben, in den vergangenen fünf Jahren wenigstens 6 Geschlechtspartner pro Jahr gehabt zu haben.

12 Geschlechtspartner pro Jahr gehabt hatten (siehe Tabelle 4.4, Seite 69). Wie erwartet, lag die Infektionsrate in dieser Gruppe sogar noch höher: In dieser Kategorie erwiesen sich 14 Prozent (11 von 80) der Frauen und 12 Prozent (7 von 59) der Männer als seropositiv. Der Unterschied zwischen dem HIV-Antikörper-Vorkommen bei diesen männlichen und weiblichen Untergruppen und den restlichen Teilnehmern der Testgruppe war ebenfalls statistisch signifikant (in beiden Fällen $p < 0,005$).

Die geographische Verteilung von HIV-Infektionen war nicht besonders bemerkenswert. Der höchste Prozentsatz seropositiver Ergebnisse wurde bei den Teilnehmern aus New York und Los Angeles gefunden (siehe Tabelle 4.5, Seite 70), ein Ergebnis, das mit unseren Erwartungen, die sich auf andere Berichte über die Verbreitung der HIV-Infektion stützten, übereinstimmte.

**Tabelle 4.3**

Vergleich der HIV-Antikörper-Prävalenz zwischen der Testgruppe und der Kontrollgruppe, nach Geschlechtern[1]

|  | KONTROLLGRUPPE | | TESTGRUPPE | |
| --- | --- | --- | --- | --- |
|  | N | % | N | % |
| *HIV-Antikörperstatus* | | | | |
| *Männer−* | | | | |
| Positiv | 1 | *0,5* | 10 | *5,0* |
| Negativ | 199 | *99,5* | 190 | *95,0* |
| *HIV-Antikörperstatus* | | | | |
| *Frauen−* | | | | |
| Positiv | 0 | *−* | 14 | *7,0* |
| Negativ | 200 | *100,0* | 186 | *93,0* |

1 Die Kontrollgruppe bestand aus 200 heterosexuellen Männern und 200 heterosexuellen Frauen, die wenigstens fünf Jahre lang ausschließlich monogame Beziehungen unterhalten hatten; die Testgruppe bestand aus 200 heterosexuellen Männern und 200 heterosexuellen Frauen, die in den vorangegangenen fünf Jahren im Durchschnitt wenigstens 6 Geschlechtspartner pro Jahr gehabt hatten.

**Tabelle 4.4**

HIV-Antikörper-Prävalenz in der Testgruppe, nach der durchschnittlichen Zahl der Geschlechtspartner pro Jahr für die vorangegangenen fünf Jahre, nach Geschlechtern

| Durchschnittliche jährliche Zahl von Partnern | VERBREITUNG | | | |
| --- | --- | --- | --- | --- |
| | *Männer* HIV-Positiv | | *Frauen* HIV-Positiv | |
| | % positiv | N in Gruppe | % positiv | N in Gruppe |
| 6−12 | *2,1* | 3/141 | *2,5* | 3/120 |
| 13+ | *11,9* | 7/ 59 | *13,8* | 11/ 80 |

Die Frauen mit mehreren Geschlechtspartnern hatten in den vorangegangenen Jahren häufiger oralen Geschlechtsverkehr als monogame Frauen (96% im Vergleich zu 73,5%, siehe Tabelle 4.6). Bei den Frauen, die im vergangenen Jahr oralen Sex mit ihren Partnern gehabt hatten (192 der Testgruppe,

**Tabelle 4.5**
**HIV-Antikörper-Prävalenz bei der Testgruppe,**
**nach geographischer Aufteilung**

| | VERBREITUNG | | | |
|---|---|---|---|---|
| | *Männer* | | *Frauen* | |
| | % positiv | N positiv N in Gruppe | % positiv | N positiv N in Gruppe |
| New York | 8,0 | 4/50 | 10,0 | 5/50 |
| St. Louis | 2,0 | 1/50 | 4,0 | 2/50 |
| Atlanta | 4,0 | 2/50 | 6,0 | 3/50 |
| Los Angeles | 6,0 | 3/50 | 8,0 | 4/50 |

**Tabelle 4.6**
**Teilnahme (nach eigenen Angaben) an verschiedenen Arten**
**sexueller Aktivität in den vorangegangenen zwölf Monaten, Vergleich**
**zwischen Testgruppe und Kontrollgruppe, nach Geschlechtern**

| *Art der Aktivität* | KONTROLLGRUPPE | | | | TESTGRUPPE | | | |
|---|---|---|---|---|---|---|---|---|
| | *Männer (N = 200)* | | *Frauen (N = 200)* | | *Männer (N = 200)* | | *Frauen (N = 200)* | |
| | N | % | N | % | N | % | N | % |
| Masturbation bis zum Orgasmus | 176 | 88,0 | 154 | 77,0 | 183 | 91,5 | 163 | 81,5 |
| Masturbation bis zum Orgasmus durch Partner | 26 | 13,0 | 168 | 84,0 | 28 | 14,0 | 156 | 78,0 |
| Oraler Geschlechtsverkehr am Partner | 85 | 42,5 | 147 | 73,5 | 108 | 54,0 | 192 | 96,0 |
| Oraler Geschlechtsverkehr vom Partner | 162 | 81,0 | 103 | 51,5 | 199 | 99,5 | 168 | 84,0 |
| Vaginaler Geschlechtsverkehr | 200 | 100,0 | 200 | 100,0 | 200 | 100,0 | 200 | 100,0 |
| Analer Geschlechtsverkehr | 18 | 9,0 | 23 | 11,5 | 28 | 14,0 | 35 | 17,5 |

147 der Kontrollgruppe), zeigte sich eine bemerkenswerte Diskrepanz in der Häufigkeit: Im Durchschnitt hatten Frauen mit mehreren Geschlechtspartnern doppelt so häufig oralen Geschlechtsverkehr wie die monogamen Frauen (siehe Tabelle 4.7).

**Tabelle 4.7**
**Durchschnittliche monatliche Häufigkeit verschiedener Arten sexueller Aktivität (nach Angaben der Betreffenden) in den vorangegangenen zwölf Monaten, Vergleich zwischen Testgruppe und Kontrollgruppe, nach Geschlechtern**

| Art der Aktivität | DURCHSCHNITTLICHE HÄUFIGKEIT PRO MONAT | | | |
| | KONTROLLGRUPPE | | TESTGRUPPE | |
| | *Männer* | *Frauen* | *Männer* | *Frauen* |
| --- | --- | --- | --- | --- |
| Masturbation bis zum Orgasmus | 1,8 | 0,9 | 1,7 | 1,4 |
| Masturbation bis zum Orgasmus durch Partner | 0,1 | 2,3 | 0,1 | 3,3 |
| Oraler Geschlechtsverkehr am Partner | 2,4 | 4,3 | 3,1 | 8,7 |
| Oraler Geschlechtsverkehr vom Partner | 3,6 | 1,9 | 6,6 | 5,5 |
| Vaginaler Geschlechtsverkehr | 8,5 | 9,8 | 9,7 | 10,8 |
| Analer Geschlechtsverkehr[1] | 0,4 | 0,5 | 0,9 | 1,4 |

1 Die Zahlen für die Häufigkeit des analen Geschlechtsverkehrs gelten nur für Personen, die auch tatsächlich analen Geschlechtsverkehr ausgeübt haben (Kontrollgruppe Männer N = 18; Kontrollgruppe Frauen N = 23; Testgruppe Männer N = 28; Testgruppe Frauen N = 35); anderweitige Zahlen zeigen die Häufigkeit für alle 200 Personen in jeder Untergruppe von Männern und Frauen, ob sie nun Angaben über die betreffende Art des Geschlechtsverkehrs gemacht haben oder nicht.

Zwischen der Häufigkeit, mit der eine Frau am Geschlechtsverkehr durch Fellatio beteiligt war, und der Wahrscheinlichkeit einer Infektion mit dem Aids-Virus bestand kein nennenswerter Zusammenhang: Von den 57 Frauen, die zwölfmal oder häufiger pro Monat Fellatio ausübten, waren 4 seropositiv, und von den 45 Frauen, die weniger als viermal pro Monat Fellatio ausübten, waren 3 seropositiv.

Es ist bemerkenswert, daß im vorangegangenen Jahr wesentlich weniger Männer Cunnilingus ausgeübt haben als Fellatio. Dieser Unterschied war sowohl in der Kontrollgruppe vorhanden, in der nur 42,5 Prozent der Männer an Cunnilingus beteiligt waren, aber 81 Prozent an Fellatio, wie auch in der Testgruppe, in der 54 Prozent der Männer an Cunnilingus und 99,5 Prozent an Fellatio beteiligt waren. Zwischen dem HIV-Antikörper-Vorkommen der Männer in der Testgruppe und ihrer Beteiligung an oralem Geschlechtsverkehr bestand keine deutliche Verbindung: 6 der 108 Männer mit Cunnilingus waren seropositiv, im Vergleich zu 4 von 92 ohne Cunnilingus.

Nur eine kleine Minderheit der Teilnehmer beider Gruppen hatte im vorangegangenen Jahr analen Geschlechtsverkehr. Dabei ist hervorzuheben, daß Analverkehr bei Personen mit mehreren sexuellen Partnern um 50 Prozent häufiger vorkam als bei monogamen (siehe Tabelle 4.6). Wie aus Tabelle 4.7 ersichtlich ist, hatten die Frauen in der Testgruppe dreimal so häufig analen Geschlechtsverkehr wie die Frauen in der Kontrollgruppe. Von den 35 Frauen in der Testgruppe, die analen Geschlechtsverkehr ausübten, waren 4 (11,4%) HIV-positiv, von den 165 Frauen, die im vorangegangenen Jahr keinen analen Geschlechtsverkehr hatten, waren 10 (6,1%) seropositiv. Allerdings war der Unterschied statistisch gesehen unbedeutend.

Es ist besonders bemerkenswert, daß die Angaben über die monatliche Häufigkeit des vaginalen Geschlechtsverkehrs sich ziemlich ähneln, wenn man die Männer der Testgruppe mit denen der Kontrollgruppe vergleicht; das gleiche gilt für die Frauen (siehe Tabelle 4.7). Die Häufigkeitswerte der Masturbation sind bei den Männern beziehungsweise den Frauen einander ebenfalls recht ähnlich. Allerdings haben Männer und Frauen mit mehreren Geschlechtspartnern entschieden häufiger oralen Geschlechtsverkehr. Die Männer in dieser Gruppe waren fast doppelt so oft an Fellatio beteiligt wie die Männer in der Kontrollgruppe, während Frauen mit mehreren Partnern doppelt so oft Fellatio praktizierten wie die Frauen in der Kontrollgruppe. Und die Frauen in der Testgruppe gaben an, fast dreimal so häufig an einem Cunnilingus beteiligt gewesen zu sein wie die Frauen mit monogamen Beziehungen.

Besonders erstaunlich ist es auch, daß nicht einmal 10 Prozent der Männer und Frauen, die zahlreiche Geschlechtspartner pro Jahr hatten, glaubten, sich dadurch möglicherweise einer Infektion mit dem Aids-Virus auszusetzen. Die meisten waren überzeugt, daß Aids bei Heterosexuellen keine Gefahr darstelle. Viele glaubten auch fest daran, daß sie sexuellen Kontakten mit Infizierten aus dem Weg gingen, weil sie sich einbildeten, ganz intuitiv erkennen zu können, wenn jemand Aids-gefährdet sei. Einige Männer und Frauen erklärten, daß sie mit jemandem, der mit Drogen zu tun habe, keine sexuellen Beziehungen aufrechterhalten würden; mehrere Frauen wiesen darauf hin, daß sie den Kontakt mit Männern, die möglicherweise bisexuell seien, mieden.

Diese allgemeine Sorglosigkeit hinsichtlich einer Ansteckungsgefahr wurde durch das Verhalten der 200 Männer in der Testgruppe bestätigt, von denen kein einziger in den vorangegangenen Jahren regelmäßig Kondome verwendet hatte. (Ungefähr ein Fünftel dieser Männer gab an, gelegentlich, aber nicht immer Kondome verwendet zu haben.) Nur 6 von den 200 Frauen in der Testgruppe (3%) bestanden darauf, daß ihre Partner beim vaginalen Geschlechtsverkehr immer ein Kondom verwendeten und erklärten, daß sie beim analen Geschlechtsverkehr auf Kondomen bestünden. Offenbar hat nur diese kleine Minderheit unter den Frauen das Gefühl, daß auch beim heterosexuellen Geschlechtsverkehr die Gefahr einer Infektion mit dem Aids-Virus gegeben ist.

Von allen 848 Personen, die an der Untersuchung teilnahmen (48 davon dienten nur als »Ersatz« für den Fall, daß sich eine der 800 »offiziellen« Testpersonen aus irgendeinem Grund disqualifizierte), erkundigten sich nur 426 (54,5%) telefonisch nach dem Ergebnis ihres Bluttests. Wir können über diese niedrige Zahl zwar nur Spekulationen anstellen, aber sie entspricht durchaus der weitverbreiteten Vermutung, daß es vielen Menschen lieber ist, wenn sie gar nicht wissen, ob sie sich mit dem Aids-Virus infiziert haben.[4] Eine der Frauen stellte gleich nach der Entnahme der Blutprobe fest: »Ich hoffe, Sie können aus dieser Untersuchung Erkenntnisse gewinnen − aber ich werde nicht anrufen. Wenn ich mich angesteckt habe, will ich es lieber nicht wissen.«

## Erörterung

Die erstaunlich unterschiedliche Prävalenz der HIV-Infektion bei der Testgruppe gegenüber der Kontrollgruppe stimmt mit der Ansicht überein, die von den meisten Behörden vertreten wird: Die Aids-Infektion greift von den ursprünglichen Risikogruppen auf die heterosexuelle Bevölkerung über, und die Gefahr, sich mit HIV zu infizieren, steigt mit der Zahl der Geschlechtspartner.[5] Letzteres wird in unserer Untersuchung durch das erstaunlich hohe Vorkommen von HIV-Infektionen bei den Mitgliedern unserer Testuntergruppe mit durchschnittlich mehr als zwölf Geschlechtspartnern pro Jahr besonders deutlich. In dieser Untergruppe sind 14 Prozent der Frauen und 12 Prozent der Männer mit HIV infiziert.

Währen wir ziemlich sicher sind, daß der Geschlechtsverkehr mit vielen Partnern die Gefahr einer HIV-Infektion erhöht, läßt sich über die Gefahr einer Infektion im Zusammenhang mit ganz bestimmten Sexualpraktiken nur schwer eine definitive Aussage machen. Ein Grund dafür ist, daß die Personen der Testgruppe, die mehr als ein- oder zweimal pro Jahr analen Geschlechtsverkehr hatten, auch häufiger oralgenitalen und penil-vaginalen Geschlechtsverkehr praktizierten als die Gruppe, die niemals analen Geschlechtsverkehr ausübte. Ein weiterer die Analyse erschwerender Faktor ist die Tatsache, daß die Personen der Testgruppe, die häufig analen Geschlechtsverkehr hatten, meistens auch diejenigen mit den meisten Geschlechtspartnern waren. Folglich wäre es möglich, daß das erhöhte Risiko einer Infektion mit dem Aids-Virus in dieser Gruppe vor allem darauf zurückzuführen ist, daß sich die Betreffenden insgesamt häufiger einer Infektion aussetzten, nicht aber auf irgendeine besonders risikoreiche Übertragungsart.

Die Tatsache, daß wir bei Frauen mit mehreren Geschlechtspartnern eine größere Verbreitung der HIV-Infektion festgestellt haben als bei Männern mit mehreren Geschlechtspartnerinnen, spiegelt wahrscheinlich zwei Realitäten der sexuellen Übertragung von HIV wider. Erstens haben Frauen, die mit vielen Männern sexuell verkehren, gelegentlich auch Kontakt mit bisexuellen Männern, ohne es zu wissen. Das erhöht natürlich ihr Risiko, sich einer HIV-Infektion auszusetzen. Zweitens gibt es unter den injizierenden Drogenabhängigen wesentlich mehr Männer als Frauen, so daß sich eine Frau mit vielen Geschlechtspartnern mit größerer Wahrscheinlichkeit bei einem Mann ansteckt, der sich durch das Spritzen von Drogen mit dem Aids-Virus infiziert hat, als umgekehrt. Außerdem sollte man sich darüber im klaren sein, daß die größere Verbreitung der HIV-Infektion bei Männern, die durch die meisten großen Testprogramme festgestellt wurde (zum Beispiel in den USA auch durch die Untersuchung auf HIV-Antikörper bei der militärischen Rekrutierung und bei der Aufnahme in Krankenhäusern), vor allem darauf zurückzuführen ist, daß dabei auch Homosexuelle, Bisexuelle und Drogenabhängige erfaßt werden, während wir bemüht waren, Personen, die diesen primären Risikogruppen für Aids angehören, von vornherein aus unserer Untersuchung auszuschließen. Obwohl sich die Ergebnisse unserer Untersuchung bestimmt auch anders deuten lassen, haben wir diese ganz speziellen Schlüsse daraus gezogen.

Um die Ergebnisse im richtigen Licht zu sehen, ist es wichtig, die Grenzen einer solchen Untersuchung zu erkennen. Da wir unsere Testpersonen nicht nach einem reinen Zufallsmuster aussuchen konnten, und da sie sozio-ökonomisch, der Ausbildung nach und aufgrund ihrer rassischen Zusammensetzung auch keinen repräsentativen Querschnitt der US-Bevölkerung darstellen, lassen sich unsere Ergebnisse nicht einfach verallgemeinern. Da außerdem gegenwärtig nicht klar ist, wie groß innerhalb der heterosexuellen Bevölkerung der Anteil von Menschen ist, die sexuell genauso aktiv sind wie unsere Testgruppe im Sinne der Anzahl unterschiedlicher Geschlechtspartner, müssen die vorliegenden Daten natürlich mit Vorsicht interpretiert werden.

Weiterhin muß in Betracht gezogen werden, daß die Informationen über das sexuelle Verhalten, die wir aus unserer Untersuchung gewonnen haben, auf Erinnerungen beruhen. Das bedeutet, daß ihre Genauigkeit weitgehend davon abhängig gemacht werden muß, ob sich die Teilnehmer auch tatsächlich die genaue Zahl ihrer Geschlechtspartner und ihrer verschiedenen Aktivitäten ins Gedächtnis gerufen haben. Obgleich wir uns in der Sexualforschung fast immer auf Erinnerungen verlassen müssen − diese Methode wurde von Kinsey und seinen Mitarbeitern eingeführt und von den meisten anderen Wissenschaftlern aufgegriffen[6] −, wäre es natürlich, wenn wir genügend Geld und Zeit gehabt hätten, vorzuziehen gewesen, eine prospektive Untersuchung durchzuführen, in der alle Teilnehmer Tagebücher führen mit täglichen Eintragungen aller Einzelheiten ihres Sexualverhaltens. (Aber natürlich ist auch eine prospektive Untersuchung nicht völlig fehlerfrei; zum Beispiel könnten ja die Teilnehmer ihr sexuelles Verhalten in die eine oder andere Richtung ändern, weil sie sich beobachtet wissen.)

Trotz dieser Einschränkungen glauben wir, daß unsere Untersuchung wichtig ist und eine Reihe von Stärken aufweist. Bis jetzt ist sie, soweit wir wissen, das erste großangelegte Forschungsprojekt, das sich darum bemüht hat, HIV-

Infektionen bei heterosexuellen Männern und Frauen mit einer detaillierten Analyse des Sexualverhaltens zu korrelieren. Die Tatsache, daß an der Untersuchung größtenteils nichtklinische Personen beteiligt waren, die aus vier Städten in verschiedenen Teilen des Landes stammten, bietet einige Sicherheit – sowohl in bezug auf die statistischen Ergebnisse als auch in bezug auf die Aussagekraft der Daten – für die Einschätzung der gegenwärtigen Weiterverbreitung der Infektion mit dem Aids-Virus. (Insassen von Krankenhäusern, zum Beispiel Patienten von Kliniken für sexuell übertragene Krankheiten, sind für eine solche Untersuchung nicht so gut geeignet wie nichtklinische Gruppen.) Die große Kontrollgruppe mit ausschließlich monogamen heterosexuellen Männern und Frauen ist ein besonders wichtiges Merkmal der Untersuchung, da wir auf diese Weise die Möglichkeit haben, nicht nur die Verbreitung der HIV-Infektion in den beiden Gruppen miteinander zu vergleichen, sondern auch die Unterschiede in der Art und Häufigkeit sexueller Aktivitäten, was besonders aufschlußreich ist.

Aber noch ein weiterer Aspekt der Untersuchung sollte erwähnt werden. Die daran beteiligten Personen waren im großen und ganzen normale, durchschnittliche Männer und Frauen der Mittelschicht in den Zwanzigern und Dreißigern – unter anderem Lehrer, Handwerker, Rechtsanwälte, Sekretärinnen, Buchhalter, Vertreter, Kellnerinnen, Studenten, Maler, Musiker, Geschäftsleute und einige Arbeitslose. Insbesondere müssen wir darauf hinweisen, daß die 400 Personen, die angaben, mit relativ vielen Partnern Geschlechtsverkehr zu haben, weder Nymphomaninnen noch Sexprotze sind; im Prinzip handelt es sich dabei um männliche und weibliche Singles, die ihre Sexualität als einen gesunden und erfüllenden Teil ihres Lebens ansehen. Diese Menschen sind während der sexuellen Revolution aufgewachsen und nicht etwa von der zwanghaften Vorstellung besessen, sie müßten der Vielseitigkeit halber unbedingt zahlreiche Geschlechtspartner haben; vielmehr sehen viele von ihnen, weil sie noch keinen passenden Partner für eine dauerhafte Zweierbeziehung gefunden haben, den Geschlechtsverkehr als eine gesellschaftliche Handlung an.

Hier sind zum Beispiel die Kommentare einiger Teilnehmer an der Testgruppe zu der Frage, warum sie nicht monogam sind:

*Eine 33jährige geschiedene Frau:* Ich hatte schon immer Lust auf Sex. Sogar während meiner Ehe hatte ich gelegentlich ein Verhältnis mit einem anderen Mann. Für mich ist Sex einfach eine Art Unterhaltung. Sex macht Spaß – und es kostet nicht soviel wie die meisten anderen aufregenden Dinge.

*Ein 27jähriger Lastwagenfahrer:* Ich bin die meiste Zeit auf der Straße, und wenn ich einer einzigen Frau treu sein wollte, müßte ich ein ziemlich enthaltsames Leben führen. Es ist nicht schwer, in einer Bar oder auf der Straße ein Mädchen kennenzulernen. Das bringt ein bißchen Abwechslung ins Leben.

*Eine 25jährige Studentin:* Als ich 15 war, hatte ich ein ziemlich aktives Geschlechtsleben. Das war ein wichtiger Teil meines Lebens. Ich finde, wenn man sich die Kleider auszieht und loslegt, dann kriegt man einen ziemlich guten Einblick in den Charakter eines anderen Menschen.

*Ein 32jähriger Börsenmakler:* Sex hilft mir, Dampf abzulassen. Wenn man den ganzen Tag versucht, die Geschäfte anzukurbeln und mit Kunden zu tun hat und dabei die ganze Zeit immer nur lächeln muß, baut sich eine ganz schöne Spannung in einem auf. In der Nacht reagiere ich mich mit Sex ab und lasse alles raus, anstatt mich zu besaufen. Außerdem gibt es jede Menge Mädchen, die für ein Abendessen oder einen Barbesuch nur zu gern mit mir ins Bett gehen.

Manche Männer und Frauen haben es bewußt zu ihrem Lebensstil gemacht, allein und ungebunden zu sein. Eine 28jährige Anwältin aus unserer Untersuchungsgruppe sagte zum Beispiel: »Ich habe jetzt einfach keine Zeit, mir einen Mann zu suchen – ich bin viel zu sehr mit meinem Beruf beschäftigt.« Eine ganze Reihe Männer und Frauen erklärten ebenfalls, daß sie wegen ihrer Ausbildung und ihrer beruflichen Ziele im Augenblick nicht an eine Heirat denken könnten. In anderen Fällen ist das Single-Dasein die Folge einer oder mehrerer früherer Ehen, die auseinandergegangen sind; 13 Prozent der Frauen und 7 Prozent der Männer unserer Testgruppe haben mindestens eine Scheidung hinter sich.

Eines der alarmierendsten Ergebnisse unserer Untersuchung – und sicherlich für viele Menschen überraschend –, ist die Tatsache, daß sich nur sehr wenige Männer und Frauen mit mehreren Geschlechtspartnern wegen einer Infektion mit dem Aids-Virus Sorgen machen. Diese Sorglosigkeit drückt sich in der unveränderten Zahl ihrer Geschlechtspartner in den Jahren 1982 bis 1986 aus (siehe Tabelle 4.2). 1983 wäre diese Gleichgültigkeit vielleicht noch verständlich gewesen – als die Seuche noch im Anfangsstadium steckte –, aber das beharrliche Festhalten an dieser Einstellung bis heute ist ein Beweis dafür, daß die öffentlichen Gesundheitsämter und die Politiker versagt haben; sie haben die Öffentlichkeit nicht ausreichend darüber informiert, wieweit die Aids-Krankheit bereits um sich gegriffen hat. Selbst die Warnungen höchster amtlicher Stellen und wissenschaftlicher Experten vor häufig wechselnden Geschlechtspartnern[7] scheinen bei einem großen Teil der heterosexuellen Bevölkerung, der sich eigentlich hätte angesprochen fühlen müssen, keinen großen Eindruck hinterlassen zu haben. Das gibt Anlaß zu neuen Sorgen: Erstens, daß sich die HIV-Infektion relativ unkontrolliert immer weiter verbreiten wird; und zweitens, daß wiederholte Warnungen nicht genügen, um im Verhalten der Menschen bestimmte Veränderungen herbeizuführen.

Damit wollen wir natürlich nicht sagen, daß unsere Test-

und Kontrollgruppen für alle jungen Amerikaner repräsentativ seien. Es wäre gut möglich, daß viele heterosexuelle Männer und Frauen, die keine monogame Beziehung haben, infolge des Aids-Risikos in ihrem Sexualverhalten bereits größere Vorsicht walten lassen (obwohl wir in den folgenden Kapiteln auch auf Daten aus anderen Untersuchungen eingehen werden, die unsere eigenen Ergebnisse bekräftigen). Und nach allem, was wir wissen, sind wir zu folgendem entmutigenden Schluß gelangt: Das Aids-Virus hat ganz sicher auch in den heterosexuellen Rängen einen Brückenkopf geschlagen, und da sich Hetersosexuelle mit vielen Geschlechtspartnern wahrscheinlich am ehesten anstecken, ist zu befürchten, daß sich das Aids-Virus von nun an mit erschreckender und immer größerer Geschwindigkeit in der heterosexuellen Bevölkerung ausbreitet.

# 5
# Wie sicher sind Transfusionen?

S eit 1985 haben das Amerikanische Rote Kreuz, lokale Blutbanken und verschiedene staatliche und bundesstaatliche Organe in den USA ständig öffentliche Versicherungen abgegeben, seit Einführung der Routine-Untersuchung auf Aids-Antikörper sei unsere Blutversorgung jetzt vor dem Risiko der Aids-Übertragung durch Transfusionen »praktisch sicher«. Starke Worte mußten her, um die Ängste der Bevölkerung besonders in diesem Punkt zu beschwichtigen, da 1983 und 1984 aufgrund eines kolossalen, aber verbreiteten Mißverständnisses der Akt des Blut*spendens* könne irgendwie Aids hervorrufen, viele Blutbänke einen drastischen Rückgang der Spenderzahlen erfuhren. Man versuchte zwar, diese falsche Vorstellung zu korrigieren, hob aber nicht hervor, daß Menschen nur durch den *Empfang* von Blut Aids bekommen können; offenbar waren viele Autoritäten auf diesem Gebiet der Meinung, solch ein Aufklärungsfeldzug wirke sich im Grunde gegenteilig aus. Das Problem war, daß damit die Aufmerksamkeit auf den Umstand gelenkt werden konnte, daß Aids-Übertragung durch Transfusionen eine Tatsache war und die Blutbanken-Industrie es aus eigennützigen Gründen vorzog, diesen Punkt herunterzuspielen.[1]

Die wiederholten Erklärungen, die Blutversorgung sei nun vor der Aids-Gefahr sicher, entsprechen im Prinzip der Mitteilung der *Centers for Disease Control* von 1987: »Das Risiko der HIV-Übertragung durch Transfusionen war schon vor Beginn der Überprüfung gering und ist durch die Routine-Überprüfung von gespendetem Blut und Plasma praktisch eliminiert worden.«[2] Eine solche Sprache – das Risiko ist »praktisch eliminiert«, die Blutversorgung in unserem Staat ist »praktisch sicher« – suggeriert aufmerksamen Beobachtern, nur eine Handvoll Fälle von HIV-Infektionen pro Jahr würden durch Transfusionen verursacht. Bedauerlicherweise sind dieser Eindruck und diese Behauptung falsch. Die Tatsache, daß diese Art Information weit verbreitet wird, noch dazu mit solch einflußreicher Förderung, schafft eine alarmierende Situation, in der die allgemeine Öffentlichkeit getäuscht wird.

# Definition des Risikos

Sicherlich trifft zu, daß die Routine-Anwendung des ELISA-Tests bei Blutspendern die derzeitige Situation viel ungefährlicher gemacht hat, als sie es sonst wäre. Man muß aber zugeben, daß jeder biomedizinische Prüfungstest an gewissen Fehlerquellen leidet − das heißt nicht in 100 Prozent aller Fälle zutreffend ist. Der ELISA-Test macht da keine Ausnahme. Bei einem ziemlich hohen Grad an Spezifität liegt sein Fehleranteil von falsch-negativen Ergebnissen bei etwa 2 Prozent.[3] Das bedeutet, daß der ELISA-Test bei 100 Blutproben mit festgestellten Antikörpern des Aids-Virus 2 unzutreffend als Antikörper-frei anzeigen wird. Tatsächlich erschienen bei ELISA-Tests an 88 vollerkrankten Aids-Patienten 2 als nicht Antikörper-positiv, was eine Quote falsch-negativer Ergebnisse von 2,3 Prozent bei dieser Gruppe von Schwerstkranken ergab.[4] Ähnlich hatten bei einer anderen Studie 4 von 69 Aids-Patienten falsch-negative ELISA-Testergebnisse, womit die falsch-negative Quote bei 5,8 Prozent lag.[5] Es ist nicht unvorstellbar, daß der Anteil falsch-negativer Befunde bei Fällen, die das volle klinische Syndrom von Aids noch nicht erreicht haben, etwas höher sein mag.

Ein Teil des Problems hängt mit der Variabilität von ELISA-Tests verschiedener Hersteller zusammen, was ihre Fähigkeit anlangt, einen als P-24 bezeichneten Antikörper nachzuweisen, der in den verhältnismäßig frühen Stadien der HIV-Infektion vorhanden ist. So ergab zum Beispiel eine Studie, die der Arzt Alfred J. Saah und seine Kollegen am *National Institute of Allergy and Infectious Diseases* erstellt haben, alarmierend große Probleme bei genau dieser Art von frühem Antikörper-Nachweis und zudem eine große Variationsbreite in den Resultaten der Testverfahren von verschiedenen Herstellern.[6] Genauer:

● Der ELISA-Test von Abbott Laboratories, dem Hauptlieferanten des Amerikanischen Roten Kreuzes, wies bei 17 von 30 positiven Proben keine HIV-Antikörper nach, also eine falsch-negative Fehlerquote von 56,7 Prozent.

● Der ELISA-Test eines anderen Herstellers wies bei 28 von 30 positiven Proben keine HIV-Antikörper nach, also eine falsch-negative Quote von 93,3 Prozent.

● Der ELISA-Test von Electro-Nucleonics, Inc., des Hauptlieferanten für das ausgedehnte Bluttest-Programm des amerikanischen Militärs, wies bei 26 von 30 positiven Proben keine HIV-Antikörper nach, also eine falsch-negative Quote von 86,7 Prozent.

● Die ELISA-Tests von zwei anderen Firmen funktionierten beträchtlich besser als die oben erwähnten, aber beide wiesen bei 5 von 30 positiven Proben keine HIV-Antikörper nach, noch immer eine falsch-negative Quote von 16,6 Prozent.

Andere Studien haben ebenfalls ein großes Maß an Abweichungen bei den Resultaten verschiedener ELISA-Testkits ergeben.[7] Der offenbar geringe Grad an Zuverlässigkeit, auf den Saah und seine Kollegen in bezug auf die Leistung dieser Verfahren beim Nachweis einer HIV-Infektion im Frühstadium stießen, spiegelt nicht unbedingt die Gesamtgenauigkeit dieser Kits bei Großuntersuchungen wider.

Zu den falsch-negativen Ergebnissen aufgrund der von vorneherein vorhandenen Beschränkungen der Testmethode (zum Beispiel die Unfähigkeit, sehr geringe Titer von Antikörpern oder das Vorhandensein anderer Substanzen, die möglicherweise HIV-Antikörper binden oder verdecken, nachzuweisen) kommen noch weitere falsch-negative Befunde, die auf verschiedenen Arten menschlichen Versagens beruhen. Unseres Wissens ist die Häufigkeit in bezug auf die HIV-Antikörper-Testung nicht überprüft worden, doch das heißt nicht, das Problem sei etwa belanglos. Genauso wie ein Chirurg bei Gelegenheit irrtümlich ein Blutgefäß durchtrennt oder einen Tupfer im Innern eines Patienten vergißt oder wie Briefträger manchmal einen Brief an der falschen Adresse abgeben, so können fehlerhafte Testergebnisse aufgrund vieler verschiedener Umstände vorkommen. Wie jeder bestätigen wird, der mit Laborvorgängen vertraut ist: Ein Laborant oder eine Laborantin benutzen zum Beispiel Reagenzien mit überschrittenen Verfallsdaten oder vergessen, sie in ein Röhrchen einzuführen, wenn er oder sie eine große Anzahl Tests gleichzeitig durchzuführen haben; eine Probe fällt herunter, und ein Teil des Serums, das untersucht werden soll, läuft aus; eine medizinisch-technische Hilfskraft vermischt versehentlich zwei verschiedene Proben von Seren im gleichen Test; eine gefrorene Serumprobe wird nicht ganz aufgetaut, wenn sie getestet wird; Röhrchen verlieren Etiketten, oder Kennziffern werden verschmiert, was zu falscher Identifizierung der Probe und vielleicht zu dem zufälligen Austausch negativer und positiver Testergebnisse führt. Die Möglichkeit solchen Mißgeschicks besteht unausweichlich etwas häufiger in Labors, die verhältnismäßig unerfahrene oder unzulänglich ausgebildete Hilfskräfte beschäftigen oder keine sorgfältigen Qualitätskontrollen durchführen, aber die erschreckende Wirklichkeit zeigt, daß sogar ausgezeichnete Labors in ihren Testleistungen schwanken, wenn Mitarbeiter unter Zeitdruck stehen, mit persönlichen Problemen zu tun haben (einschließlich Drogen- und Alkoholmißbrauchs) oder sonstwie gestreßt oder einfach fahrlässig sind.[8]

Dies sind nicht bloß theoretische Betrachtungen. Nach einem kürzlich erschienenen Artikel in *Science* hatten 10 von den 19 Laboratorien, die sich bei der US-Armee um die Durchführung der HIV-Antikörper-Bluttests an militärischem Personal bewarben, bei mindestens einer Gelegenheit Fehlerquoten von über 5 Prozent – was mehr als bemerkenswert ist, wie wir hinzufügen möchten, da sie in dem Bewußtsein, die Genauigkeit ihrer Leistung könne zu einem wesentlichen und lukrativen Vertrag führen, doch wohl äußerst wachsam waren.[9] Noch erschreckender waren Berichte an die *Food and Drug Administration,* die 1985 darauf hinwiesen, 13 Bluteinheiten mit nachgewiesenen HIV-Antikörpern seien durch einen Verwaltungsirrtum für Transfusion freigegeben worden.[10]

Diese vielen Fehlerquellen bekommen etwas Verhängnisvolles, wenn man weiß, daß nach dem derzeitigen Verfahren Proben, die zunächst negativ ausgefallen sind, nicht nochmals getestet werden (aus Kostengründen dienen Referenztests wie der Western-Blot nur zur Bestätigung, daß ein positives Ergebnis wirklich positiv ist). So wird auch gespendetes Blut, das als Ergebnis eines falsch-negativen ELISA-Tests als frei von HIV-Infektion befunden wurde, automatisch für Transfusionen weitergegeben.

Zudem gehört es zu den einfachen Grundsätzen der Immunologie, daß die Antikörper-Bildung auf eine Infektion hin eine *verzögerte* Reaktion ist. Meßbare Werte von Antikörpern zeigen sich im Organismus einer infizierten Person erst Wochen oder Monate, nachdem sie infiziert worden ist. Bei dem Aids-Virus, dessen Eigenheiten es von anderen üblichen Infektionsviren unterscheiden, mit denen die Ärzteschaft vertraut ist, kann eine Antikörper-Bildung oft erst zwei bis vierzehn Monate nach der Infektion auftreten.[11] Während dieses nicht erkennbaren Intervalls der Ansteckungsfähigkeit passiert das gespendete Blut den ELISA-Test mit fliegenden Fahnen, wird dann aber das Aids-Virus an den Empfänger der Transfusion weitergeben.

Zugegebenermaßen ist die Phase, während der eine mit HIV infizierte Person noch keine Antikörper entwickelt hat, nur kurz und bemißt sich nach Wochen oder Monaten.[12] Wenn aber die HIV-Infektion derzeit bei der erwachsenen Bevölkerung mit einer Rate von 500 000 neuen Fällen jährlich weitergegeben wird (was als vernünftige Schätzung erscheint, falls wir in den USA von 1,5 Millionen HIV-Infizierten im Jahr 1986 heute tatsächlich zu einer Anzahl von über 3 Millionen gelangt sind, wie in Kapitel 1 erörtert), dann stellt sich hier ein drohendes Problem, was die Routine-Überprüfung von Blutspendern angeht. Nehmen wir an, zwei Drittel der neuen Infektionen beträfen homosexuelle und bisexuelle Männer und injizierende Drogenabhängige, von denen keiner Blut zu spenden versucht (letztere Annahme ist aus einer Reihe von Gründen zwar unrealistisch, ist aber zweckmäßig, da sie unsere Berechnungen vereinfacht und unsere Ergebnisse absichtlich untertreibt), dann bleiben 166 667 neue Fälle von HIV-Infektion, die nicht in diese Kategorien passen. Wenn wir weiterhin annehmen, daß 4 Prozent dieser Gruppe Blut spenden werden – eine Annahme, die den Daten über Blutspenderzahlen bei amerikanischen Erwachsenen entspricht[13] –, dann werden im Jahr ihrer ursprünglichen Infektion 6 667 Personen Blut spenden (166 667 x 0,04 = 6 667). Hieraus können wir einige Schlüsse auf die ungefähre Anzahl von infizierten Blutmengen ziehen, die unentdeckt die Routinetests, auch das Spender-Screening genannt, durchlaufen. Gehen wir davon aus, jede neu infizierte Person habe durchschnittlich ein »Ansteckungsintervall« von zwei Monaten, ehe sie seropositiv wird (das heißt: im ELISA-Test auffällt). Das würde bedeuten, daß über eine Periode von zwölf Monaten nur ein Sechstel der 6 667 Personen – etwa 1 111 – in einem HIV-Antikörper-negativen, aber durchaus infizierten (und ansteckenden) Stadium Blut spenden würden. *Keine dieser Proben jedoch würde als ansteckend erkannt: sie würden alle unwissentlich für Transfusionen verwendet.* Dauert das entsprechende Intervall nicht zwei Monate, sondern drei, so ergibt die Berechnung 1 667 Personen, die Blut spenden werden, das ganz korrekt als Antikörper-frei ausgewiesen ist, in Wirklichkeit aber das tödliche Aids-Virus transportiert.

Ähnliche Berechnungen lassen sich anstellen, um die Wirkung der Rate falsch-negativer ELISA-Testresultate auf die Sicherheit der Blutversorgung in den USA zu überprüfen. Zunächst können wir mit Sicherheit davon ausgehen, daß die Schätzung von 1,5 Millionen mit HIV infizierten Amerikanern, die Mitte 1986 von verschiedenen amtlichen Stellen aufgestellt wurde, heute 2,5 Millionen entspricht (da die Verbreitung von HIV im weiteren Verlauf gewiß weder stagnierte noch sich auch nur verlangsamte). Nehmen wir zweitens an, daß zwei Drittel dieses Pools infizierter Personen aus homosexuellen oder bisexuellen Männern oder Drogensüchtigen besteht, von denen geschätzte 95 Prozent freiwillig vom Blutspenden Abstand nehmen,[14] dann bleibt uns eine Gruppe von 916 666 infizierten Personen, die potentielle Blutspender sind (das heißt: 833 333 infizierte Personen, die weder homo- oder bisexuell noch drogensüchtig sind, plus 83 333 Personen, die es sind). Wenn nur 3 Prozent dieser Personen Blut spenden – eine Schätzung, die unter der tatsächlichen Zahl von Blutspendern innerhalb der erwachsenen Bevölkerung von unter 65 Jahren liegt –, dann sehen wir, daß in einem Jahr 27 500 Einheiten (916 666 x 0,03 = 27 500) infizierten Blutes gespendet würden. Bei den 2 Prozent falsch-negativer Befunde des ELISA-Verfahrens bedeutet das, daß 550 (27 500 x 0,02) HIV-infizierte Bluteinheiten fälschlich als sicher erklärt würden, also eine Gesamtzahl von 1 661 infizierten Blutkonserven – unter Berücksichtigung des Intervalleffekts sind 1 111 Einheiten zu addieren – durch den Screening-Prozeß nicht erfaßt würden. Diese Berechnung, die keinerlei andere Fehlerquellen bei ELISA-Tests berücksichtigt, weder Irrtümer im Labor noch HIV-Varianten, die ELISA nicht nachweisen kann (mehr dazu in Kapitel 6), zeigt, daß die Blutversorgung in den USA in der Tat keineswegs »praktisch sicher« ist. Es besteht die deutliche und drohende Gefahr, daß das Aids-Virus durch jede beliebige Bluttransfusion übertragen werden kann, selbst seit das Screening der Blutspender zur Pflichtroutine geworden ist.

Um diese Dinge ins rechte Licht zu rücken, ist es hilfreich, sich klarzumachen, daß laut unveröffentlichter Daten der *American Blood Commission* im Jahre 1984 etwa 18 Millionen Blutbestandteile in Transfusionen verwendet worden sind.[15] Dabei wurden durchschnittlich zwei Blutbestandteile aus je einer Einheit Spenderblut gewonnen. Setzt man also dieselbe

Zahl von Transfusionen jährlich an, liegt somit das Risiko, heute via Transfusion eines einzigen Blutbestandteils mit HIV infiziert zu werden, bei etwa 0,0001845 oder 1 : 5418 (18 000 000 : [1,661 x 2]). Bei einer Person, die vier Blutbestandteile empfängt, liegt das Risiko der Infektion mit dem Aids-Virus bei 1 zu 1355.

Gewiß sind diese Zahlen niedrig, aber das Risiko, das sie darstellen, ist nicht so unbedeutend, wie die Blutbanken-Industrie oder die meisten medizinischen Behörden zu verstehen geben. So schätzt zum Beispiel ein jüngerer Bericht, das derzeitige Risiko, daß eine infizierte Blutspende unentdeckt bleibe, liege bei 1 : 250 000.[16] Die CDC, das *Institute of Medicine* und die *National Academy of Sciences* haben auf der Basis ähnlicher Kalkulationen alle sehr optimistische Verlautbarungen herausgegeben[17] – aber diese Projektionen haben ernsthafte Mängel, denn sie berücksichtigen nicht entsprechend das infizierte Blut, das unentdeckt bleibt, weil noch keine meßbare Antikörper-Reaktion vorliegt. Tatsächlich unterscheidet sich die heutige Zahl transfusionsbedingter HIV-Infektionen kaum von der Zahl der Fälle, die stattfanden, bevor der ELISA-Test eingesetzt werden konnte. Nach einem Artikel in einem Sonderdruck der *American Medical Association* mit dem Titel *Information on AIDS for the Practicing Physician* (Informationen über Aids für den praktizierenden Arzt)[18] gab es theoretisch etwa 4000 Fälle transfusionsbedingter Aids-Übertragung, die von Transfusionen aus der Zeit von 1977 bis 1983 herrührten. Eine andere Studie schätzte, es gebe in den Vereinigten Staaten gegenwärtig 12 000 Personen, die sich zwischen 1978 und 1984 durch Transfusion mit HIV infiziert haben.[19] Die Wahrheit ist also, nachdem der Kreis HIV-Infizierter seit 1985 so rasch angewachsen ist, daß die Anzahl der via Transfusion HIV-Infizierten weiter zunehmen wird, falls nicht eine bessere Methode des Screenings von Blutspendern gefunden wird. Was wir brauchen und was das beste wäre: Ein effektiver, kostengünstiger und genauer Test an HIV-Kulturen, um das Virus selbst und nicht nur den Antikörper des Virus zu entdecken, denn das würde das Problem des Intervalls zwischen HIV-Infektion und Antikörperbildung völlig ausschalten und könnte womöglich auch die Rate falsch-negativer Befunde herabsetzen.*

## Umgang mit dem Risiko

Wie aber kann man sich angesichts des geringen, aber real existierenden Risikos der HIV-Infektion via Transfusion am besten verhalten? Die beste Option ist es zur Zeit, für den eigenen Gebrauch Blut zu spenden, einfrieren und lagern zu lassen, denn so würde in vielen Fällen die Notwendigkeit von Transfusionen des Bluts einer anderen Person vermieden. Dieses Vorgehen, Autotransfusion genannt, wird von einer Reihe medizinischer Behörden empfohlen[20], jedoch von Ärzten ihren Patienten gegenüber nur selten erwähnt, selbst wenn eine Operation mit großer Wahrscheinlichkeit droht.

In einer der großen staatlichen, viele Krankenhäuser umfassenden Untersuchungen fand man heraus, daß nur 5 Prozent der Patienten, die sich einer Operation unterzogen

---

* In der Bundesrepublik wurde die HIV-Antikörpertestung bis Mitte 1985 (gesetzlich vorgeschrieben zum 1. 10. 1985) in den Blutspendediensten des Deutschen Roten Kreuzes eingeführt. Die Screening-Methode ist ähnlich wie in den USA: Zur ersten und schnellen Freigabe HIV-Antikörper-*negativer* Blutpräparate wird der ELISA-Test durchgeführt, der offenbar jedoch auch viele falsch-positive Resultate erzielt. Erst nach einer zweimal ELISA-positiv ausgefallenen Testung *und* mindestens einem Western-Blot-positiven Befund wird eine Probe als definitiv positiv (zur epidemiologischen Erfassung der HIV-Antikörper-Prävalenz) bezeichnet. Da sich die HIV-Verbreitung in der Bundesrepublik und West-Berlin vergleichsweise eher später und langsamer vollzog, kam man bei der statistischen Erfassung zu folgenden Ergebnissen: Vom 1. 7. 1985 bis 30. 6. 1986 wurden 2,27 Millionen Blutspenden von 1,33 Millionen Spendern geleistet und auf HIV-Antikörper untersucht. Darunter wurden 3 796 Proben als zweimal ELISA-positiv erfaßt, davon jedoch nur 218 als Western-Blot-positiv. (Anmerkung des Verlags; Quelle: Sonderdruck der Deutschen Medizinischen Wochenschrift vom 16. 10. 1987).

und dabei für Autotransfusion in Frage kamen, ihr Blut tatsächlich vorher deponierten.[21] Vor allem erwies sich auch, daß 68 Prozent der geeigneten Patienten, die vorher kein Blut gespendet hatten, jegliche Transfusion von anderen Spendern hätten vermeiden können, hätten sie die Zahl der von ihren Ärzten verordneten Einheiten roter Blutkörperchen vorher hinterlegt. (Diese Ergebnisse beziehen sich auf kurzfristige Lagerung von Blut für geplante Operationen, nicht aber auf das langfristige Einfrieren von Bluteinheiten als allgemeine Vorsichtsmaßnahme.)

Blut für den eventuellen zukünftigen Eigenbedarf zu spenden, hat mehrere Hauptvorteile sowie eine Reihe von Nachteilen oder Einschränkungen. Als positiv ist zu vermerken, daß die meisten Patienten, denen ein mehr oder weniger freiwilliger Eingriff, also keine Notoperation bevorsteht, genug zeitlichen Spielraum für die Vorwarnung möglicher Bluttransfusionen haben, um in den Monaten vor der Operation einige Einheiten zu spenden. Zwar gibt es natürlich Fälle, in denen die Blutmenge, die gespendet werden kann, für den mußmaßlichen Bedarf einer solchen Operation zu klein ist oder in denen die betreffende Krankheit oder ein gleichzeitig bestehendes Leiden (wie eine schwere Anämie oder Infektion) den Patienten daran hindert, selbst ein paar Monate vor dem Eingriff Blut zu spenden, doch sind solche Situationen nicht allzu häufig. Wenn man sich vergewissert, daß jede Bluttransfusion, die man während der Operation (oder in der Rekonvaleszenz danach) bekommt, vom eigenen Blut stammt, schließt man die Gefahr, sich via Transfusion mit Aids oder mit non-A- oder non-B-Formen von Hepatitis zu infizieren, vollkommen aus. Ebenso vermeidet man völlig das Risiko einer allergischen Reaktion auf die Transfusion; da solche Reaktionen manchmal lebensbedrohlich sein können (sie können zu Hämolyse, Nierenversagen und Schock führen), liegt auch hier ein offensichtlicher Vorzug. Mit gutem Grund erschien daher 1987 ein Leitartikel des angesehenen *New England Journal of Medicine* mit dem Titel *The Patient's*

*Blood Is the Safest Blood* (Das Blut des Patienten ist das sicherste Blut).[22]

Was die Einschränkungen der Autotransfusion betrifft, möchten wir zunächst auf einen praktischen Punkt hinweisen. Selbst wenn Sie drei oder vier Einheiten Ihres eigenen Blutes haben einfrieren und lagern lassen, gibt es im Falle Ihrer Beteiligung an einem größeren Unfall oder der Notwendigkeit einer Notoperation keine Garantie, daß man Sie in die Klinik bringen wird, wo ihr Blut lagert, oder daß die Zeit ausreichen wird, um das Blut für die Verwendung bei Ihnen aufzutauen. Zudem ist das Einfrieren und Lagern Ihres eigenen Blutes ein kostspieliges Projekt – drei Bluteinheiten drei Jahre lang zu lagern, kostet normalerweise in den USA zwischen 500 und 1000 Dollar.

Trotz dieser Einschränkungen äußern viele Menschen, sie würden sich seelisch etwas wohler fühlen bei dem Gedanken, daß sie ihr eigenes Blut für den eventuellen zukünftigen Gebrauch deponiert haben. Und ganz gewiß sollten Menschen, denen ein mehr oder weniger freiwilliger Eingriff (oder eine zwar notwendige Operation, die aber Monate im voraus geplant werden kann), bevorsteht, sich sorgfältig überlegen, ob sie nicht ihr eigenes Blut vorher einlagern wollen, um die Unbedenklichkeit jeglicher Transfusion, die bei einem solchen Eingriff nötig werden könnte, zu optimieren.

Eine andere Methode, mit dem Risiko transfusionsbedingter Aids-Übertragung umzugehen, hat neuerdings etwas an Popularität gewonnen, beruht aber eher auf Wunschdenken als auf wissenschaftlicher Stichhaltigkeit. Diese Praxis nennt sich gelenkte Spende: Man wählt die Leute aus, die Blut für den eigenen Gebrauch spenden sollen. Die Grundthese dabei ist, daß Menschen, die nahe mit einem verwandt sind oder deren Charakter man gut kennt, sich wohl kaum mit dem Aids-Virus infiziert haben werden. Leider – wenn man einmal davon absieht, daß solche Menschen häufig eine andere Blutgruppe haben als man selbst und daher überhaupt nicht helfen können – gibt es keine Garantie, daß auch der engste

Freund, dem man bedingungslos vertraut, nicht doch bisexuell ist, selbst eine Transfusion mit infiziertem Blut bekommen hat oder heimlich Drogen spritzt. Der starke Druck einer Situation, in der man um Blutspenden bittet, macht es Freunden vielleicht nahezu unmöglich, sich aufgrund ihrer Zugehörigkeit zu einer Hochrisikogruppe zu weigern. Eine Reihe von Experten glauben, gelenkte Spenden böten keine größere Sicherheit, als wenn man einfach akzeptiert, was immer die gegebene Blutbank zur Verfügung hat.

Da die Blutlagerungsmethoden verschiedener Kliniken sich beträchtlich unterscheiden können, lohnt es sich durchaus, sich zu erkundigen, welche Praktiken an einem bestimmten Haus zugelassen sind. In manchen Fällen mag es sogar vernünftig sein, eine Klinik nach dem Kriterium auszuwählen, ob dort Autotransfusionen gestattet sind oder nicht.

Es ist auch gut zu wissen, daß Sie eine etwas unterschiedliche Form der Autotransfusion mit Ihrem Chirurgen besprechen können. Während eines Eingriffs kann das Operationsteam so viel wie möglich von dem Blut sammeln, das Sie durch Blutung verlieren und dieses Blut Ihrem Körper noch während des Eingriffs wieder zuführen. Diese Technik, die man intraoperative Gewinnung nennt und die man selbst bei Notoperationen anwenden kann, ist eine technisch anspruchsvolle, aber vielversprechende Methode, die Risiken der Infizierung durch Transfusionen auf ein Mindestmaß herabzusetzen.

# 6
# Kann man Aids auch auf der Toilette bekommen?

D ie Titelfrage dieses Kapitels gemahnt an aktuelle Ängste um eine Krankheit und eine Virus, die auf eine sehr elementare Weise erschreckend sind. Die meisten Menschen sind an sich geneigt, all das, was ihnen Experten in der Presse und in sorgfältig produzierten Sondersendungen des Fernsehens über die Aids-Epidemie mitgeteilt haben, für die ganze, uneingeschränkte Wahrheit zu halten, doch hartnäckige Zweifel bleiben bestehen. So gern die meisten sich gerecht, vorurteilsfrei und mitfühlend verhalten möchten, so haben sie doch begreiflicherweise das Bedürfnis, sich und ihre Kinder vor der Infektion zu schützen. Als sie deshalb 1983 lasen, Aids werde nur durch homosexuelle Handlungen übertragen und dann später erfuhren, dies sei nicht der Fall, wurden sie nervös. Nachdem sie wiederholt gelesen hatten, Pflegepersonal, das mit Blut und Speichel von Aids-Patienten in Berührung kam, habe sich nie angesteckt, waren sie beruhigt – bis sie im Frühjahr 1987 von mehreren Fällen erfuhren, in denen sich genau diese Übertragung abgespielt hatte.[1] Als man ihnen 1985 sagte, Bluttransfusionen sein praktisch sicher vor Aids, und sie dann von Fällen lasen, in denen infizierte Bluteinheiten durch die Tests geschlüpft waren[2] oder von zwei Zwischenfällen, wo man einem ahnungslosen Opfer ein infiziertes Organ eingepflanzt hatte,[3] wurden die Menschen unsicher, verstört und waren nicht mehr allzu willens, der Stimme der Autorität zu folgen. Tatsächlich erscheinen selbst die gefälligen, knappen Slogans über Aids, welche die Welt zur Besonnenheit mahnen sollen – wie »Man bekommt kein Aids von der Türklinke« –, manchen so grob vereinfacht, daß die Angst nur noch größer wird.

In diesem Kapitel wollen wir einige der schwierigsten und besonders verbreiteten Fragen direkt behandeln, die wir in bezug auf die Aids-Epidemie und das Aids-Virus inzwischen vernommen haben. In unseren Antworten werden wir darauf hinweisen, wo genau die wissenschaftlichen Ungewißheiten liegen und wann die Reaktionen des gesunden Menschenverstandes auf gewisse Angelegenheiten entschieden falsch sein können.

*Können Stechmücken Aids übertragen?*

Die endgültige Antwort auf diese Frage ist noch nicht gefunden. Experimente haben gezeigt, daß Mücken tatsächlich das Aids-Virus in sich aufnehmen und daß das Virus in Mücken mindestens 48 Stunden überleben kann.[4] Die Unsicherheit beruht auf dem fehlenden Nachweis, ob Stechmücken das Virus tatsächlich *übertragen* können. Zur Zeit gibt es zum Beispiel keinen Beweis dafür, daß das Aids-Virus sich in stechenden (oder anderen) Insekten vermehrt, was ihm erlauben würde, sich in die Speicheldrüsen der Mücke zu verbreiten und auf diese Weise biologisch mit dem Speichel übertragen zu werden, den die Mücke ausscheidet, während sie saugt. Ob Mücken aber auf mechanischem Weg das Aids-Virus übertragen können, ist immer noch eine offenen Frage. Ein Artikel in *Science* erklärt das so:

Schwieriger ist es, kategorisch zu behaupten, mechanische (im Gegensatz zu biologischer) Übertragung von Aids komme nicht vor. Die mechanische Übertragung eines Virus könnte theoretisch geschehen, wenn eine Mücke zum Beispiel gestört würde, während sie sich an einem infizierten Wirt nährt, dann zu einer anderen Person weiterflöge, um ihr eine winzige Portion kontaminierten Blutes zu injizieren.[5]

Die meisten Wissenschaftler meinen, dies sei eine weit hergeholte Möglichkeit, vor allem, da die auf diese Weise »injizierte« Blutmenge äußerst klein wäre, aber es ist keineswegs erwiesen, wie viele Viren einer Person eingeimpft werden müssen, damit es zu einer Infektion kommt.[6]

*Kann das Aids-Virus beim Geschlechtsverkehr zwischen Frauen übertragen werden?*

Erstaunlicherweise lautet die Antwort vielleicht »ja«. HIV ist von verschiedenen Forschern in vaginalen Ausscheidungen nachgewiesen worden.[7] Oral-genitaler Kontakt, Einführung des Fingers in die Vagina oder auch genitale Apposition (Aneinanderreiben der weiblichen Geschlechtsorgane) könnten zur Übertragung des Virus von einer infizierten Frau auf ihre nicht-infizierte Partnerin führen, aber eine solche Übertragung erfordert wahrscheinlich irgendeinen Riß in der Haut. Dies ist zwar nur eine theoretische Möglichkeit, doch der Mangel an Dokumentation solcher Fälle könnte eher die gegenwärtig niedrige Verbreitungsrate von HIV-Infektionen bei Lesbiererinnen widerspiegeln als die Abwesenheit jeden Risikos bei dieser Form sexuellen Kontakts.

*Warum tragen Schwestern und Pfleger auch dann Gummihandschuhe, wenn sie mit Patienten umgehen, die kein Aids haben? Haben die staatlichen Experten nicht gesagt, bei flüchtigen Kontakten gäbe es kein Infektionsrisiko?*

Am 23. Juli 1987 wurden in den USA alle Einrichtungen des Gesundheitswesens (einschließlich Krankenhäusern, Pflegeheimen und Kliniken) darauf verpflichtet, voll und ganz die Bundesrichtlinien zum Schutz ihres Personals vor Aids zu erfüllen. Personal wie Schwestern, Ärzte und Laboranten müssen jetzt Schutzvorrichtungen tragen – so etwa Handschuhe, Masken und Augenschutz –, wenn eine Möglichkeit des Kontakts mit dem Blut oder anderen Körperflüssigkeiten irgendeines Patienten besteht. Nichtbefolgung dieser Richtlinien kann für die betreffenden Einrichtungen Strafen bis zu 10 000 Dollar bedeuten.

Die Gründe für diese Verfahrensänderung sind komplex, drehen sich aber hauptsächlich um drei Erkenntnisse: Es ist unmöglich zu wissen, welche Patienten HIV-infiziert sind und welche nicht; im Gesundheitswesen sieht man sich wesentlich höheren Zahlen an mit dem Aids-Virus infizierten Personen gegenüber, als man ursprünglich vermutet hatte; und Pflegepersonal ist nicht immun gegen HIV-Infektion durch berufsbedingte Gefährdung. In den *American Medical News* heißt es: »Diese Aktion ist eine Folge von neun nachgewiesenen Aids-Fällen unter Krankenpflegern.«[8]

Früher hatten viele Gesundheitsbeamte und Aids-Experten die Gefahren für Pflegepersonal heruntergespielt, um eine unangebrachte Panik zu vermeiden, bei der Zehntausende von Mitarbeitern sich womöglich weigern würden, erwiesene oder mußmaßliche Aids-Patienten zu pflegen. Die verspätete Anerkennung der Tatsache, daß hier eben doch ein erkennbares Risiko besteht – auch wenn es viel geringer sein mag als die Gefahr, durch berufsbedingte Gefährdung Hepatitis B zu bekommen –, unterstützt unser Argument, daß Hautkontakt mit infizierten biologischen Flüssigkeiten potentiell zur Infektion führen kann.

*Besteht die Möglichkeit, daß ein Arzt unwissentlich das Aids-Virus von einem Patienten auf einen anderen überträgt, falls er bei der Untersuchung infiziertes Besteck wiederbenutzt?*

Zwar verwenden die meisten Ärzte Wegwerf-Instrumente für alle eingreifenden Prozeduren – wobei eine solche Gefahr völlig ausgeschlossen ist –, doch es gibt auch ein paar Ausnahmen. Zum Beispiel regen sich neuerdings Besorgnisse um den Gebrauch von Endoskopen (zur Untersuchung des Dick- und des Mastdarms) als ambulantes Verfahren. Endoskope sind ihrer Natur nach der Hitze der Gasflammen-Sterilisation nicht gewachsen, wie sie die *American Society for Gastrointestinal Endoscopy* für Instrumente, die bei HIV-infizierten Patienten verwendet werden, empfiehlt.[9] Laut Dr. Jerome Waye, Chef der Gastroenterologie am Mount-Sinai-Hospital in New York, verwenden zudem viele niedergelassenen Ärzte auch keine anderen akzeptablen Methoden bei der Sterilisation dieser Instrumente. »Sie schrubben das Endoskop einfach, lassen etwas Alkohol durchlaufen und hängen es dann für den nächsten Patienten zum Trocknen auf«, führte er aus. In solchen Fällen mag das Risiko der Übertragung von

HIV von Patient zu Patient gering sein, aber es ist mit Sicherheit vorhanden. 1985 haben die CDC sogar eine Warnung an alle Mediziner herausgegeben: Da HIV sich in Tränen findet, sei es wichtig, Instrumente zu desinfizieren, die in direkten Kontakt mit der äußeren Oberfläche des Auges kommen, ebenso wie Kontaktlinsen, die während der Anpassungsphase verwendet werden.[10]

*Ist es wahr, daß ein Mann nach einer Vasektomie das Aids-Virus nicht übertragen kann?*

Nein. Obwohl eine Vasektomie die Spermien daran hindert, in den männlichen Erguß zu gelangen (indem die beiden Samenleiter, welche die Spermien von den Hoden zur Prostata befördern, durchtrennt werden), so bleibt doch die Spermaproduktion und -abgabe erhalten (Samenzellen bilden nur einen kleinen Teil des Spermas selbst, auch Samen genannt, einer dicklichen Flüssigkeit, welche die Spermien transportiert). Auch bei Männern, die keine Vasektomie gehabt haben, wird das Aids-Virus vom Sperma (Samen) weitergetragen, und zwar ebenso innerhalb der weißen Blutkörperchen wie auch außerhalb.

*1983 hatte ich eine Bluttransfusion. Wie hoch ist die Gefahr, daß das Blut mit dem HIV-Virus infiziert gewesen sein könnte? Sollte ich mich jetzt testen lassen, um zu sehen, ob ich in Ordnung bin?*

Erst im Frühjahr 1985 hat man in den USA auf breiter Basis damit begonnen, alle Blutspender auf HIV-Antikörper zu untersuchen, daher ist jeder, der von 1977 bis zu diesem Zeitpunkt eine Transfusion bekam, potentiell gefährdet. (Für Europa sind der Beginn der HIV-Verbreitung Jahre später und die Gefährdung entsprechend geringer einzuschätzen. Anm. d. Verl.) Ohne zu wissen, wie viele Bluteinheiten übertragen wurden, ist es unmöglich, die Wahrscheinlichkeit, ob man Ihnen HIV-infiziertes Blut gegeben hat, zu berechnen, aber falls es sich dabei nicht um eine hohe Anzahl Einheiten gehandelt hat, ist das Risiko, Sie könnten infiziert worden sein, vermutlich gering – zum Teil deshalb, weil die Verbreitung der Infektion in der allgemeinen Bevölkerung bis unlängst sehr gering war. So mag es zum Beispiel beruhigend sein zu wissen, daß laut einer neueren Untersuchung nur 1 von 2 343 Personen, die zwischen dem 1. Januar 1977 und dem 1. Juni 1985 in den USA Transfusionen erhalten hatten, sich als infiziert erwies.[11] Wenn Sie aber um Ihre persönliche Situation besorgt sind, wäre es jedenfalls sicher zweckmäßig, jetzt einen Test in Betracht zu ziehen, um eine klare Antwort zu bekommen. Am besten besprechen Sie sich mit Ihrem Arzt oder mit einem Berater des öffentlichen Gesundheitsdienstes, um zu entscheiden, wie sie bei dieser oder einer ähnlichen Frage am besten vorgehen.*

*Hier und da wurde berichtet, es gäbe mehrere verschiedene Virus-Typen außer HIV, die Aids hervorrufen können. Lassen sie sich alle durch den Screening-Test nachweisen?*

Es stimmt, daß mindestens zwei zusätzliche Varianten des Aids-Virus entdeckt worden sind. Eine, die man in West-Afrika gefunden hat, hat bei 17 Menschen Aids hervorgerufen.[12] Die andere wurde in Skandinavien entdeckt und hat ebenso Aids verursacht.[13] Diese Viren sind beide mit HIV verwandt, unterscheiden sich aber nach ihren genetischen Codes. Zur Zeit lassen sie sich durch die üblichen Blutuntersuchungstests gewöhnlich nicht nachweisen, und es ist unge-

---

* In Berlin hat das Bundesgesundheitsamt die Arbeitsgruppe AIDS eingerichtet. Bei der Bundeszentrale für gesundheitliche Aufklärung, Postfach 910152, 5000 Köln 91, kann man die Broschüre »Was jeder über AIDS wissen sollte« anfordern. Zu persönlichen Fragen kann man sich an die AIDS-Telefonberatung unter der Nummer 0221/ 89 20 31 wenden (Anm. d. Verl.).

wiß, wie rasch diese Tests dahingehend modifiziert werden können, daß sie alle drei Viren mit einem gewissen Grad an Genauigkeit erfassen. Die Existenz dieser zusätzlichen Viren, die Aids hervorrufen können, kompliziert sehr die Aufgabe, einen Impfstoff zu entwickeln, der Immunität gegen die Krankheit verleiht.

*Ist es nicht unmöglich, sich zu infizieren, wenn man dem Virus nur bei einer einzigen Gelegenheit ausgesetzt ist?*

Zwar führen vielfache Gefährdungen jeder Art mit Sicherheit zu einem erhöhten Infektionsrisiko, aber es ist klar, daß schon ein einziger solcher Vorfall ausreicht, um eine Übertragung herbeizuführen. Es hat zum Beispiel Fälle von HIV-Infektion gegeben, die durch die einmalige künstliche Befruchtung mit dem Samen eines Spenders entstanden.[14] Ebenso wissen wir von einer Frau, die in einer langjährigen, absolut monogamen Ehe lebte und vier Monate, nachdem sie vergewaltigt worden war, seropositiv wurde. Auch Beispiele von Infektionen bei Krankenpflegern, die nur ein einziges Mal mit Blut besprizt worden waren, bestätigen die Tatsache, daß es schon bei einer einzigen Kontaktmöglichkeit mit dem HIV-Virus zur Ansteckung kommen kann.[15]

*Kann man sich Aids durch eine infizierte Küchenhilfe oder einen infizierten Kellner holen?*

Praktisch gesehen nur dann, wenn Sie dieselben Nadeln oder Spritzen bei Drogenabhängigkeit benutzen oder mit der betreffenden Person Geschlechtsverkehr haben. Allerdings ist Gefährdung in einem Restaurant unter gewissen Umständen möglich. Wenn sich der Küchenchef zum Beispiel schneidet, während er eine Mahlzeit vorbereitet, die kalt serviert werden soll (etwa einen Salat oder ein Sandwich), und dabei sein Blut auf das Essen tropft, könnte es zur Infizierung kommen, wenn der betreffende Gast gerade einen Schnitt oder eine Schwäre an den Lippen oder im Mund hat, die dem Virus Eintritt verschaffen würden. Ähnlich, wenn Sie Trinkgläser, Geschirr oder Besteck benutzen, die zuvor einer infizierten Person zum Gebrauch dienten und nicht richtig saubergespült worden sind, besteht ein kleines, bisher unbestimmtes Risiko, daß Sie sich dem aktiven und damit ansteckenden Virus aus dem Speichel dieser Person ausgesetzt haben könnten.

*Wie hoch ist die Wahrscheinlichkeit, daß jemand, der sich mit dem Aids-Virus infiziert hat, tatsächlich einen regelrechten Fall von Aids entwickeln wird?*

Vorläufig weiß niemand die genaue Antwort. »Offizielle« Schätzungen von 1985 und 1986 lauteten, 20 bis 30 Prozent der virustragenden Personen würden innerhalb eines Zeitraums von fünf Jahren Aids entwickeln, aber diese Projektionen basierten auf sehr frühen Auslegungen mehrerer Untersuchungsberichte. Neuere Erfassungsdaten weisen darauf hin, daß die Zahlen vermutlich weit schlimmer sind. Zum Beispiel legt eine in Deutschland hergestellte Studie dar, daß bis zu 75 Prozent der infizierten Personen schließlich Aids entwickeln werden.[16] In der *New York Times* hieß es: »Zumindest privatim haben viele Experten begonnen, die Befürchtung zu äußern, daß im Lauf der Zeit, vielleicht innerhalb von zwei Jahrzehnten oder einem noch längeren Zeitraum, jede HIV-infizierte Person Aids entwickeln wird.«[17] Dies ist eine besonders erschreckende Aussicht, da bisher kein einziger Mensch mit dem Vollbild der Krankheit Aids jemals gesundet ist. Während es gegenwärtig gesichert erscheint, daß wesentlich mehr HIV-Virusträger voll an Aids erkranken werden, als man ursprünglich hoffte, ist es gewiß möglich, daß Menschen mit besonders guten Immunkräften sich jahre- oder sogar jahrzehntelang gegen die Krankheit wehren könnten.

103

*Hat eine mit Aids infizierte Person irgendeinen Grund, den Geschlechtsverkehr mit einer anderen infizierten Person zu meiden?*

Auf diese Frage gibt es keine endgültige Antwort. Auf den ersten Blick möchte es so scheinen, als sei der Schaden bereits eingetreten, sobald man einmal infiziert ist. Einige Experten meinen allerdings, daß wiederholte Episoden von Reinfektion die Virusmenge im Körper steigern könnten und so das Fortschreiten der Infektion tatsächlich beschleunigen. Angesichts dieser Ungewißheit tun infizierte Paare sicherlich gut daran, Maßnahmen zur Verringerung des Risikos der Reinfektion zu ergreifen.

*Ist es möglich, daß die Muster der Aids-Übertragung sich so dramatisch verschieben werden, daß sich schließlich die Mehrzahl der Fälle bei den Heterosexuellen findet?*

Wenn die derzeitige Epidemie verhältnismäßig uneingedämmt bleibt – und falls es nicht so schnell wie möglich mit einer umfangreichen Aufklärungskampagne gelingt, die Menschen wirklich zu motivieren, daß sie ihr Sexualverhalten ändern –, dann halten wir es durchaus für möglich, daß genau diese Verschiebung eintreten wird. Diese Annahme wird durch mehrere Tatsachen unterstützt. Erstens: Aids ist keine Krankheit der »Schwulen«. Es ist eine Virusinfektion, die bei der Wahl ihrer Ziele keine Unterschiede macht. Zweitens: Das Aids-Virus hat bereits auf die heterosexuelle Bevölkerung übergegriffen, wobei die Hauptbresche für diesen Ausbruch vermutlich bei den heterosexuellen Partnern von Drogensüchtigen mit der Gewohnheit, Nadeln und Spritzen gemeinsam zu benutzen, lag, und die sekundäre bei den weiblichen Sexpartnern bisexueller Männer. Drittens: Der Kreis der nicht-infizierten, aber potentiell gefährdeten Heterosexuellen ist – einfach im Sinne vergleichbarer möglicher Fallzahlen – um so viel größer als der Kreis der homosexuellen und bisexuellen Männer, daß die Epidemie in einer Weise explodieren wird, angesichts derer die Zahlen von 1981 bis 1986 zahm erscheinen werden, sollte kein Weg zur Eindämmung der Verbreitungsrate bei der allgemeinen Bevölkerung gefunden werden. Unter diesen Umständen müssen wir davon ausgehen, daß es bis 1993 bei mehr als einem Viertel neuer Aids-Fälle um Heterosexuelle gehen wird, die keine Drogen injizieren. Um die Jahrhundertwende wird entsprechend mehr als die Hälfte aller Aids-Fälle in der heterosexuellen Bevölkerung auftreten.

*Gibt es bei Frauen irgendwelche besonderen Symptome, die auf eine Infektion mit dem Aids-Virus hinweisen könnten?*

Nach einer neueren Studie weist die Kombination von schwerer, Therapie-resistenter, chronischer vaginaler Candidiasis (auch Candidiase, »Pilz«- oder »Hefe«-Infektion genannt) und Mundfäule auf eine entschiedene Möglichkeit hin, daß eine zugrundeliegende HIV-Infektion die Ursache sein könnte.[18] Mundfäule oder Mundsoor, eine Pilzinfektion des Mundes, wird von dem Erreger Candida albicans hervorgerufen und zeigt sich als weiße Flecken oder Stellen auf der Zunge, am Zahnfleisch, am Gaumen und sogar in den Mundwinkeln. Vaginale Candidiasis führt gemeinhin zu dickem, weißlichem, käseartigem Ausfluß aus der Scheide sowie zu intensivem Jucken der Scham. Diese Erscheinung ist ziemlich häufig bei Frauen, die zuckerkrank sind oder Antibiotika nehmen oder die Anti-Baby-Pille; diese Frauen brauchen sich keine Sorgen zu machen, wenn sie bei der Behandlung ihrer Candidiasis Schwierigkeiten haben, denn nur ungeklärte Candidiasis scheint ein Risikofaktor der HIV-Infektion zu sein.

*Stimmt es nicht, daß das Aids-Virus nur in den genitalen Sekreten der Frauen während der Menstruation auftritt und daß zu anderen Zeiten keine Infektionsgefahr besteht, weil keine Blutungen stattfinden?*

Diese Vorstellung ist irrtümlich. Das Aids-Virus erscheint während des gesamten Zyklus in den Ausscheidungen des Gebärmutterhalses der Frau, und nicht nur während der Tage des Menstruationsflusses.[19] Tatsächlich muß das Virus offenbar nicht immer von Blutzellen transportiert werden – es kann möglicherweise gewisse Zellen des Genitalbereichs infizieren und in die genitalen Absonderungen aufgrund besonderer vorgegebener Bedingungen unabhängig von der Beförderung durch Blut eindringen.

*Stimmt es, daß »natürliche« Kondome weniger gut gegen das Aids-Virus schützen als synthetische Kondome?*

Natürliche Kondome werden aus der Darmhaut von Schafen hergestellt. Verschiedene Sachverständige haben sich besorgt über mögliche Undichte geäußert, aber darauf läßt sich jetzt noch nicht eindeutig antworten. Eine Untersuchung, bei der verschiedene Typen von Kondomen daraufhin getestet wurden, inwieweit sie Immunkörper-Partikel der Hepatitis B blockieren können, ergab, daß das einzige getestete natürliche Kondom diese Partikel passieren ließ, im Gegensatz zu den synthetischen Kondomen.[20] Andererseits hat eine weitere Studie, die beim Testen von Kondomen das Aids-Virus verwendete, bei natürlichen Kondomen keinen Nachweis der Undichte gefunden, wobei die getestete Zahl zugegebenermaßen gering war.[21] (Eine eingehendere Erörterung der Sicherheit von Kondomen findet sich in Kapitel 7.)

*Kann man Aids auch auf der Toilette bekommen?*

Fragen dieser Art waren ein gefundenes Fressen für die Presse. Sie vermittelt gern das Spottbild, jeder, der eine solche Frage stellt, habe eine vorsintflutliche, unaufgeklärte Einstellung zu Aids, da diese Vorstellung unbedingt falsch sein müsse. Trotzdem geht von dieser Frage eine gewisse, nicht zu leugnende Faszination aus – und die Antwort, die wir zu geben haben, ist von ebenso unleugbarer Realität.

Zwar ist klar, daß es sich um ein äußerst seltenes Vorkommnis handeln muß, falls eine solche Art der Übertragung jemals stattgefunden hat, aber Tatsache ist, daß man sich durch Hautkontakt mit einem infizierten Toilettensitz (oder einer anderen verseuchten Oberfläche) mit dem Aids-Virus infizieren kann. Diese alarmierende Schlußfolgerung basiert auf 1986 im *Journal of the American Medical Association* veröffentlichten Forschungsergebnissen,[22] die nachwiesen, daß das Aids-Virus seine Ansteckungsfähigkeit in getrocknetem Blut bei Zimmertemperatur länger als drei Tage behält. (In flüssigem Zustand »überlebte ansteckendes Virus bei Zimmertemperatur länger als 15 Tage«.)[23] Zwar wurden diese Experimente an hochkonzentrierten Virusproben vorgenommen, welche die für biologische Flüssigkeiten infizierter Patienten typische Konzentrationsmenge weit überschritten, aber die Tatsache der fortdauernden Infizierungsfähigkeit des Virus in getrocknetem Blut (oder anderen trockenen Substanzen) bleibt deutlich bestehen. Wenn also infiziertes Blut (von einem Schnitt, einer Schramme, einer Beule, Blase oder einem Ausschlag am Gesäß) oder infiziertes Sperma (Tropfen aus dem Penis oder einem Kondom) versehentlich auf einem Toilettensitz zurückgelassen werden und jemand, der mit dieser Substanz in Berührung kommt, zufällig an der Kontaktstelle auch eine Hautverletzung hat, kann das Virus in den Körper eindringen, und es kann zur Infektion kommen.

Um einen ganz ähnlichen Übertragungsmodus könnte es sich bei den Fällen der beiden Laboranten gehandelt haben, die zufällig mit HIV infiziert wurden, und zwar offenbar als eine hochkonzentrierte Lösung, die HIV-Viren enthielt, jeweils verschüttet wurde.[24] Die CDC bestanden zwar entschieden darauf, solche Infektionen seien nur ein theoretisches Risiko und hätten sich im praktischen Leben nie ereignet, doch wußte man in dieser Behörde von einem der

107

beiden Fälle schon seit über einem Jahr, bevor man die Information für die Öffentlichkeit freigab.[25]

Die praktischen Folgerungen aus der theoretischen Möglichkeit, sich an einer Oberfläche wie einem Toilettensitz oder einem Spültisch durch unerwarteten Kontakt mit dem Aids-Virus zu infizieren, sind nicht völlig klar. Gewiß wird es faktisch unmöglich sein, in irgendeinem vorliegenden Fall diese spezielle Art der Übertragung nachzuweisen, aber zusätzliche Forschung kann helfen, genau festzulegen, wie hoch das eingeschlossene Risiko ist. Inzwischen aber ist die Behauptung nicht sehr hilfreich, diese Art Übertragung des Aids-Virus werde sich wohl kaum mit irgendeiner nennenswerten Häufigkeit abspielen. Tatsache ist, daß die Möglichkeit dazu immerhin besteht, es folglich auch legitim ist, sich mit dem Risiko dieser Form von Gefährdung zu beschäftigen, ganz gleich, wie weit hergeholt es erscheinen mag. Genau darauf läuft auch ein Artikel im *New England Journal of Medicine* mit dem Titel *The Gonococcus and the Toilet Seat* hinaus, der darauf hinwies, daß die Bakterien, die Gonorrhöe hervorrufen, auf einem Toilettensitz oder auf feuchtem Klopapier bis zu zwei Stunden überleben können.[26]

# 7
# Die Wahl
# von Geschlechtspartnern
# im Aidszeitalter

S olange wir nicht einen nennenswerten – und derzeit noch nicht erkennenbaren – Durchbruch erzielen, wie etwa die Entwicklung eines Impfstoffs zur Vorbeugung gegen die Infektion mit dem Aids-Virus oder aber die Entdeckung eines Heilmittels, müssen wir uns alle den Realitäten stellen, die mit der Epidemie Aids in unsere Welt getreten sind. Vor allem anderen erfordert das, in unserem Sexualverhalten verantwortliche, aufgeklärte Entscheidungen zu treffen. Im folgenden Kapital wollen wir verschiedene Aspekte des Sexualverhaltens in bezug auf die Gefahr der Ansteckung durch den Aids-Virus erörtern.

## Enthaltsamkeit

Die Entscheidung zur Enthaltsamkeit wirkt zwar auf die meisten Erwachsenen nicht besonders reizvoll, aber als Mittel, die Risiken sexuller Gefährdung durch das Aids-Virus vollständig zu meiden, hat der bewußte Entschluß, sexueller Betätigung zu entsagen, manches für sich. Um diesem Zweck zu dienen, kann Abstinenz aber kein zeitweiliges Vorhaben sein: Sie muß wirklich zur Lebensweise werden. Klar, daß der Entschluß dazu (als Akt der Erkenntnis) und die konsequente Durchführung (als aktives Verhalten) nicht ein und dasselbe sind: Selbst bei katholischen Priestern, denen das Gelübde lebenslängliches Zölibat auferlegt, hat es bereits mehr als nur ein paar Fälle von Aids gegeben.[1]

Unsere Erfahrung aus vielen Jahren deutet darauf hin, daß der Entschluß zur Enthaltsamkeit Frauen offenbar leichter fällt als Männern. Zumindest in diesem Stadium der Aids-Epidemie scheint sich folgendes Muster immer wieder zu bestätigen: Nach unserem Eindruck entscheiden sich mehr alleinlebende heterosexuelle Frauen als unverheiratete heterosexuelle Männer für sexuelle Abstinenz. Ohne die besonderen Ursachen hinter diesem Unterschied auszuleuchten – wie wir meinen, eher kulturellen als biologischen Ursprungs –, wollen wir einfach darauf hinweisen, daß die Gründe für den Entschluß, an einem bestimmten Zeitpunkt unseres Lebens auf Sexualität zu verzichten, sicher besonders komplex sind. Wenn der Entschluß in bezug auf Aids gefaßt wird, scheint Angst der gemeinsame Nenner für beide Geschlechter zu sein, wie aus den Kommentaren mehrerer Personen hervorgeht, die diesen Weg gewählt und die wir interviewt haben.

*Eine kürzlich geschiedene Frau (33):* All die Zeitungsberichte, Aids beträfe immer noch vor allem Homosexuelle, Bisexuelle und Süchtige, überzeugen mich nicht. Diese Krankheit ist ein Killer, nicht bloß irgendwas, das man diskret beim Hausarzt mit einer Penicillin-Spritze behandeln läßt. Wenn ich dem Richtigen begegne, werde ich mich vielleicht anders besinnen, aber zur Zeit ist es eine Erleichterung zu wissen, daß Sex − abgesehen von Masturbation − völlig tabu ist.

*Ein College-Student, Single (21):* Ich habe immer gedacht, Aids sei eine Art seltene, exotische Krankheit, mit der es die Menschen, die ich kenne, nie zu tun bekommen würden. Es gab ein schlimmes Erwachen, als zwei Studenten aus meinem Bekanntenkreis herausfanden, daß sie infiziert sind. Mir kommt es sicherer vor, Sex um ein paar Jahre aufzuschieben − so, wie man auch nicht mitten in einem Sturm lossegelt. Wenn der Sturm vorbei ist, bin ich bereit, die Segel zu setzen.

*Eine bisher unverheiratete junge Frau (26):* Seien wir ehrlich − Sex ist einfach nicht das wichtigste im Leben. Ich habe gewiß nichts gegen Sex, und ich habe immer Spaß daran gehabt, aber gerade jetzt ist die gesündeste Wahl für mich: Keinerlei Sex. Kein Sex, keine Sorgen. Kein Sex, kein Aids. Wirklich eine sehr einfache Gleichung, oder?

*Eine alleinstehende Krankenschwester (23):* Als Teenager

habe ich mich dagegen gesträubt, auch später auf dem College, mit Kerlen ins Bett zu hüpfen. Ich denke, ich war einfach noch nicht soweit. Jetzt bin ich bereit, aber ich habe auch Angst. Also werde ich es mir erst dann anders überlegen, wenn ich den Mann treffe, den ich heiraten will. Ich finde, daß viel für die gute, altmodische Jungfräulichkeit spricht.

Enthaltsamkeit ist kein Weg, der ausschließlich von Heterosexuellen eingeschlagen wird. Mehrere homosexuelle Männer haben uns gesagt, daß sie, wenn auch ungern, lieber zur Abstinenz übergingen, als die hohe Wahrscheinlichkeit der Gefährdung durch Aids beim Sex mit anderen Männern zu riskieren. Hier zwei repräsentative Äußerungen:

*Ein Homosexueller (34):* Die Zeitungsberichte über Aids im Jahr 1983 oder 1984 haben mich alarmiert. Es war mir klar, daß ich mich in der »offiziell« am höchsten gefährdeten Gruppe befand, und das wurde bestätigt, als ein paar meiner Freunde mit Aids niederkamen und starben. Ich bin zwar vielleicht kein Genie, aber ich war clever genug zu wissen, daß ich mein Leben keinem Kondom anvertrauen möchte. Also lautete die einzig vernünftige Alternative: Mich in einer Zweisamkeit mit jemand, der gesund ist, zu binden oder aber auf Sex zu verzichten. Auf Sex zu verzichten war einfacher. Mein Leben ist dadurch wirklich nicht komplizierter geworden. Und ich mache mir keine Illusionen über mein Zölibat – es ist ein Weg, sorgenfrei zu sein und am Leben zu bleiben.

*Ein Homosexueller (27):* Ein stolzer Schwuler zu sein, ist ein großartiges Gefühl, wenn es etwas gibt, worauf man stolz sein kann, aber so ist das für uns heute überhaupt nicht. Abgesehen von der dauernden nagenden Furcht im Innern – »War der Bursche wirklich okay?« – und der Sorge, Job, Wohnung und Verstand zu verlieren, muß man sich auch fragen, wie es mit der Intelligenz von Schwulen bestellt ist, die weiterhin in Bars, Saunen und auf Partys gehen, ohne irgendwelche Vorsichtsmaßnahmen beim Sex. Ich bin doch kein Kamikaze-Flieger. Eine Zeitlang asexuell zu sein ist die bessere Alternative.

Wir haben auch mit Homosexuellen gesprochen, die sich erst für Enthaltsamkeit entschieden, nachdem sie zunächst versucht hatten, sich auf ein heterosexuelles Leben umzustellen. Die meisten dieser Männer mit einer ausschließlich oder fast ausschließlich homosexuellen Vergangenheit waren von dem Versuch, zu heterosexueller Aktivität zu konvertieren, enttäuscht. (Dagegen wissen wir von vielen bisexuellen Männern, denen der Wechsel zu einem ausschließlich heterosexuellen Geschlechtsleben verhältnismäßig leicht gelang.)

## Safe Sex

Es gibt ein Zusammentreffen von Umständen, bei dem unter dem Gesichtspunkt der Gefährdung durch das Aids-Virus alle Formen sexueller Aktivität als total und komplett sicher gelten können. Das ist natürlich eine Beziehung — ob heterosexuell oder homosexuell —, bei der beide Partner bis dahin keine sexuellen Kontakte mit irgendeinem anderen Menschen gehabt haben und dem Aids-Virus auch nicht auf nichtsexuelle Art ausgesetzt waren. Paare mit einer derart exklusiven sexuellen Vita mögen zwar in den vergangenen paar Jahrzehnten verhältnismäßig selten gewesen sein, es ist aber durchaus möglich, daß die starke Beruhigung und die Verheißung absoluter Sicherheit, was die Angst vor Aids anbelangt, in Zukunft diese Art sexueller Biographie häufiger machen werden.

Eine der pragmatischen Fragen, die sich in bezug auf solche Beziehungen ergeben und die im weiteren Verlauf dieser Erörterung wiederholt auftauchen werden, lautet, wie

113

man sich vergewissern kann, daß der Partner oder die Partnerin im Hinblick auf die sexuelle Vergangenheit die Wahrheit sagt. Das Thema ist nicht so einfach, wie es zunächst scheinen mag. Zum einen, nach unserer Erfahrung mit Paaren in Forschung und Therapie, neigen Menschen eher zu einer gewissen Irreführung über ihre sexuelle Biographie als dazu, alles zu »beichten«. Diese Tendenz verstärkt sich vermutlich, wenn ein so explosives Thema wie die Möglichkeit einer HIV-Infektion ins Spiel kommt. Man kann sich in der Tat unschwer eine Situation vorstellen, in der die Offenbarung früherer sexueller Erlebnisse eine Partnerschaft bis hin zum Bruch gefährden oder doch zumindest das Vertrauensverhältnis zwischen zwei Menschen ernsthaft untergraben könnte.

Man stelle sich zum Beispiel einen jungen Mann Anfang Zwanzig vor, der sich seit über drei Jahren mit einer Frau getroffen und jetzt mit ihr verlobt hat. Sie haben bisher keinen Geschlechtsverkehr ausgeübt und sind beide, heterosexuell gesehen, jungfräulich. Der Mann hatte allerdings zu Beginn seiner Zeit im College eine kurze homosexuelle Affäre mit nur wenigen sexuellen Begegnungen. Er ist gewiß in Gefahr, mit dem Aids-Virus infiziert zu sein. Nachdem er in dieser Sache mit seinem Gewissen gerungen hat, faßt er den schweren Entschluß, seiner Verlobten von diesen Begegnungen zu erzählen. Als sie davon erfährt, ist sie so außer sich, daß sie die Verlobung auflöst. Eine solche Situation ist durchaus möglich, obwohl vergleichbare Fälle nach unserer Erfahrung zumeist anders ausgehen: Der typische Mann mit dieser Art sexueller Vergangenheit würde die Mitteilung bei sich behalten und seine Verlobte in dem Glauben lassen, er sei ebenso unerfahren wie sie. In beiden Fällen sind die Folgen erschreckend.

Bis vor nicht allzu langer Zeit galt es in den meisten Gesellschaftskreisen als einigermaßen akzeptiert und schon fast selbstverständlich, daß die große Mehrheit der jugendlichen Erwachsenen schon sexuell aktiv war, bevor sie die Person fanden, die sie heiraten wollten. Heute, mit der wachsenden Sorge um Aids, ändern sich die anerkannten Verhaltensregeln drastisch. Das bedeutet zwar sicherlich nicht, daß Menschen, die bereits sexuell aktiv waren, dies bereuen – tatsächlich gibt es offenbar verhältnismäßig wenige alleinlebende Erwachsene ohne Eheerfahrung, die sexuelle Erfahrung nicht vorziehen – aber es schafft eine neue Zahl von Belastungen, wenn sie sich zur Ehe entschließen. Nach Interviews zu schließen, die wir mit mehreren hundert College-Studenten durchgeführt haben, wird eine ganze Reihe von Männern und Frauen ihre zukünftigen Ehepartner in bezug auf ihre sexuelle Vergangenheit belügen. Zwar werden die wenigsten behaupten, sie seien sexuell total unerfahren, aber viele werden die Zahl ihrer vergangenen Sexualpartner herunterspielen oder falsche Angaben über das Ausmaß ihrer sexuellen Erfahrung machen. Manche, die ihrem oder ihrer Zukünftigen zwar erzählen, daß sie bereits sexuelle Erfahrungen gesammelt haben, werden jedoch lügen, sobald es um die Regelmäßigkeit des Gebrauchs von Kondomen bei diesen Begegnungen geht. Eine beträchtliche Zahl von Frauen wird – was nur allzu verständlich ist – sich dagegen verwahren, einem Partner zu gestehen, daß sie vergewaltigt worden oder das Opfer von Inzest geworden ist. Männer neigen vor allem dazu, frühere homosexuelle Erfahrungen und Episoden mit Prostituierten zu verheimlichen.

Dies alles bedeutet, daß es schwierig ist, sich zu vergewissern, inwieweit die Geständnisse über sexuelle Erlebnisse früherer Jahre wirklich der Wahrheit entsprechen. Aus diesem Grund sollten wohl sogar Paare, die sich über alles lieben, heiraten wollen und keinen Grund sehen, an der Verneinung vorheriger sexueller Kontakte des geliebten Menschen zu zweifeln, in Betracht ziehen, sich auf Antikörper des HIV-Virus testen zu lassen. Obwohl Tests in dieser Gruppe vermutlich nur zu wenigen positiven Befunden führen, können sie empfehlenswert sein, weil dabei Fälle entdeckt werden, bei denen die Infektion mit dem Virus auf nicht-sexuellen wie auf sexuellen Wegen eingetreten ist.

# Tests für Safer Sex

Während die Gefahr der Infizierung mit dem Aids-Virus sicherlich größer ist bei Personen, die zahlreiche Sexpartner gehabt haben, als bei denen mit wenigen, muß *jeder* Mensch mit sexueller Erfahrung, so begrenzt auch immer, als potentieller asymptomatischer Träger des Virus betrachtet werden. Ähnlich muß jeder, der sich illegal Drogen gespritzt hat oder im letzten Jahrzehnt eine Transfusion bekam, als potentieller Träger des Aids-Virus gelten. Da es heute etwa 3 Millionen HIV-infizierter Amerikaner gibt – von denen die meisten, wie bereits gesagt, nicht wissen, daß sie infiziert sind und damit für andere ansteckend –, sollte es jedem, der eine neue Beziehung beginnt, ein vorrangiges Anliegen sein, sich zu vergewissern, daß ein zukünftiger Partner nicht infiziert ist, bevor die physische Intimität über das Stadium des Schmusens hinausgeht. Da man einem Menschen äußerlich nicht ansehen kann, ob er mit dem HIV-Virus infiziert ist, und da persönliche Dementis, wie innig und aufrichtig sie sein mögen, keine zuverlässigen Nachweise dafür sind, daß der oder die Betreffende nicht doch infiziert ist, braucht man eine objektivere Methode der Bewertung.

Praktisch gesehen (so lästig dies auch sein mag) besteht derzeit der einzige Weg, zu einem hohen Maß an Gewißheit zu kommen, darin, daß beide an der Beziehung Beteiligten gemeinsam beschließen, sich auf Antikörper untersuchen zu lassen, ehe sie mit irgendwelchen sexuellen Handlungen beginnen. Zur zwingendsten und überzeugendsten derzeit erreichbaren Bewertung würde gehören, daß jede Person zuerst einen Antikörper-Screening-Test (so wie den ELISA) machen läßt, gefolgt von einem genaueren Test (wie etwa dem Western-Blot), falls das erste Resultat auch nur schwach positiv ausfallen sollte. Die Möglichkeit falsch-positiver Resultate wird dadurch sehr klein gehalten, wenn auch nicht völlig ausgeschlossen. Dann sollte das Paar weitere sechs Monate auf sexuelle Handlungen miteinander oder mit anderen Partnern verzichten und sich danach noch einmal auf Antikörper des Aids-Virus testen lassen. (Die Wiederholung des Tests nach sechs Monaten dient dazu, die geringe, aber eben doch existierende Zahl von Fällen auszuschließen, bei denen der Anfangstest zu früh nach einer Infektion vorgenommen wird, als daß bereits meßbare Quantitäten von Antikörpern im Umlauf sein könnten.) Im Falle negativer Befunde bei beiden Partnern und bei beiden Testgelegenheiten, sowie mit der absoluten Verpflichtung, sexuell monogam zu bleiben, kann das Paar ein höchstmögliches Maß an Vertrauen fassen, durch sexuell übertragenes Aids nicht gefährdet zu sein. (Natürlich schließt auch diese Testprozedur in Verbindung mit absolut monogamem Verhalten nicht aus, daß sich Mann oder Frau auf nicht-sexuellem Weg mit dem HIV-Virus infizieren könnte. In diesem Fall könnte dann das Virus wiederum auf sexuellem Weg auf den anderen Partner übertragen werden.)

Die meisten Paare werden wahrscheinlich nicht bereit sein, sich während der oben vorgeschlagenen Wartezeit sexueller Handlungen zu enthalten. Schließlich könnte die Leidenschaft dabei leicht erlöschen − ersetzt durch die kalte, kalkulierte Präzision eines wissenschaftlichen Protokolls. Zudem läßt sich unser sexueller Drang nicht so leicht von maßvoller Vernunft regeln wie, sagen wir, unsere Bereitschaft, im Auto den Sicherheitsgurt anzulegen. Und obwohl der Sicherheitsgurt uns generell nicht hindert, ans Ziel zu gelangen oder den Wagen auf fast jede beliebige Art zu nutzen, und gewiß keine Verzögerung um sechs Monate bedeutet, ignorieren noch immer viele Menschen bewußt den Sicherheitsgurt, obwohl dies eine klare Verletzung der Vorschriften (und des vernünftigen Sinns für persönliche Sicherheit) bedeutet. Entsprechend sind die Chancen, daß sich eine Menge Leute den oben umrissenen Bedingungen des strengen Doppeltests unterwerfen werden, in der Tat gering.

Aus diesem Grund bieten wir eine alternative, etwas weniger zuverlässige, aber immer noch höchst gültige Methode des

Doppeltestens an, die zuläßt, sofort nach Vorliegen der Resultate des ersten Tests mit dem Sexualverkehr zu beginnen. Sind die ersten Tests beider Partner negativ, können sie sich auf sexuelle Handlungen einlassen unter der Bedingung, daß der Gebrauch eines Kondoms absolut gewährleistet ist, und zwar in jedem Fall, ob beim Vaginalverkehr oder bei Fellatio wie auch unter völliger Enthaltung von Analverkehr. Nun ist, wie wir in kurzem noch genauer diskutieren werden, der Gebrauch eines Kondoms für die Verhütung der HIV-Übertragung keineswegs narrensicher. Aber es wird das Risiko der Gefährdung durch das Virus verringern, und zwar nicht nur, wenn es als mechanische Barriere perfekt funktioniert, sondern selbst dann, wenn es undicht ist − denn aller Wahrscheinlichkeit nach wird das defekte Kondom die Zahl der Viruspartikel, denen der Partner ausgesetzt ist, immer noch stark reduzieren. In einer Situation, die mit einer Runde Antikörper-Tests begonnen hat − bei denen, laut derzeitiger wissenschaftlicher Schätzungen, annähernd 98 Prozent der infizierten Personen ermittelt werden können −, hält der Gebrauch eines Kondoms das Risiko also weit niedriger, als es sonst der Fall wäre. Natürlich erhöht sich das Risiko um einiges, wenn man die Kondome nicht durchweg benutzt.

Die eben beschriebenen Testverfahren sind auf zwei bestimmten Gebieten angreifbar. Bei beiden ist Vertrauen der springende Punkt. Zunächst: Angenommen, Sie und Ihr Partner haben sich aufs Testen geeinigt − wie sicher können Sie sein, daß Sie auch zutreffend über das Testergebnis Ihres Partners informiert werden? Zweitens: Selbst wenn Sie beide negative Resultate haben, wie sicher können Sie sein, daß Ihr Partner nicht sexuellen Kontakt mit einer weiteren Person hat und damit potentiell durch eine Affäre infiziert wird, von der sie nichts wissen?

Die Notwendigkeit sicherzugehen, daß Ihr Partner tatsächlich getestet worden ist und daß Sie das Resultat nachprüfen können, ist nicht nur eine hypothetische Überlegung ohne viel Gewicht. Fürs eine sind bereits heimtückische, gewinnsüchtige Unternehmen am Werk und verkaufen (meist an Männer) falsche Ausweise mit dem Zertifikat »AIDS-frei«. (In manchen Fällen begreift der Käufer, daß er nur ein Scheindokument bekommt; in anderen jedoch liefert der Käufer eine Blutprobe ab und zahlt für eine Blutuntersuchung, die nie stattfindet, gewinnt dadurch aber den Eindruck, der Ausweis oder das Dokument seien echt.) Solche Unternehmen unterscheiden sich grundlegend von den verschiedenen Institutionen, die tatsächlich die Tests (mal mit mehr, mal mit weniger Genauigkeit) für entsprechende Gebühren durchführen, doch es ist für den Durchschnittskunden ziemlich schwierig, die Verfahrensweise und die Qualitätsleistung von privaten Betrieben auf diesem Gebiet zu überprüfen. Wir kennen auch verschiedene Fälle von Menschen, einschließlich Prostituierter, die amtlich wirkende Briefe von Ärzten oder Labors mit der Bescheinigung, sie seien Aids-getestet mit negativem Befund, gefälscht haben. Prostituierte haben ein klares, wirtschaftliches Motiv für solche Tricks; wir wissen in mehreren Fällen von Männern, die solche Briefe benutzt haben, um Frauen in Bars aufzugabeln. Zudem gibt es Tausende von Personen, die wissen, daß sie infiziert sind und diese Information ihren Sexualpartnern bewußt vorenthalten. Manche von ihnen, die bereits Test-Prozeduren durchlaufen haben, mögen clever genug sein, um fingierte Tests und »Berichte« darüber so überzeugend vorzutäuschen, daß ein unvorsichtiger Partner darauf hereinfällt.

Doch über diese Fälle von mehr oder weniger vorausgeplanter absichtlicher Täuschung hinaus türmt sich eine viel größere Kategorie auf. Ihr ordnen wir viele gewöhnliche, ehrliche Menschen zu, die aufrichtig schockiert sind, wenn sie erfahren, daß ihr Test auf HIV-Antikörper positiv ausgefallen ist. Manche von ihnen sind so aufgewühlt, daß sie die Genauigkeit des Tests rundheraus abstreiten. (»Die im Labor müssen etwas falsch gemacht haben; vielleicht haben sie meine Blutprobe mit der von jemand anders vertauscht.«) Andere leugnen einfach die Realität der Situation. (»Das kann einfach nicht sein. Ich fühle mich vollkommen wohl – ich weiß einfach, daß mir nichts fehlt.«) Wieder andere weigern sich, zu glauben, sie könnten für einen Mitmenschen ansteckend sein. (»Die Antikörper in meinem Blut bedeuten, daß ich imstande bin, gegen das Virus zu kämpfen, nicht, daß ich infiziert bin oder jemand anderen krank machen könnte.«) Eine Reihe von Menschen beschließen, selbst nachdem sie beraten worden sind und sogar, nachdem sie die Auswirkungen ihrer Infektion begriffen haben, vor ihren gegenwärtigen oder zukünftigen Sexualpartnern die Wahrheit zu verbergen. Sie könnten die gefährlichste Gruppe von allen sein, und in dieser Gruppe finden wir auch einige, die ihren Partnern das tatsächliche Testergebnis vorenthalten, indem sie behaupten, »der Test war okay« – und damit ein klares Potential für die weitere Verbreitung des Virus schaffen.

Ohne uns zu lange mit der schwarzen Seite der menschlichen Seele aufzuhalten, die solche Täuschung (und ihre schmerzlichen Folgen) zuläßt, bleibt es nützlich, auf mögliche Wege hinzuweisen, wie man diesen Problemen ausweichen kann. Zum Beispiel kann ein Paar – ob heterosexuell oder homosexuell – einen Arzt zur HIV-Testung aufsuchen, wie sich schon Millionen vor der Eheschließung haben untersuchen lassen, und den Arzt auffordern, daß die Testergebnisse offen mit beiden Beteiligten erörtert werden. In manchen Fällen mag der Arzt für diese gemeinsame Besprechung der Befunde eine schriftliche Zustimmungserklärung zu seiner Autorisation verlangen, da hier in der Tat das Patientengeheimnis berührt wird, doch das ist ein lösbares Problem. Eine weitere Möglichkeit ist, von einer Klinik oder öffentlichen Gesundheitseinrichtung Gebrauch zu machen, bei der anonyme Tests zugelassen sind. In diesem Fall tauschen die Partner ihre Code-Nummern aus, so daß jeder das Testbüro anrufen und das Ergebnis des anderen bekommen kann. (Diese Methode funktioniert natürlich nicht, wenn Sie nicht nachprüfen können, ob die getestete Blutprobe und die Code-Nummer tatsächlich zu Ihrem Partner gehört haben. Das klingt zwar etwa unwahrscheinlich, aber jeder, der mit Drogentestprogrammen vertraut ist, weiß, daß es häufig Versuche gegeben hat, eine Urinprobe, in der sich illegale Substanzen nachweisen lassen, gegen eine »saubere« auszutauschen.) Schließlich kann man sich mancherorts direkt an ein Universitätslabor oder an ein Krankenhaus wenden, um sich vertraulich testen zu lassen. Wenn beide Partner das Labor anweisen, ihnen die Testergebnisse eingeschrieben in einem gemeinsamen Umschlag zu schicken, können sie gemeinsam das Dokument öffnen und den Laborbericht über beide Tests lesen.

Das zweite Problem bei der Test-Strategie, die wir vorgeschlagen haben, betrifft das Vertrauen, das unabdingbar ist, damit Sie überzeugt sein können, daß Ihr Partner sich nach Abschluß des Tests (oder während der sechsmonatigen Pause zwischen den ersten und zweiten Tests) absolut monogam verhalten wird. Als wir zum Beispiel Personen für die Teilnahme an der in Kapitel 4 beschriebenen Untersuchung überprüften, fanden wir heraus, daß von 785 verheirateten Männern der Altersgruppe zwischen 20 und 40 Jahren 44,3 Prozent in den fünf Jahren davor mindestens einen außerehelichen Sexualpartner gehabt hatten. Von 541 durch uns überprüften Frauen hatten in derselben Fünfjahresphase 2,3 Prozent außerehelichen Geschlechtsverkehr gehabt. Diese Zahlen ähneln den Daten aus anderen Erhebungen.

1948 kamen Kinsey und seine Mitarbeiter zu dem Schluß, die Hälfte aller verheirateten Männer in ihrer Probeerhebung hätten außerehelichen Sex gehabt; in ihrem Bericht von 1953 stellte Kinseys Gruppe fest, mit Erreichen des 40. Lebensjahres seien 26 Prozent der verheirateten Frauen wenigstens einmal »fremdgegangen«.[2] 1975 berichtete eine von der Zeitschrift *Redbook* durchgeführte Studie, 38 Prozent der verheirateten Frauen zwischen 35 und 39 Jahren hätten außereheliche sexuelle Erfahrungen.[3] 1983 fanden Blumstein und Schwartz[4] heraus, daß sich 26 Prozent der Ehemänner und 21 Prozent der Ehefrauen ihres Samples seit Beginn ihrer Beziehung nicht monogam verhalten hatten; bei den unverheiratet zusammenlebenden Personen traf dies auf 33 Prozent der Männer und 30 Prozent der Frauen zu. Blumstein und Schwartz stellten fest, daß die Ehe Menschen in bezug auf ihr sexuelles Verhalten offenbar unaufrichtiger macht. Ebenso beobachteten sie: »Ein Paar kann nie völlig sicher sein, daß die Beziehung monogam bleiben wird. Zehn Jahre Monogamie bedeuten nicht, daß das elfte gefahrlos ist.« Bei homosexuellen Männern in Langzeit-Beziehungen waren 82 Prozent auch anderweitig sexuell aktiv, bei Lesbierinnen betrug laut derselben Untersuchung die entsprechende Zahl 28 Prozent.

Sicher ist es richtig, darauf hinzuweisen, daß diese Daten im großen und ganzen vor der Aids-Epidemie gesammelt wurden und heutzutage, wo das Bewußtsein der Aids-Gefahr zunimmt, vielleicht nicht völlig anwendbar sind. Immerhin deuten Statistiken der Regierung über andere sexuell übertragbare Krankheiten wie Syphilis, mit der Zunahme der Fälle für 1987 im Vergleich zu früheren Zeiträumen nicht auf ein Zurückgehen des nicht-monogamen Verhaltens bei Heterosexuellen hin.[5] Entsprechend verleihen die Resultate über gegenwärtige sexuelle Verhaltensmuster, wie wir sie in Kapitel 4 erörtert haben und auch im nächsten Kapitel behandeln werden, kaum dem Wunschdenken Gewähr, die meisten Heterosexuellen hätten als Reaktion auf die Bedrohung durch Aids ihr Sexualleben wesentlich geändert. In der Tat weisen zumindest einige Forschungen darauf hin, daß auch der deutliche Rückgang von gefährlichen Sexualpraktiken bei Homosexuellen − einschließlich der Praxis des anonymen Sex mit mehreren Partnern −, trotz des Aufhebens, das darum gemacht wurde, möglicherweise nur eine kurzfristige, weitgehend auf ein paar Großstadtbezirke beschränkte Erscheinung war.[6]

Aus diesen Gründen ist die Erkenntnis wichtig, daß das Versprechen eines gefahrlosen Sexuallebens, wie es das hier beschriebene Doppeltestverfahren gibt, nur so viel wert ist wie das entsprechende zuverlässige Verhalten. Tests liefern nur einen Schnappschuß als Nachweis Ihres Zustandes zu einem besonderen Zeitpunkt. Sind Sie nicht infiziert und setzen Sie Ihren Gesundheitszustand durch Sex außerhalb der »sicheren« Beziehung aufs Spiel, riskieren Sie potentiell auch die Gesundheit Ihres Partners, der sich arglos auf Ihren gesunden Menschenverstand und Ihren Sinn für Fairneß verläßt. Die Realität ist leider, daß die verbotene Frucht oft reizvoller ist als das, was leicht zu haben ist, daher steht praktisch fest, daß selbst während die Zahlen der Aids-Epidemie ansteigen, Millionen von Menschen weiter einem libidinösen Drang folgen, der sie direkt der Gefahr aussetzt, sich mit dem Aids-Virus zu infizieren.

Wir haben hier keine spezielle, narrensichere Lösung anzubieten. Während wir nicht den Eindruck erwecken wollen, Sex außerhalb einer Beziehung sei stets sittenwidrig, sollten doch folgende Punkte vernünftigerweise festgehalten werden:

1. Wenn Sie den Verdacht haben, Ihr Partner oder Ihre Partnerin habe sexuelle Handlungen mit einer anderen Person vollzogen, sprechen Sie über Ihre Sorge und finden Sie heraus, was er oder sie zu sagen hat.

2. Wenn Ihr Partner leugnet, Sex außerhalb Ihrer Beziehung gehabt zu haben, und Sie sind damit nicht zufrieden, überlegen Sie, ob Sie ihn nicht zu einem neuerlichen Test auffordern sollten.

3. Bevor Sie sich auf irgendeine Form von nicht-monogamem Sex einlassen, bedenken Sie sorgfältig die Risiken, die Sie damit eingehen – Risiken, die Ihren Partner ebenso wie Sie selbst betreffen.

4. Ist der Gedanke an Sex außerhalb Ihrer primären Beziehung so zwanghaft, daß Sie ihn nicht loswerden können, erwägen Sie die Möglichkeit, daß Ihr zukünftiger Partner sich testen läßt, damit Sicherheit besteht, daß er (oder sie)

nicht mit dem Aids-Virus infiziert ist. Sollte die betreffende Person sich weigern, ist unser bester Rat, schleunigst das Weite zu suchen.

Eine weitere Anmerkung zur Vorsicht möchten wir hier noch anfügen. Neuerdings sind eine Reihe von Unternehmern auf eine Idee gekommen, die den Eindruck erweckt, als könne man auf bequeme und einfache Weise gleichzeitig aus der allgemeinen Angst vor Aids Profit ziehen und der Öffentlichkeit einen nützlichen Dienst erweisen. Sie haben für Singles sogenannte Aids-freie Gruppen organisiert, die gegen einen Monats- oder Jahresbeitrag regelmäßige HIV-Tests bieten und von ihren Mitgliedern verlangen, den Geschlechtsverkehr ausschließlich auf Gruppenmitglieder zu beschränken (und von Drogenmißbrauch abzusehen). Die Theorie hinter diesem Vorgehen ist einfach: Wenn man Gefährdung durch das Virus vermeiden kann, indem man keine Drogen nimmt und seine sexuellen Kontakte auf Leute beschränkt, die nicht infiziert sind, kann man kein Aids bekommen. In gewissem Sinn ist das eine Erweiterung der Strategie des Doppeltestens und der Monogamie, die wir hier empfohlen haben, aber anstelle von Monogamie werden Loyalität und sexuelle Treue zu einer Gruppe gefordert. Leider klafft bei solchen Clubs und Organisationen meist eine große Lücke zwischen Theorie und Praxis. Im Hinblick auf die im Laufe der Zeit schwindende Wahrscheinlichkeit, daß Leute in solchen Clubs oder Gruppen sich fest an die Regeln halten werden, bemerkte ein Arzt der *American Medical Association:* »Sie sind wie Leute, die eine Diät machen: Eine Zeitlang halten sie sie ein, aber dann läßt ihr Engagement nach.«[7]

Das Endergebnis all dieser Überlegungen bedeutet, daß Testprogramme, die auf wirklich sicheren Sex abzielen, keine felsenfeste, unangreifbare Garantie liefern. Um sicher zu gehen, daß keine sexuelle Gefährdung durch Aids passieren kann, müssen zwei Partner bei zwei Gelegenheiten im Abstand von mindestens sechs Monaten genau getestet werden und dann – vorausgesetzt, ihr seronegativer Befund hat sich im Labor erwiesen – absolute sexuelle Monogamie einhalten. Gute Absichten allein würden nicht genügen. Unerschütterliches Festhalten an einem Ehrenkodex und dem beidseitigen Vertrauen ist notwendig – einschließlich des unangenehmen, aber unabdingbaren Schritts, daß man den Partner sofort informiert, falls es zu irgendwelchen sexuellen Handlungen außerhalb der Beziehung gekommen ist, und sich jeder sexuellen Aktivität mit seinem Partner enthält, bis durch Tests erwiesen ist, daß keine Infektion eingetreten ist.

## Angst vor dem Test

Eines der beunruhigenden Probleme beim Kampf gegen die Ausbreitung des Aids-Virus ist die Tatsache, daß sich viele Menschen trotz ihres Bewußtseins einer möglichen Infektion weigern, sich auf ihren Antikörper-Status hin testen zu lassen. Als zum Beispiel die *U. S. Centers für Disease Control* landesweit eine Studie über die Sexpartner von Blutern durchführten, fanden sie heraus, daß nur ein Drittel dieser Bevölkerungsgruppe sich solchen Tests unterzogen hatte.[8] Diese Situation ist besonders besorgniserregend, da sie auf ziemlich deutliche Art zeigt, daß aufklärende und beratende Bemühungen bei unserer Bevölkerung viel weniger Wirkung erbracht haben, als die Experten gehofft hatten. Und da die Menschen ihren HIV-Status kennen müssen, um die Übertragung des Virus auf ihre Sexualpartner oder, soweit es sich um Frauen handelt, auf ihre Babys zu vermeiden, geht es hier um weit mehr als nur eine theoretische Frage.

Eine ähnliche Abneigung, sich testen zu lassen, haben wir bei den Sexualpartnern von HIV-infizierten Drogenabhängigen vorgefunden. Bei dem Versuch, Daten über die Übertragungsrate der HIV-Infektion von einem infizierten Mann auf seine Sexualpartnerin (bezogen auf die Häufigkeit und Art der sexuellen Handlungen des betreffenden Paares) zu sammeln, fanden wir, daß die Mehrzahl der Frauen sich weigerte, sich testen zu lassen. Der häufigste Grund, dem Test auszuweichen, war Angst: Angst, womöglich herauszufinden, sie seien infiziert, Angst, vor einer Schwangerschaft gewarnt zu werden, und Angst, den Partner zu verlieren. Verblüffenderweise hatten viele dieser Frauen vor der Wahrscheinlichkeit, bereits infiziert zu sein, resigniert, glaubten aber, sie müßten sich dem Problem psychologisch nicht stellen, solange sie sich nicht testen ließen. Einige von ihnen machten sich sogar vor, solange die Infektion nicht wissenschaftlich »bewiesen« sei, werde sie sich auch passiv verhalten. Dieser Gruppe erschien es als eines der Primärrisiken des Tests, daß durch die Bestätigung einer HIV-Infektion der Zustand ernster und das Virus in ihren Körpern durch das Wissen um sein Vorhandensein irgendwie aktiviert werden könne.

Dieselbe Art von Angst bewegt auch Menschen innerhalb der breiteren Bevölkerung, die wissen oder den Verdacht hegen, daß sie dem Aids-Virus ausgesetzt waren. In unserer Testgruppe der 400 Männer und Frauen mit einer großen Zahl von Sexualpartnern innerhalb der letzten fünf Jahre hatten sich zum Beispiel nur 3 unter den 45, die sich als gefährdet ansahen, selbständig testen lassen. Umgekehrt zeigte die Erfahrung bei einer Reihe öffentlicher Testprogramme, wie etwa in New York City, daß viele Menschen, die gar nicht besonders infektionsgefährdet sind, es besonders eilig haben, sich einem Test zu unterziehen.

Menschen, die sich durch die HIV-Infektion gefährdet fühlen, meiden oft den Test, weil sie glauben, die Kenntnis, daß sie tatsächlich infiziert sind, werde ihnen nichts nützen. Schließlich, so betonen viele von ihnen, gebe es keine Behandlung zur Überwindung der Infektion oder auch nur zu ihrer Dämpfung. Zudem werde die Entdeckung, infiziert zu sein, das Leben nur komplizieren und dazu noch eine Menge Seelenqualen mit sich bringen. Diese Art Schicksalsergebenheit stellt einen der zentralen, die Gesundheit der Allgemeinheit betreffenden Aspekte der Aids-Epidemie dar. Die Hunderttausende von Virusträgern, die ihr Leben weiter leben wie bisher, blind gegen die Möglichkeit, infiziert zu sein, bilden einen bedeutenden Übertragungsfaktor bei der fortdauernden Ausbreitung der Epidemie. Sie bedeuten nicht nur Zahlen in einem epidemiologischen Labyrinth: Es handelt sich um Männer und Frauen, die weiter ein sexuell aktives Leben führen und von denen viele jedes Jahr eine Vielfalt von Partnern dem Aids-Virus aussetzen. Es handelt sich um Menschen, die sich verantwortungslos an ihre persönlichen Vorwände gegen einen HIV-Antikörper-Test klammern und still und heimlich den Menschen einen langsamen Tod bereiten, mit denen sie sich in erotischer Preisgabe paaren.

## Das Problem mit den Kondomen

Als Teil der Bemühung, die Verbreitung von Aids zu bekämpfen, haben sich Experten und Gruppen wie auch der *US Surgeon General* stark für den Gebrauch von Kondomen eingesetzt. Entsprechend dieser Empfehlung sind Kondome als Bestandteil von »Safe-Sex«-Packungen an homosexuelle Männer, College-Studenten und in anderem Zusammenhang verteilt worden, und eine Reihe von öffentlichen Aufklärungskampagnen haben darüber hinaus verkündet, der Gebrauch eines Kondoms bedeute »Safe Sex«, also gefahrlosen Sex. Nun stimmt es zwar, daß die Anwendung von Kondomen die Ansteckungsrisiken beim Sexualakt wesentlich herabsetzen kann, aber es trifft ganz entschieden nicht zu, daß Kondome ein narrensicheres Mittel zum Schutz vor dem Aids-Virus liefern. Kondome können zum sichereren Sex beitragen, garantieren ihn aber nicht.

Die grundlegende Prämisse, ein Kondom sei eine wirkungsvolle mechanische Barriere gegen die Verbreitung des Aids-Virus durch Sperma oder vaginale Sekretion wird wissenschaftlich von mehreren Laborstudien gestützt. Der sachdienlichste Bericht fußt auf Tests an Latex- wie an natürlichen

127

Kondomen. Die Kondome wurden mit einer Flüssigkeit gefüllt, die ein sehr hohes Konzentrat des Aids-Virus enthielt – etwa 5 000mal so hoch wie die Konzentration im Sperma –, und unter Druck gesetzt. Dabei gab es keinerlei Hinweise, daß das Aids-Virus aus irgendeinem der getesteten Kondome ausgetreten wäre.[9] Untersuchungen desselben Typs hatten schon vorher nachgewiesen, daß Viren von vergleichbarer Größe, wie etwa der Herpes simplex, ebenfalls nicht durch Kondome dringen.[10] Man ist sich allerdings nicht ganz sicher, ob Kondome, die aus natürlichem Material wie dem Darm von Lämmern hergestellt sind, in dieser Beziehung ebenso zuverlässig sind wie Latex-Kondome.[11] Dieser Punkt ist in den Medien und in den meisten für die allgemeine Öffentlichkeit bestimmten Aufklärungsmaterialien nicht ausreichend diskutiert worden, daher sind die Verbraucher auf diesem Gebiet nur mäßig unterrichtet. Zur Zeit zumindest besagt ein vorsichtiger Blick, daß Kondom nicht unbedingt gleich Kondom ist.

Leider haben sich Kondome noch nie als absolut narrensicher erwiesen. Wie die meisten Menschen wissen, bilden Kondome nur eine sehr dünne Barriere und werden des öfteren schon durch Verpackungsschäden undicht. Das Ausmaß dieses Problems ist größer, als es sich die meisten Benutzer wahrscheinlich klarmachen. Im Frühjahr 1987 hat die *U.S. Food and Drug Administration* zum Beispiel detaillierte Untersuchungen über die Wirksamkeit von 204 Stichproben-Partien von Latex-Kondomen durchgeführt.[12] Etwa 1 aus 5 der Partien war undicht. Die Fehlerquote war zwar bei importierten Marken am höchsten (30 von 98 importierten Sample-Posten, verglichen mit »nur« 11 Pannen bei den 106 im Inland hergestellten), aber solche Daten zeigen doch, daß defekte Kondome keineswegs selten sind. Neben Schäden, die bei der Herstellung oder Verpackung von Kondomen vorkommen können, kann das Material, aus dem das Kondom hergestellt ist, auch mit der Zeit brüchig werden oder austrocknen.[13] Dennoch tragen die meisten Marken keinen

Stempel mit dem Haltbarkeitsdatum auf den Packungen (wie es bei samentötenden Cremes und Gelees, wie auch bei den meisten Arzneimitteln vorgeschrieben ist), so daß Verbraucher nicht wissen können, wie lang eine Packung Kondome schon im Regal gelegen hat. Außerdem ist klar, daß Kondome beim Gebrauch eingerissen oder durchlöchert werden können. Über die Häufigkeit dieses Problems gibt es keine genauen Statistiken, aber man kann sich ziemlich leicht vorstellen, wie ein Fingernagel ein Kondom beschädigt, während es angelegt wird.

Statistiken über den tatsächlichen Gebrauch — also Daten, die nicht aus künstlichen Labor-Untersuchungen, sondern aus Feldversuchen von Menschen stammen — zeigen fast durchweg, daß Kondome von 100prozentiger Wirksamkeit weit entfernt sind. Die meisten Berichte, die uns bisher vorliegen, geben für Kondome als Empfängnisverhütungsmittel eine Fehlerquote von 10 bis 15 Prozent an.[14] Obwohl es stimmt, daß unregelmäßiger oder falscher Gebrauch von Kondomen (technisch als Gebrauchsfehler bekannt) wahrscheinlich ein größeres Problem darstellt als undichte Stellen im Kondom selbst (methodischer Fehler), sollte man hier auch daran erinnern, daß es nicht jedesmal zur Schwangerschaft kommt, wenn ein Kondom »versagt«. Nehmen wir an, daß Schwangerschaft nur während einer Woche innerhalb des weiblichen Zyklus wahrscheinlich ist und daß ein einziger Akt des ungeschützten Verkehrs während dieser fruchtbaren Periode nur in etwa 1 von 8 Fällen zur Empfängnis führt, so beträgt die Wahrscheinlichkeit einer Schwangerschaft aufgrund eines einzelnen zufälligen Versagens beim Kondomgebrauch etwa 3 Prozent (das heißt etwa 1 von 32). Das bedeutet, daß eine Versagensquote von 10 bis 15 Prozent (in bezug auf Schwangerschaften) bei Paaren, die Kondome das ganze Jahr über bei allem und jedem Sexualkontakt zuverlässig benutzen, einer tatsächlichen Versagensquote (in bezug auf »Undichte«) von drei bis fünfmal höheren Werten entspricht.

Zwei neuere Untersuchungen liefern den Nachweis, daß

dies nicht nur ein theoretisches Problem ist. Bei der einen haben Padian und ihre Mitarbeiter 97 weibliche Partner von 93 mit dem Aids-Virus infizierten Männern untersucht.[15] Sie fanden heraus, daß 23 Prozent der Frauen infiziert waren und schlossen daraus: »Der Gebrauch von Kondomen stand in keinem deutlichen Zusammenhang mit dem Schutz vor Infektion.« Eine andere Untersuchung befaßte sich mit einer Gruppe von Aids-Patienten und ihren Ehepartnern mit dem Ergebnis, daß bei 3 der 18 Paare, die regelmäßig Kondome benutzten, eine Infizierung stattfand – eine Versagensquote von 16,7 Prozent.[16]

Ein weiterer Aspekt des Kondomgebrauchs sollte erwähnt werden. Ein intaktes Kondom kann zwar eine wirkungsvolle mechanische Barriere gegen im Samen enthaltene Aids-Viren darstellen (und auch den Penis vor Viruspartikeln in vaginalen oder aus dem Gebärmutterhals stammenden Sekreten schützen), sobald das Kondom jedoch nicht gleich zu Beginn einer starken Erektion angelegt wird, besteht die Möglichkeit, daß die Sexpartnerin des Mannes der vor der Ejakulation austretenden Flüssigkeit ausgesetzt wird,[17] die ebenfalls das HIV-Virus enthalten kann. Wird das Kondom nicht gleich nach der Ejakulation entfernt, ist es zudem nicht ausgeschlossen, daß Sperma aus dem Kondom auf die Schamlippen oder sogar in die Vagina selbst gerät, da mit dem Nachlassen der Erektion des Mannes das Kondom nicht mehr so dicht um den Penis schließt. Da viele Paare die Zeit direkt nach dem Orgasmus als besonders schön ansehen, in der sie mit noch vereinten Geschlechtsteilen gern still beieinanderliegen möchten, begeben sie sich damit deutlich in die Gefahr, daß etwas Sperma dabei entweicht. Wird der Penis schließlich nicht gründlich gewaschen, um die Samenrückstände loszuwerden, sobald das Kondom entfernt ist, so können am Schaft und Kopf des Penis noch lebende Viren haften, die durchaus ansteckend sein können, sobald sie gegen einen Schnitt oder Kratzer, einen Ausschlag oder eine Blase gerieben werden – im Prinzip jede Abschürfung der Haut.

Das heißt jedoch nicht, es habe keinen Zweck, Kondome zur Verringerung der Gefährdung durch das Aids-Virus zu benutzen. Viele Tatsachen sprechen dafür, daß stetiger Gebrauch von Kondomen tatsächlich bis zu einem gewissen Grad Schutz bieten. Die Ansicht aber, die Anwendung von Kondomen sei ein perfektes, oder doch beinahe perfektes Mittel, das Risiko der HIV-Übertragung auszuschalten, grenzt an Idotie. Trotzdem sind viele medizinische Experten, Gesundheitsbeamte und Lehrer auf diesen Zug aufgesprungen und verkünden, Kondome seien lebensrettende Erfindungen, wodurch sie der Öffentlichkeit den Eindruck vermitteln, Kondome zu benutzen sei alles, was zu tun sei. Das ist zwar verständlich − den Gebrauch von Kondomen zu empfehlen, ist immerhin besser, als überhaupt nichts zu unternehmen, und die Fachleute, die sich mit der Wirkung von Aids auf die Gesundheit der Bevölkerung auseinandersetzen müssen, leiden vor allem unter der Frustration, wie wenig sie einer besorgten Öffentlichkeit, abgesehen von sexueller Abstinenz und Verzicht auf Drogen, raten können −, aber so zu tun, als sei der Gebrauch von Kondomen die letzte Antwort im Kampf gegen Aids, bedeutet eine unzulässige Vereinfachung und unverantwortliche Irreführung.

## Das Risiko einschränken

Bei Menschen, deren Partner nicht bereit sind, sich freiwilligen Tests zu unterziehen, um festzustellen, daß sie frei von einer HIV-Infektion sind, bringt praktisch jede sexuelle Handlung ein gewisses Maß an Risiko mit sich. Selbst ein scheinbar so harmloser Akt wie gegenseitige manuelle Stimulierung der Geschlechtsteile ist nicht völlig frei von Gefahr. Schon wenn Flüssigkeit vor der Ejakulation oder Sperma selbst mit einer Entzündung, einem Schnitt oder Ausschlag an der Hand oder am Körper der Partnerin in Berührung kommt, ist eine Infizierung möglich. Ebenso kommt ein

Mann, der bei der Stimulierung der Genitalien seiner Partnerin den Finger in ihre Vagina einführt, mit vaginalen Sekreten in Hautkontakt, die infiziert sein können. Wenn die Haut seines Fingers oder seiner Hand verletzt ist oder wenn er anschließend einen anderen Teil seines Körpers berührt, an dem sich eine Hautverletzung befindet, ist die Infektionsgefahr zwar gering, aber deutlich vorhanden.

Eine mögliche Lösung dieses Dilemmas für Sexpartner mit unerwiesenem Befund wäre es, in allen intimen Situationen Wegwerfhandschuhe aus Plastik zu tragen. Diese Handschuhe sind schließlich von Kondomen nicht allzu verschieden. Trotzdem sind wir nicht bereit, einer derart exotischen Idee ernsthaft zu folgen – sie erscheint gegenwärtig so unnatürlich und künstlich, daß sie die Menschenwürde verletzt. Eine bessere (das heißt: weniger anstößig klingende) Lösung für Partner wäre es, bei der Stimulation der Genitalien Nonoxynol 9 enthaltende Cremes oder Gelees zu benutzen, da nachgewiesen ist, daß Nonoxynol 9, ein aktiver, chemischer Bestandteil mehrerer Spermizide, das Aids-Virus wirkungsvoll abtötet.[18]

Paare mit unbekanntem HIV-Status oder Paare, bei denen man von der Infektion eines Partners weiß, sollten den Analverkehr absolut meiden. Aufgrund heutiger Gutachten scheinen kaum Zweifel zu bestehen, daß Analverkehr die riskanteste Form sexueller Aktivität ist. Den analen Koitus auszuführen, wenn ein Partner möglicherweise infiziert ist, heißt, das Schicksal – und die biologische Realität – zu stark herauszufordern. Nach unserem Urteil sollte man sich beim Analverkehr auch nicht auf den Gebrauch von Kondomen verlassen, wenn ein Partner infiziert ist oder wenn der HIV-Status eines der oder beider Partner nicht festgestellt ist, da man damit immer noch ein ungerechtfertigtes Risiko eingeht, das sich mit der Zeit sehr verstärkt, wenn die Handlung wiederholt wird.

Wenn wir den Daten aus Afrika und unseren eigenen Resultaten Glauben schenken, ist es ebenso unannehmbar riskant, sich auf penil-vaginalen Verkehr einzulassen, wenn der HIV-Status der beiden oder eines der Partner unbekannt ist oder die Infektion eines Partners feststeht. Solange es keine Untersuchungen gibt, die beweisen, daß der Gebrauch von Kondomen dieses Risiko deutlich einschränkt, würde man auf eklatante Weise die Fakten ignorieren, wenn man sich auf Kondome für wirklich sicheren Sex – oder auch nur ein vernünftiges Maß an sicherem Sex – verläßt. Die Kondom-Industrie wird natürlich schwere Einwände gegen diese Feststellung erheben. Unsere Leser dürfen ziemlich giftige Kritik an unseren Empfehlungen zum Thema Kondom von dieser Gruppe erwarten, die wohlerworbenes wirtschaftliches Interesse daran hat, die Illusion aufrecht zu erhalten, Kondome wiesen ein angemessenes Maß an Schutz gegen das Aids-Virus auf.

Oral-genitaler Sex stellt ein etwas unterschiedliches Problem dar. Hier mangelt es, zumindest seit Ende 1987, an wesentlicher Forschung über das relative Maß an Gefahr, daß mit oralem Sex als solchem verbunden ist. Nach einer Untersuchung an homosexuellen Männern in San Francisco schien es keine statistisch deutliche Zunahme von HIV-Infektionen bei Männern, die oral-genitalen Kontakt praktizierten, im Vergleich zu solchen, die das nicht taten, zu geben – obwohl 24 Prozent der Männer mit gewisser oral-genitaler Erfahrung infiziert waren, verglichen mit 18,2 Prozent von denen, die nur andere Praktiken ausübten.[19] Wie wir in Kapitel 2 erklärt haben, hat diese Studie nicht den Versuch gemacht, die Häufigkeit oder Zahl oral-genitaler Kontakte zu messen, wodurch also ein Mann, der von einmaliger Fellatio in den zwei Jahren vor der Untersuchung berichtete, zu statistischen Zwecken in derselben Gruppe plaziert wurde wie einer, der Fellatio Dutzende von Malen innerhalb eines Monats praktizierte. Das erklärt vielleicht, weshalb diese Forscher keinen Hinweis auf einen Zusammenhang zwischen oral-genitalem Sex und einem gesteigerten Risiko der Infektion mit dem Aids-Virus fanden. Bei einer Untersuchung an 45 erwachsenen Aids-Patienten und ihren Ehepartnern infizierten sich 12 der 26 Partner, die wiederholt oral-genitalen Sex praktizierten, im Verlauf der Studie, während nur 2 von 19 nicht-infizierten Partnern regelmäßig an oralem Sex beteiligt waren.[20]

Angesichts dieser Ungewißheit, solange keine genaueren Nachweise vorliegen, sollte oral-genitaler Sex gemieden werden, es sei denn, beide Partner sind erwiesenermaßen HIV-frei. Ein Kondom zu benutzen, während man Fellatio praktiziert, lehnen die meisten Menschen nicht nur aus ästhetischen Gründen ab, es steigert auch die Wahrscheinlichkeit, daß das Kondom bei Berührung mit den Zähnen zerreißt – ein mechanisches Risiko, für das Kondome nicht gemacht sind.

Wir sollten auch hinzufügen, daß man besonders auf jede Art sexueller Handlung, die ein deutliches Risiko der Gefährdung durch das Blut eines Partners bedeutet, verzichten sollte, wenn nicht feststeht, daß beide Partner frei von HIV-Infektion sind. Zu dieser Kategorie rechnen wir nicht nur eindeutige Dinge wie etwa sadomasochistischen Sex mit Schlägen, Peitschen oder dem Gebrauch von Nadeln, Stiften oder anderen scharfen Gegenständen, sondern auch heftiges Beißen oder Kratzen oder jede Art von Sexspiel, die zu Blutungen führen kann, da Blut das Aids-Virus mit Sicherheit auch auf dem Weg nicht-genitalen erotischen Kontakts übertragen kann. Auf diesem Gebiet wurde zwar noch keine zuverlässige Forschung durchgeführt, aber wahrscheinlich ist es klug, während des Menstruationsflusses einer Frau, deren HIV-Status ungewiß ist, sowohl Koitus, Cunnilingus oder Einführen von Fingern in die Vagina nicht zu praktizieren.

Kurz gesagt: Wir leben in einer Zeit, da beim Sexualverhalten beträchtliche Vorsicht geboten ist. Die Notwendigkeit der Vorsicht wird auf dem Gebiet der Partnerwahl am deutlichsten. Besonders riskante Sexpartner sind Prostituierte, männliche Homosexuelle, »Fixer«, Männer mit bisexueller Erfahrung und Personen mit häufig wechselnden Sexpartnern, bis durch entsprechende Tests nachgewiesen werden kann, daß sie frei von einer HIV-Infektion sind. Vertrauensvolles Verhalten sollte sich am Ernst der derzeitigen Situation messen:

134

Da Sie den Menschen nicht ansehen können, ob sie mit dem Aids-Virus infiziert sind, und sich ebensowenig auf ihre Version der sexuellen Erfahrungen in ihrem Leben verlassen können, sind Sie nichts weiter als umsichtig, wenn Sie darauf bestehen, daß jemand, der mit Ihnen ins Bett will, Sie zuerst zum Test ins Krankenhaus begleitet.

# 8
# Über die sexuelle Revolution hinaus

W enn man die sechziger und siebziger Jahre als eine Zeit des ungebremsten sexuellen Experimentierens, der einmaligen Gastspiele und der augenblicklichen Befriedigung von Bedürfnissen ansieht, sind dann die späten achtziger als unmittelbare Folge des Ansturms weithin publizierter Epidemien sexuell übertragener Krankheiten wie Herpes genitalis und Aids zu einer Ära sexueller Ängste und Hemmungen geworden? Um diese Frage zu untersuchen, wollen wir zuerst die Veränderungen erwägen, die in bestimmten Großstadtbezirken, wo die Botschaft von Aids die intensivste Verbreitung fand, in den sexuellen Verhaltensmustern homosexueller Männer vor sich gegangen sind. Als nächstes werden wir derzeitige Trends des Sexualverhaltens junger Erwachsener betrachten, da dieses Segment der Bevölkerung oft als Vorläufer für Veränderungen bei der allgemeinen Bevölkerung gedient hat. Zum Schluß werden wir die sexuelle Wirkung der Aids-Epidemie auf Jugendliche erörtern.

## Verändertes Sexualverhalten in der Schwulenszene

Nach Zeitungsberichten und den etwas nach Eigenlob klingenden Äußerungen von Spitzen der Kommunen, Lehrern und anderen zu urteilen, könnte es scheinen, als hätten sich homosexuelle Männer fast ausnahmslos Praktiken des »Safer Sex« zugewandt und gingen nun mit dem Problem der sexuellen Übertragung von Aids so erfolgreich um, daß die Zahlen der Neu-Infektion erheblich gesunken seien. Als Beweis einer solchen Veränderung zitieren verschiedene Experten Daten, die einen Rückgang von Fällen rektaler Gonorrhöe[1] und eine abnehmende Zahl von Sexpartnern bei männlichen Homosexuellen[2] zeigen. Leider bekommt man bei genauerer Betrachtung sexueller Praktiken zwischen homosexuellen (und bisexuellen) Männern ein weniger optimistisches Bild.*

* Siehe Fußnote nächste Seite.

Einen ersten Näherungswert dessen, was geschieht, können wir anhand des Verhaltens einer sorgfältig ausgewählten Gruppe homosexueller Männer in New York City und Washington, D. C. gewinnen. Dabei ist die Bemerkung fast überflüssig, daß Homosexuelle in diesen beiden Städten die Zielgruppe massiver Aufklärungskampagnen waren, teils auf Initiative der Schwulen selbst hin oder aber der von Experten des öffentlichen Gesundheitswesens, Spitzen der Kommunen und von Abgeordneten. Was dabei verkündet wurde, läßt sich auf ein paar wesentliche Punkte zusammenfassen, von denen der stärkste wahrscheinlich das mit Analverkehr verbundene erhebliche Risiko ist. Laut Dr. James J. Goedert vom *National Cancer Institute* – der in den USA führend auf dem Gebiet von Aids engagiert ist – haben 48 Prozent dieser Gruppe von »hochgebildeten und motivierten« homosexuellen Männern auch weiterhin Analverkehr gehabt und 77 Prozent von denen, die analen Sex praktizierten, dabei keine Kondome benutzt.[3]

Lehrreich ist es auch, Daten aus San Francisco zu betrachten, wo die *gay community*, die Schwulenszene, wahrscheinlich besser organisiert und politisch solidarischer ist als anderswo in den Vereinigten Staaten. Frühe, intensive Aufklärungskampagnen mit dem Ziel der Förderung von Verhaltensänderungen bei männlichen Homosexuellen sind häufig als erfolgreich angeführt worden, aber ein größerer Untersuchungsbericht aus San Francisco ergab, daß aus einer Gruppe von 796 homo- oder bisexuellen Männern, die von Juni 1984 bis Januar 1985 beobachtet wurden, 312 aussagten, sie hätten

---

* Selbst wenn männliche Homosexuelle ihr sexuelles Verhalten ändern, muß man sich fragen, ob die Veränderungen so substantiell sind, daß die Gefahr einer HIV-Infektion wirklich abnimmt. Daher muß man Verhaltensänderungen im Verhältnis zur Verbreitung von HIV-Infektionen innerhalb der betreffenden Bevölkerungsgruppe betrachten. Wenn zum Beispiel die Verbreitung von HIV-Infektionen bei männlichen Homosexuellen in San Francisco im Laufe von drei Jahren von 50 auf 75 Prozent gestiegen ist, dann würde ein Rückgang von 20 bis 30 Prozent riskanter sexueller Praktiken die durch die größere Verbreitung vermehrte Infektionsgefahr nicht ausgleichen.

in den zwei voraufgegangenen Jahren 10 bis 49 männliche Sexpartner gehabt, während 195 — fast ein Viertel der Gruppe — 50 oder mehr männliche Sexpartner für diese Zeit angaben.[4] Zudem enthielten sich von den 729 Männern, von denen Daten gemeldet wurden, nur 99 des Analverkehrs. Es fällt schwer, das einen Nachweis beachtlicher sexueller Zurückhaltung zu nennen.

Da San Francisco in bezug auf sexuelle Verhaltensmuster homosexueller Männer wahrscheinlich ziemlich atypisch ist, sollte man auch einen Blick auf andere Landesteile werfen. 1987 befragten wir eine Gruppe von 200 homosexuellen Männern in Großstadtbezirken des Nordostens der Vereinigten Staaten und benutzten dabei einen von den Betreffenden selbst geführten Fragebogen, um festzustellen, wie sich ihre sexuellen Verhaltensmuster als Resultat der Sorge wegen der Aids-Epidemie verändert hatten.[5] Wir erwarteten einen dramatischen Rückgang der Zahl jährlicher Sexpartner bei diesen Männern während der fünfjährigen Periode von 1982 bis einschließlich 1986. Die Daten (siehe Tabelle 8.1) waren ziemlich überraschend für uns, da der Rückgang der Zahl von Sexpartnern bis zum Zeitpunkt der Befragung viel geringer war, als wir angenommen hatten. In der Tat hatten mehr als 20 Prozent der Männer in unserer Gruppe die Zahl ihrer Sexpartner sogar noch gesteigert, offenbar ohne Rücksicht auf die Aids-Epidemie, die um sie herum wütete. Dazu muß festgestellt werden, daß trotz des Rückgangs der jährlichen Zahl von Sexpartnern, von dem die Mehrheit berichtete, der Durchschnitt immer noch bei 26,9 Partnern pro Person lag.

Von den 172 Männern in unserer Gruppe, die angaben, während der Jahre 1981 und 1982 Analverkehr gehabt zu haben, behielten 101 diese Praxis auch 1986 und 1987 bei (siehe Tabelle 8.2). Bemerkenswert ist dabei — und eine Bestätigung der von Goedert berichteten Daten —, daß 75 dieser 101 Männer, die beim Analverkehr blieben, Kondome nicht regelmäßig benutzten, trotz umfangreicher Aufklärungskampagnen, die auf die Eliminierung von Analverkehr

**Tabelle 8.1**
**Jährliche Zahl von homosexuellen Partnern für eine Gruppe von
200 homosexuellen Männern im Alter von 21 bis 35;
Nordosten der USA**

| Zahl von Partnern | VERTEILUNG DER GRUPPE NACH JAHREN | | | | | | | | | |
|---|---|---|---|---|---|---|---|---|---|---|
| | 1982 | | 1983 | | 1984 | | 1985 | | 1986 | |
| | N | % | N | % | N | % | N | % | N | % |
| Keine | 4 | 2,0 | 4 | 2,0 | 5 | 2,5 | 4 | 2,0 | 6 | 3,0 |
| Einen | 16 | 8,0 | 15 | 7,5 | 16 | 8,0 | 19 | 9,5 | 20 | 10,0 |
| 2– 5 | 21 | 10,5 | 23 | 11,5 | 22 | 11,0 | 28 | 14,0 | 31 | 15,5 |
| 6– 9 | 18 | 9,0 | 19 | 9,5 | 24 | 12,0 | 23 | 11,5 | 29 | 14,5 |
| 10–24 | 41 | 20,5 | 40 | 20,0 | 37 | 18,5 | 33 | 16,5 | 27 | 13,5 |
| 25–49 | 52 | 26,0 | 51 | 25,5 | 52 | 26,0 | 51 | 25,5 | 48 | 24,0 |
| ≥ 50 | 48 | 24,0 | 48 | 24,0 | 44 | 22,0 | 42 | 21,0 | 39 | 19,5 |

ohne Kondom angelegt waren. Ein weiteres Argument, das man gegenüber der Schwulengemeinde mit Nachdruck und wiederholt ins Feld führte, beläuft sich darauf, daß anonymer Sex in der Ära von Aids tödlich sein kann. Die Botschaft lautet – ganz zu Recht: Sei wählerisch und kenne deine Partner. 62 Prozent von den 200 Männern der gesamten Homosexuellen-Gruppe berichteten allerdings, mehr als die Hälfte ihrer Sexpartner seien Fremde. Diese Zahlen erinnern herb daran, daß Muster menschlichen Sexualverhaltens der Veränderung nicht so leicht zugänglich sind, wie man es sich vorstellen möchte – besonders wenn man bedenkt, daß fast jeder Mann in unserer Untersuchung wenigstens eine Person kannte, die an Aids gestorben war.

Hier sind ein paar Kommentare dieser Männer, die sie zur Erklärung abgaben, weshalb sie sich weiter an Handlungen beteiligten, die mit Sicherheit als hochgefährlich anzusehen sind.

*Ein Friseur (32):* Zu all den Alleswissern, Moralisten und Experten möchte ich eins sagen: Lieber wäre ich tot als keusch.

141

**Tabelle 8.2**

**Beteiligung an Analverkehr nach Eigenbericht für eine Gruppe von 200 homosexuellen Männern zwischen 21 und 35 Jahren; Nordosten der USA**

| | JAHR | |
| --- | --- | --- |
| | 1981–82 | 1986–87 |
| *An Analverkehr beteiligt* | | |
| Ja | 172 *(86%)* | 101 *(50,5%)* |
| Nein | 28 *(14%)* | 99 *(49,5%)* |
| *Kondomgebrauch beim Analverkehr** | | |
| Immer | – | 12/101 |
| Regelmäßig | – | 14/101 |
| Manchmal | – | 18/101 |
| Selten | – | 34/101 |
| Nie | – | 23/101 |

\* Die Kategorien der Häufigkeit wurden folgendermaßen definiert: Immer = 100% der Zeit; Regelmäßig = mindestens 75% der Zeit, aber seltener als 100%; Manchmal = mindestens 25% der Zeit, aber seltener als 75%; Selten = mindestens einmal, aber seltener als 25% der Zeit. Dazu muß festgestellt werden, daß 1981–82 faktisch kein homosexueller Mann Kondome benutzte, weil noch nicht bekannt war, daß Aids eine sexuell übertragbare Krankheit ist.

*Ein Börsenmakler (29):* Wir alle gehen jeden Tag unseres Lebens Risiken ein. Mit der U-Bahn zu fahren oder die Straße zu überqueren ist riskant. Ohne Sex und ohne Aufregung würde mir das Leben nicht sehr lebenswert erscheinen.

*Ein Arzt (35):* Da wird ziemlich viel geleugnet, wie bei jedem selbstzerstörerischen Verhalten. Aber manche von uns hängen genauso am Sex – oder vielleicht mehr –, wie der Alkoholiker seine Flasche braucht oder ein Süchtiger seine Spritze. Ich wünschte nur, die Epidemie hätte bei den Heterosexuellen angefangen. Was für Ratschläge über Enthaltsamkeit hätte man ihnen dann wohl gegeben?

*Ein Elektriker (26):* Ich sehe das so. Zigaretten werden

mich umbringen, wenn ich nicht zu rauchen aufhöre. Wenn ich zuviel trinke, kriege ich Zirrhose. Nehme ich Drogen, bekomme ich vielleicht einen Herzanfall. Oder vielleicht fängt irgendein verrückter Politiker einen Atomkrieg an, und dann sind wir alle tot. Ich habe nicht vor, mein Sexualleben bloß deshalb einzuschränken, weil mir jemand sagt, ich könnte krank werden.

In solchen Reaktionen sind verschiedene Themen enthalten, die uns wieder und wieder vorgetragen wurden, nicht nur von männlichen Homosexuellen, sondern auch von vielen Heterosexuellen. Darin liegt ein hohes Maß an Fatalismus oder Determinismus. »Vielleicht bin ich ja schon gefährdet.« »Was sein soll, soll sein.« Die Realität des Risikos wird abgelehnt. »Wir begeben uns alle dauernd in Gefahr.« »Aids ist hier kein solches Problem wie in New York City oder San Francisco.« Es wird geleugnet, daß es »mir« passieren könnte. Man läßt sich auch nicht gern sagen, was man tun soll. Es besteht der völlig legitime Wunsch, autonom zu sein und sich selbst zu verwirklichen. Bei homosexuellen Männern gibt es eine Überzeugung, man solle seine sexuelle Identität nicht in Frage stellen, indem man auf homosexuelle Handlungen verzichtet. Dazu gehört auch die Ablehnung der Vorstellung, daß zwei Männer einzig zu dem Zweck ein monogames Sexualverhältnis eingehen sollten, um sich vor den Verheerungen einer epidemischen Krankheit zu schützen, wobei man allerdings durchaus Menschen akzeptiert, die diesen Weg als Überlebenstaktik einschlagen, als eine Art Kompromiß zwischen ihren sexuellen Trieben und ihrem Sinn für Selbsterhaltung.

Nichts von alledem soll etwa heißen, daß es in der männlichen Gay-Gemeinde keine Angst gäbe, denn die Furcht vor Aids ist fast physisch greifbar. Lässiges Benehmen mag die Furcht häufig maskieren, aber Gefühle von Furcht vermitteln auch allem, was gefährlich und verboten ist, ein Gefühl besonderer Erregung. Manchen dieser Männer mögen Ängste zu Bewußtsein kommen, wenn sie sich fragen, ob der anonyme

Partner in der Nacht zuvor wohl mit dem Aids-Virus infiziert gewesen sein könnte. Angst bricht aus, wenn ein Ausschlag oder Pickel auf der Haut erscheint und der Gedanke »Mein Gott, Kaposi-Sarkom« durch den Sinn huscht, um dann schnell mit einer Einstellung beiseite gekehrt zu werden, wie man sie bei Medizinstudenten im zweiten Jahr findet, die befürchten, fast jedes Leiden selbst zu haben, das sie bei ihren Studien kennenlernen. Die Angst nistet sich vielleicht am stärksten ein, wenn ein Mann erfährt, daß bei einem seiner Sexpartner Aids diagnostiziert wurde. Aber selbst diese Nachricht – ein Blitzschlag der Realität – motiviert die meisten homosexuellen Männer nicht dazu, sich riskanter sexueller Handlungen völlig zu enthalten. Dieses Amalgam von Ängsten scheint sogar manche – und unter ihnen auch solche, die wissen, daß sie infiziert sind[6] – zu fast manischen Touren sexueller Aktivität zu treiben.

Hier liegt eines der deutlichen Probleme der Aids-Epidemie. Viele Homosexuelle betätigen sich weiterhin sexuell mit vielen Partnern, obwohl sie wissen, daß sie mit dem HIV-Virus infiziert sind. Obwohl maßgebliche Mitglieder der Gay-Gemeinde von diesen Praktiken wissen – die man eigentlich als Akte der Feindseligkeit gegen die eigene Gruppe bezeichnen müßte –, haben sie sich nicht laut genug geäußert, um die Botschaft zu verbreiten, daß ein derart verantwortungsloses Verhalten sowohl der Gay-Gemeinde wie der Sache der Homosexualität ungeheuer schadet. Aber wie ein Aktivist der Schwulen sagte: »Wenn wir alle Aids kriegen und sterben, ist uns lediglich der Beweis gelungen, daß Jerry Falwell ein Prophet ist.«[7]

Wir wollen damit nicht sagen, daß Homosexuelle ein zwanghafteres Verhältnis zum Sex haben als Heterosexuelle oder weniger Verantwortung zeigen bei der Befolgung rationaler öffentlicher Gesundheitsrichtlinien, die das Risiko fortdauernder sexueller Aids-Übertragung verringern sollen. Viele Gays haben ihr Sexualverhalten drastisch geändert; manche praktizieren faktisch immer, was sie als »Safe Sex«

144

ansehen (oder was man ihnen entsprechend geraten hat), und andere sind monogame ausgewogene Beziehungen eingegangen, um den Sturm zu überstehen. Wir wollen vielmehr sagen, daß Homosexuelle und Heterosexuelle sich im Prinzip sehr ähnlich sind − was bedeutet, daß man ausreichend durchgreifende Veränderungen in jedermanns Sexualverhalten nur bewirken kann mit einer wesentlich ausgedehnteren, erfinderischeren und stärker multidimensionalen Kampagne, als es sie bisher gab.

## Die Auswirkungen von Aids auf heterosexuelles Verhalten

Eine merkwürdige Spaltung kennzeichnet die Reaktion der Heterosexuellen auf die Aids-Epidemie. Einerseits äußern viele Heterosexuelle Besorgnis wegen Aids und sind zum Teil sogar so verschreckt, daß ihre Reaktion ans Krankhafte grenzt, wobei es sich bei den heute Vorsichtigen hauptsächlich um dieselbe Gruppe hochgebildeter Weißer des gehobenen Bürgertums zu handeln scheint, die sich während der durch Herpes genitalis hervorgerufenen Panik zwischen 1979 und 1982 sexuell vorsichtig verhielten. Hingegen sehen die meisten Heterosexuellen, vor allem die Ärmeren und weniger Gebildeten, die Aids-Epidemie immer noch als etwas an, das mit ihrem Leben nichts zu tun hat; sie betrachten Aids als eine Krankheit, von der Homosexuelle, Bisexuelle und Fixer betroffen sind, nicht aber als ein Leiden, das sie persönlich direkt angeht. (Die einzige bemerkenswerte Ausnahme ist, daß laut mehrerer Meinungsumfragen mehr als die Hälfte der Heterosexuellen wegen der Möglichkeit, sich durch eine unreine Bluttransfusion mit dem Aids-Virus zu infizieren, besorgt sind.)

Wie wir in Kapitel 4 berichteten, hat der Ausschnitt der heterosexuellen Bevölkerung, der in bezug auf die Zahl wechselnder Partner sexuell am aktivsten ist, sich durch die Angst vor Aids im eigenen Verhalten kaum wesentlich beeinflussen lassen. Diese Personen haben auch weiterhin eine Vielzahl von Sexpartnern und machen sich kaum die Mühe, regelmäßig Kondome zu benutzen. Zudem ist trotz der besonderen Betonung der Tatsache in den Medien, daß dies eine äußerst riskante Art sexueller Aktivität ist, ihre Beteiligung am Analverkehr nicht feststellbar zurückgegangen. Da jedoch diese Gruppe, die eine deutliche Minderheit der allgemeinen heterosexuellen Bevölkerung bildet, sich einer Verhaltensveränderung besonders stark zu widersetzen scheint, ist es aufschlußreich zu sehen, was gegenwärtig bei anderen heterosexuellen Bevölkerungsanteilen geschieht.

Dr. Sheldon H. Landesman, Leiter der AIDS-Forschungsgruppe an dem *State University of New York Health Science Center* in Brooklyn, schätzte, daß es Mitte 1987 allein in New York City 15 000 bis 20 000 Frauen gab, die sich mit dem Aids-Virus infiziert hatten, weil ihre Sexpartner infizierte Spritzen benutzt hatten.[8] Andere Experten sagen, daß in New York City mindestens 50 000 Frauen − 3 Prozent der Frauen im gebärfähigen Alter − asymptomatische Träger von HIV sind.[9] Schwarze und spanisch-amerikanische Frauen sind dabei besonders hart betroffen: Bei diesen Minderheiten »war die kumulative Häufigkeitsrate an Vollbild-Aids-Fällen, die auf heterosexuellen Kontakt mit einem intravenös spritzenden Drogensüchtigen zurückzuführen waren, 24mal so hoch wie bei weißen Frauen«.[10] Und obwohl es scheint, als seien Frauen in den Zentren der Städte über die Risikofaktoren der Infektion mit dem Aids-Virus hinreichend aufgeklärt, ändern in der Folge nur verhältnismäßig wenige ihr Verhalten.[11]

Eine Reihe von Forschern haben berichtet, daß die meisten Frauen, die sich bewußt sind, daß sie Hochrisikogruppen angehören, nicht darauf bestehen, daß ihre Partner Kondome verwenden. Selbst unter Frauen, die wissen, daß sie bereits infiziert sind und somit die Infektion auf ihre Partner übertragen können, ist der Gebrauch von Kondomen bestenfalls eine Zufallsangelegenheit.

Eine andere Perspektive der heterosexuellen Szene liefert die Untersuchung eines Aspekts sexuellen Verhaltens, der inmitten der sexuellen Revolution offenbar fast in Vergessenheit geraten ist. Aber der Beruf der Prostitution hat nicht nur standgehalten, er ist zu einem der Hauptübertragungswege beim Vordringen des Aids-Virus in die heterosexuelle Welt geworden. Betrachten Sie einmal diese Statistiken, die von den CDC in einem Sechs-Städte-Bericht zusammengetragen wurden:[12]

● In Las Vegas waren 26 Prozent der getesteten Prostituierten mit dem Aids-Virus infiziert.

● In Colorado Springs waren 27 Prozent infiziert.

● In San Francisco waren 74 von 157 Prostituierten (47%) infiziert.

● Noch höhere Infektionsquoten fanden sich in Miami (180 von 309, oder 58%), in Los Angeles (152 von 217, oder 70%) und in Newark (51 von 59, oder 86%).

Die Gruppierung der Kunden dieser Frauen umfaßt Männer aus praktisch allen Lebensbereichen: Vertreter, Buchhalter, Anwälte, Ärzte, Tankwarte, Soldaten und andere – sie alle sind durch ihre Besuche bei Prostituierten dem Aids-Virus ausgesetzt. Auch wenn die Ansteckungsgefahr wahrscheinlich bei dem Sexualkontakt mit einer Straßendirne wesentlich größer ist als bei dem mit einem hochbezahlten Callgirl, so legen sicher Prostituierte jeder Preisklasse nicht als Geste des Dienstes an der Allgemeinheit die Arbeit nieder, sobald sie wissen, daß sie Virusträger sind. Man muß sich fragen, wie Männer nur so dumm sein können, sich dem Aids-Virus durch Episoden mit Prostituierten auszusetzen, aber irgend jemand muß es ja sein, der die Zehntausende von Prostituierten in den USA allein weiterhin frequentiert. Auch das wird unvermeidlich zu einem explosiven Anschwellen der Quote heterosexueller Infektion mit dem Aids-Virus führen.

1986 führten wir eine Untersuchung an einer heterosexuellen Population (also an einer Bevölkerungsgruppe) mittels einer Probeerhebung durch, die sich deutlich von den Frauen der Großstadtzentren und Prostituierten, die wir oben angeführt haben, unterschied. Unsere Stichprobe bestand aus 425 alleinlebenden, heterosexuellen Erwachsenen (210 Männer und 215 Frauen) in New York City, St. Louis und Los Angeles.[13] Alle waren in den Zwanzigern, 94 Prozent waren Weiße, und zwei Drittel hatten zumindest ein Jahr College-Ausbildung, obwohl zur Zeit der Studie kein Vollzeit-Student darunter war. Von dieser Gesamtzahl sagten 72 Prozent der Frauen und 63 Prozent der Männer, sie seien infolge der Sorgen wegen Aids sexuell vorsichtiger geworden, aber viele Befragte schienen diese Sorge nicht in konsequente Verhaltensänderungen umgesetzt zu haben. So bestanden zum Beispiel 47 Prozent der Frauen nicht darauf, daß ihre Partner Kondome benutzten, und 64 Prozent von ihnen gaben an, sie hätten mindestens »ein paarmal« im vergangenen Jahr ungeschützten Verkehr gehabt; 76 Prozent der Männer gaben an, sie machten nicht konsequent von Kondomen Gebrauch.

Dennoch ergab diese Gruppe junger erwachsener Singles einige Hinweise auf Vorsicht in bezug auf Aids: 79 Prozent der Frauen und 74 Prozent der Männer sagten, sie seien wählerischer bei der Entscheidung, mit wem sie Geschlechtsverkehr haben wollten. Diese vorgebliche Verhaltensänderung scheint von einem interessanten Befund bestätigt zu werden: Männer wie Frauen gaben für das Jahr unmittelbar vor der Studie im Vergleich zu einem Jahr davor einen geringen, aber deutlichen Rückgang der Zahl ihrer Sexualpartner an. Bei Männern sank die Durchschnittszahl an Partnern von 3,8 auf 2,5 und bei Frauen von 2,6 auf 1,9. Es läßt sich zwar nicht schlüssig nachweisen, daß der Rückgang auf direkt mit der Aids-Epidemie verbundene Vorsicht zurückgeht, aber unsere intuitive Interpretation kommt zu eben diesem Schluß. Unsere Ansicht wird durch Kommentare wie den folgenden aus dieser Gruppe junger Erwachsener gestützt:

*Ein Mann (24):* Wenn ich all das Zeug über Aids lese, schaut es ziemlich schlecht aus. Man kann einfach nicht wissen, wer es hat und wer nicht. Also spiele ich nicht mehr den Playboy, sondern lebe mit jemand zusammen. Das ist auch nicht so schlecht.

*Eine geschiedene Frau (27):* Bevor ich geheiratet habe, hab' ich es ziemlich wild getrieben. Jetzt machen mir all die Statistiken über Aids sehr viel angst. Wie soll ich denn wissen, ob ein Kerl, den ich in einer Bar kennenlerne, nicht bisexuell ist? Wozu so ein Risiko und so eine Sorge?

*Ein Mann (25):* Im Fernsehen habe ich erfahren, daß man jetzt, wenn man mit irgend jemand schläft, in Wirklichkeit auch mit allen anderen schläft, mit denen die Betreffende innerhalb der letzten zehn Jahre ins Bett gegangen ist. Also bin ich jetzt sehr wählerisch und halte mich im allgemeinen an ein und dieselbe Frau.

Andererseits gab es keine Übereinstimmung der Ansichten in dieser Gruppe. Etwa ein Viertel der Befragten meinte, sie liefen nicht Gefahr, Aids sexuell ausgesetzt zu sein. Eine noch größere Zahl vertraute darauf, Aids beschränke sich vor allem auf Homosexuelle, Bisexuelle und Drogenabhängige und daß ihnen Aids im heterosexuellen Alltag im Prinzip nicht drohe, solange sie sich vor dem Kontakt mit solchen Personen in acht nähmen. Alarmierenderweise war es mehr als einem von 8 jungen Erwachsenen in unserer Untersuchung nicht klar, daß Aids sexuell auch von einer Frau auf einen Mann übertragen werden kann. Ebenfalls von Interesse war der Befund, daß von den 53 Prozent Frauen, die auf dem Gebrauch von Kondomen bestanden, mehr als ein Viertel nachgab, wenn ihre Partner widersprachen oder sich weigerten. Offenbar sind viele junge alleinlebende Frauen nicht so klar überzeugt, daß sie vom Risiko der HIV-Übertragung betroffen sind, als daß sie sich weigern würden, sich am Sex zu beteiligen, wenn der Mann kein Kondom benutzen will.

Viele heterosexuelle Männer − besonders, aber nicht ausschließlich die mit geringerem Bildungsgrad − finden die Idee, ein Kondom zu benutzen, lächerlich. Sie betrachten das Kondom als etwas Lästiges, eine Barriere gegen den körperlichen Genuß und ein Zeichen von Schwäche. Das Kondom steht symbolisch für Nachgiebigkeit gegenüber den Wünschen weiblicher Partner, was ihr Gefühl der Männlichkeit bedroht, wie auch für das Zugeständnis, es sei legitim, sich vor dem Aids-Virus zu fürchten, was ebenfalls als bedrohlich empfunden wird. Kultiviertere, besser gebildete heterosexuelle Männer lehnen den Gebrauch von Kondomen aufgrund eben der wissenschaftlichen Gründe ab, die wir angeführt haben − daß Kondome unvollkommen seien. Diese Männer neigen eher dazu, in den Gebrauch von Kondomen einzuwilligen − zumindest für einige Zeit −, weil sie begreifen, daß dies die Eintrittskarte zum Sex sein könnte. Die meisten von ihnen wissen aus früherer Erfahrung, daß es wahrscheinlich ein leichtes sein wird, Kondome einmütig wieder ganz abzuschaffen, sobald sie einmal eine fortdauernde sexuelle Beziehung geschaffen haben, die der Frau das Gefühl gibt, den Mann wirklich zu kennen.

Wenn auch viele heterosexuelle Erwachsene eine Haltung sexueller Vorsicht entwickelt haben, gibt es doch immer noch eine beträchtliche Gruppe, bei denen einmalige Gastspiele und ungebremster Sex genauso weitergehen wie in den siebziger Jahren. Single-Bars florieren weiterhin in den meisten Städten; Kleinanzeigen in Zeitungen und Zeitschriften bringen nach wie vor einsame Partner zusammen; und selbst Sauna-Clubs mit organisierten Picknicks, mit Partnertausch und gelegentlichem Gruppensex üben immer noch ihre Anziehungskraft auf Tausende von Teilnehmern aus. Hier ist ein

Ausschnitt der heterosexuellen Welt, der noch nicht systematisch untersucht worden ist. Wenn aber, wie wir annehmen, unsere Untersuchung über Heterosexuelle mit zahlreichen Sexpartnern hier anwendbar ist, dann liegt hier der vulkanische Untergrund der Aids-Epidemie – und der Ausbruch steht nahe bevor.

Das andere Extrem stellt eine kleine Kategorie von Heterosexuellen dar, deren Angst vor der Möglichkeit, sich mit dem Aids-Virus zu infizieren, am besten als krankhaft und phobisch zu bezeichnen ist. (Phobien gegen das, was man »Geschlechtskrankheiten« zu nennen pflegte, sind keineswegs neu.)[14] Die Phobie kann vom peinlichen Vermeiden jeglicher sexueller Situation bis zu extremeren Symptomen reichen. In einem Fall führt eine alleinlebende Frau von 33 ein Sammelalbum, in das sie Zeitungsausschnitte über Aids klebt, wobei die erste Seite eine sauber kolorierte Tabelle enthält, in die sie die Totenziffern einträgt, welche die CDC regelmäßig bekanntgeben. Eine andere Version dieser Phobie betrifft einen 40jährigen Mann, der prinzipiell Chirurgenhandschuhe trägt, wenn er in Manhattan einkaufen geht, und niemandem die Hand gibt. Ein weiterer Fall: Eine bisher gesunde Frau besteht darauf, durch ihren Ex-Freund dem Virus ausgesetzt gewesen zu sein und geht jeden Monat zu mehreren verschiedenen Ärzten, von denen sie einen Bluttest verlangt, um herauszufinden, ob sie infiziert ist. Natürlich darf man sich über diese phobischen Reaktionen nicht lustig machen. Sie zeigen, wie Angst, Ungewißheit und das Bewußtsein unserer Sterblichkeit verschmelzen und ernste emotionale Qualen verursachen können, wenn wir mit einer Krise konfrontiert sind, die wir anscheinend überhaupt nicht meistern können.

## Jugendliche und Aids

Bisher waren vor allem die Erwachsenen im Alter von 20 bis 40 Jahren von Aids betroffen, aber Experten befürchten, daß

151

Teenager das nächste größere Ziel der Epidemie sein werden. Viele von ihnen sind sexuell aktiv, und viele gebrauchen Drogen; beide Aktivitäten führen sie genau auf das Gleis einer heranrasenden Lokomotive.

Die besten Statistiken über sexuelle Aktivität von Teenagern stammen von Untersuchungen der *John Hopkins University School of Public Health.*[15] Nach diesen Berichten haben 60 bis 70 Prozent der älteren unverheirateten weiblichen Teenager Erfahrung mit Geschlechtsverkehr, selbst bei 15jährigen sind mehr als 1 von 5 sexuell aktiv. Bei den schwarzen weiblichen Teenagern sind die Zahlen noch eindrucksvoller: 75 Prozent der 17jährigen und 89 Prozent der unverheirateten 19jährigen sind nicht mehr jungfräulich. Über diese Statistiken hinaus muß eine weitere, bedeutsame Realität der Sexualität von Teenagern erwähnt werden: Unter amerikanischen Teenagern kommt es jedes Jahr zu mehr als einer Million Schwangerschaften.[16]

Es ist klar, daß es in Amerika Ende der sechziger und siebziger Jahre einen bedeutenden Wechsel im Sexualverhalten gegeben hat, wobei der bemerkenswerteste Trend war, daß weibliche Teenager immer früher sexuell aktiv wurden.[17] Zwar gibt es einige vorläufige Hinweise darauf, daß dieser Trend um 1982 wieder abgeflacht ist,[18] aber es scheint keinen Beweis dafür zu geben, daß entweder die Furcht vor Herpes genitalis, eine Wende zur politisch eher konservativen Einstellung oder die derzeitige Aids-Epidemie die meisten Teenager überzeugt hätten, Abstinenz sei die klügste Methode. Kampagnen, die Teenager drängen, »Sag einfach Nein« − ein Slogan, der auf Sex wie auf Drogen gemünzt war − scheinen bisher keine besonders gute Wirkung erzeugt zu haben.

Seit Ende der siebziger und Anfang der achtziger Jahre hat auch der Mißbrauch von Drogen bei Teenagern neuerlich auf eine nachlassende Tendenz oder sogar einen leichten Rückgang schließen lassen.[19] Nichtsdestotrotz gibt es Millionen von Teenagern, die mit Drogen experimentieren, und geschätzte 500 000, die Drogen injizieren[20] und sich damit der Gefahr aussetzen, das Aids-Virus durch den Gebrauch unsauberer Nadeln und Spritzen einzufangen. Zudem nimmt man an, daß mehr als 100 000 Teenager weiblichen wie männlichen Geschlechts jedes Jahr der Prostitution anheimfallen,[21] was sie ebenfalls einem hohen Infektionsrisiko aussetzt.

Amerikanische Jugendliche als Gruppe gelten immer schon als unverantwortlich in ihrer sexuellen Aktivität, wie sich an der äußerst hohen Rate ungeplanter Schwangerschaft bei Teenagern (der höchsten in der westlichen Hemisphäre) erweist[22] wie auch an der außerordentlich hohen Infektionsquote sexuell übertragbarer Krankheiten.[23] Die meisten amerikanischen Teenager machen von der Empfängnisverhütung keinen oder bestenfalls unregelmäßigen Gebrauch.[24] Männliche Teenager sind besonders unwillig, Kondome zu benutzen, betrachten dies oft als unmännlich, unnatürlich, lästig und überflüssig.[25] Kein Wunder also, daß Jugendliche ganz besonders der Ansteckungsgefahr durch das Aids-Virus ausgesetzt zu sein scheinen.

Bisher zumindest war die Aufklärung über Aids an Schulen zu gering, zu reserviert und zu unrealistisch, als daß sie unsere Teenager genau informiert oder gar überzeugt hätte, daß Aids nicht bloß die nächstbeste, von den Erwachsenen mit dem Hintergedanken erfundene Drohung ist, ihnen jede Unabhängigkeit und Phantasie zu beschneiden. Viele der Lehrpläne, die angeblich Teenager über die Aids-Epidemie unterrichten, befassen sich mit Homosexualität oder Bisexualität überhaupt nicht; andere lassen Kondome unerwähnt; wieder andere vermitteln die Botschaft, Abstinenz sei der einzige Weg, einen schrecklichen Tod zu vermeiden. Die Unzulänglichkeit schulischer Aufklärung über Aids läßt sich an den Befunden einer Untersuchung in Massachusetts erkennen, die sich mit 800 Teenagern zwischen 16 und 19 Jahren befaßte.[26] Mehr als die Hälfte dieser Jugendlichen glaubte irrtümlich, Infektion mit dem Aids-Virus könne beim Blutspenden erfolgen, und 29 Prozent wußten nicht, daß das Virus auch von Frauen an Männer weitergegeben werden kann. Die meisten sagten aus, sie machten sich wegen Aids keine Sorgen, was eine weitere alarmierende Statistik widerspiegelte: Zwar erklärten 70 Prozent, sie seien sexuell aktiv, aber nur 15 Prozent hatten ihr Sexualverhalten wegen der Angst vor Aids irgendwie geändert. Von denen, die Besorgnis zeigten und ihr Sexualverhalten zu ändern versuchten, tat das nur 1 von 5 auf eine wirksam zu nennende Art.

Die Befunde einer 1987 unter mehr als 350 College-Studenten der Syracuse University durchgeführten Untersuchung ergeben kein optimistischeres Szenarium.[27] Die meisten der befragten Studenten zeigten einen »großen Mangel an Wissen inklusive faktischer Daten über Aids« und hielten sich für wenig oder gar nicht durch die Seuche bedroht, da sie keiner Hochrisiko-Gruppe angehörten. Wie die Verfasser dieser Studie anmerkten: »Des Risikos oft nicht gewahr, sahen sie nicht, daß hochriskantes Verhalten sie in Gefahr brachte.« Die Studenten zeigten nicht nur ein hohes Maß an Verleugnung, sondern hatten zumeist die falsche Vorstellung, sie könnten intuitiv erkennen oder spüren, welche ihrer poteniellen Sexpartner sicher wären und welche nicht. Selbst wenn man vielleicht denkt, College-Studenten hätten weniger sexuelle Hemmungen als ältere Leute, fanden diese Studenten die Vorstellung peinlich, mit ihren Partnern über Aids oder Kondome zu sprechen, und viele berichteten, sie benutzten Kondome nie. »Im allgemeinen«, stellten die Autoren fest, »setzten Studenten ›Safer Sex‹ gleich mit ›Sex ohne Spaß‹.«

Hier sind Kommentare von verschiedenen High-School- und College-Studenten, wodurch die Skala der Einstellung von Teenagern gegenüber Aids sichtbar wird:

*Ein Junge (17):* Jeder weiß, daß Aids kein Problem ist, wenn du nicht schwul bist und nicht spritzt.

*Ein Mädchen (15):* Meine Mutter sagt, daß man Aids bekommen kann, wenn man jemand die Hand gibt, der es hat, aber ich glaube nicht, daß das stimmt. Aber ich habe

Angst, ich könnte es von jemand kriegen, mit dem ich ins Bett gehe.

*Ein Mädchen (16):* Ich kann Aids bestimmt nicht bekommen, weil mein Freund keine Drogen nimmt. Außerdem habe ich gehört, daß man es nur kriegt, wenn man während der Periode mit jemand schläft.

*Ein Junge (18):* Im Fernsehen habe ich gehört, daß man Aids nur durch Sex mit Männern bekommen kann.

*Ein Mädchen (19):* Ich glaube nicht, daß ich mir wegen Aids Sorgen machen muß. Ich hüpfe nicht mit jedem ins Bett, den ich kennenlerne, und ich würde nicht mit einem Kerl schlafen, der aussieht, als nähme er Drogen. [Dieses Mädchen hatte im vorhergehenden Jahr sieben verschiedene Sexualpartner.]

*Ein Junge (17):* Soweit ich weiß, ist all das Getue wegen Aids reichlich übertrieben. Ich meine, es ist ein Problem, wenn man schmutzige Spritzen benutzt oder bisexuell ist oder schwul, aber ich habe dieses Jahr nur mit drei Mädchen geschlafen, und die kannte ich alle ziemlich gut.

*Ein Mädchen (16):* Aids macht mir ziemlich angst. Ich bin noch Jungfrau, und so soll es auch noch eine Weile bleiben. Wozu soll man sein Leben riskieren?

So wie manche Teenager glauben, man könne nicht schwanger werden, wenn man im Stehen Sex macht, oder von jemandem, den man liebt, keine sexuell übertragbare Krankheit bekommen, haben viele von ihnen auch gegenüber Aids eine Stellung bezogen, die auf kläglich irregeleitetem Wunschdenken beruht. Ein Lehrer für Sexualkunde berichtete uns zum Beispiel von einem High-School-Schüler, der überzeugt war, man könne sich das Virus nur durch Analverkehr zuziehen. Wenn derart ernste Mißverständnisse zu den normalen Schwierigkeiten des Heranwachsens hinzukommen – wie der Tendenz, eine Krise eher abzuwarten, als in Begriffen von Vorbeugung zu denken, und dem starken Gefühl für die eigene Unverletzbarkeit, das die meisten Teenager haben –, muß man sich nicht wundern, daß sie kaum, falls überhaupt, Abstand von der sexuellen Revolution genommen haben.

## Ist die sexuelle Revolution vorbei?

Zwar scheint es uns ziemlich eindeutig, daß die sexuelle Revolution nicht länger auf ihrem sorglosen Kurs dahintaumelt, doch was wir tatsächlich bei der allgemeinen Bevölkerung in Erfahrung gebracht haben, ist eher eine Nivellierung des Trends, sexuell zu experimentieren, als eine Rückwendung zu den Werten von früher. Vorehelicher Sex wird nicht mehr so mißbilligt wie in den fünfziger Jahren;[28] außerehelicher Sex ist nicht über Nacht verschwunden; junge Erwachsene fühlen sich nicht besonders zur Bindung in ausschließlich monogamen Beziehungen gedrängt. Wenn es nicht gelingt, Heranwachsende und junge Erwachsene davon zu überzeugen, daß das Aids-Virus in ihrem eigenen Leben hier und heute eine Realität ist, bleibt es unwahrscheinlich, daß es einen Wandel im Verhalten geben wird, der dazu ausreicht, die in einem alarmierenden Tempo fortschreitende Ausbreitung dieser Epidemie zu verhindern. Eine hübsche Überschrift, gewiß, aber die sexuelle Revolution ist noch nicht tot – nur ein paar Truppenteile liegen im Sterben.

# 9
# Aids-Vorbeugung als Aufgabe
# für die Gesellschaft

A merika ist nun im Hinblick auf die Aids-Epidemie in einer schwierigen Lage. Es gibt bisher keine einheitlichen staatlichen Pläne über vorbeugende Maßnahmen. Keine sorgfältig geplante, als dringlich eingestufte Untersuchung wurde erarbeitet und übereinstimmend akzeptiert. Die wirtschaftliche Planung in bezug auf Krankenversorgung und andere Kosten, die im Zusammenhang mit der Epidemie in den nächsten zehn Jahren entstehen werden, ist absolut unzureichend. Und es bestehen erhebliche Meinungsunterschiede darüber, wie man die Bürgerrechte von Aids-Kranken, Aids-Infizierten und nichtinfizierten Menschen in Risikogruppen schützen und zugleich einer anderen gesetzlichen Pflicht genügen kann − nämlich für die Gesundheit der Gesamtbevölkerung zu sorgen.

Man kann leicht für die Freiheit des einzelnen eintreten, solange Gonorrhöe die schlimmste durch Geschlechtsverkehr übertragbare Krankheit ist, die im Lande grassiert. Penicillin ist hier ein ziemlich wirksames Heilmittel, und nur selten stirbt jemand an Gonorrhöe. Aber das Aidszeitalter wird unsere Gesellschaft mit viel schwierigeren Problemen konfrontieren − Problemen, die in ein paar Jahren wie eine Lawine aus schmerzlichen Erkenntnissen und Kosten über uns hinweggehen wird, wenn wir nicht heute damit anfangen, sorgfältig und vernünftig zu planen. Wir wollen in diesem Kapitel ein paar Vorschläge machen, wie man sich diesen Herausforderungen stellen kann.

## Aufklärung

Es kann kein Zweifel daran bestehen, daß ein intensives, umfassendes pädagogisches Aufklärungsprogramm wichtigster Bestandteil aller Bemühungen sein muß, die Ausbreitung der HIV-Infektion zu kontrollieren. Eine derartige Aufklärungskampagne kann jedoch nur dann etwas bewirken, wenn sie über die bloße Verbreitung von Tatsachen hinausgeht:

Läuft die Aufklärung nicht auf ein verändertes Sexualverhalten und eine erhebliche Reduzierung des gemeinsamen Gebrauchs von infizierten Nadeln und Spritzen hinaus, wird sie kaum einen nützlichen Beitrag zur Vorbeugung leisten. Um diese Veränderungen zu erreichen, muß die Aufklärung ebenso motivieren wie informieren. Leider waren die bisherigen Bestrebungen auf diesem Gebiet, wie das *Institute of Medicine* und die *National Academy of Sciences* es ausdrükken, »völlig unzureichend«.[1] Um dieser Situation abzuhelfen, gilt es, sofort eine Reihe von Maßnahmen zu ergreifen.

1. *Es muß ein umfassendes Aids-Curriculum (also ein Lehrplan zur Aids-Aufklärung) für den ausgedehnten Gebrauch an staatlichen Schulen entwickelt werden.* Wenn es Erfolg haben soll, muß ein derartiges Programm schon lange, bevor Jugendliche anfangen, sich sexuell zu betätigen oder Drogen zu nehmen, einsetzen. Das heißt, daß schulische Aufklärung über Aids nicht später als in der vierten oder fünften Klasse eingeführt werden sollte.[2] Während der Verständnisgrad bei älteren Schülern deutlich steigt, ist es bei jüngeren Schülern nötig, das Thema Aids-Vorbeugung in jedem Schuljahr zu wiederholen, um die Wirkung der Aufklärungsbestrebungen zu verstärken. Da die Aids-Aufklärung außerdem gleichzeitig Sexual- und Drogenaufklärung erfordert, wird man über Zeitpunkt und Inhalt einer übereinstimmenden Behandlung dieser Themen in allen öffentlichen Schulen nachdenken müssen. Wenn dieser Unterricht zudem keine deutliche, klare Erörterung sexuellen Verhaltens bietet − einschließlich einer offenen Diskussion über Homosexualität, Bisexualität, Geschlechtsverkehr, oralen und analen Sex, ist es unwahrscheinlich, daß die schulischen Aufklärungsbemühungen überhaupt etwas Positives bewirken.

2. *Es müssen Spezialaufklärungsprogramme auf die spezifischen Risikogruppen abgestimmt werden wie injizierende*

*Drogenabhängige, homosexuelle Männer, schwangere Frauen, Männer mit Sexualkontakten zu Prostituierten und Heterosexuelle, die mit wechselnden Partnern Geschlechtsverkehr haben.* Jede dieser Gruppen verlangt eine unterschiedliche Art der Ansprache in Stil, Inhalt und Intensität der Aufklärungsbemühungen. Wenn es bei der Aufklärung von Drogensüchtigen am dringlichsten sein mag, sie vom Austausch von Spritzen abzuhalten, so ist es ebenso wichtig, diese Gruppe dazu zu ermutigen, sich freiwillig einem HIV-Test zu unterziehen, und sie mit Informationen über die Risiken sexueller Übertragung zu versorgen. Bei der Aufklärung von schwangeren Frauen oder von Frauen, die eine Schwangerschaft planen, muß natürlich ein ganz anderer Schwerpunkt gesetzt werden. Werden die spezifischen Aufklärungsprogramme nicht auf die Bedürfnisse und demographischen Gegebenheiten von Zielgruppen zugeschnitten und auf eine Weise übermittelt, welche die anvisierte Gruppe auch erreicht, werden sie kaum von großer Wirksamkeit sein.

3. *So schnell wie möglich sollte in allen Medien eine breit angelegte allgemeine Aufklärungskampagne durchgeführt werden, um ein verantwortungsbewußtes Verhalten zu bewirken.* Diese Form der Aufklärungsbemühungen sollte ständig fortgesetzt werden. Gefragt ist die Hilfe von Drehbuchautoren und Produzenten, die dazu bereit sind, in ihren Shows oder Filmberichten zur Hauptsendezeit Warnungen über die Aids-Epidemie zu bringen. Wenn Schauspieler wie Michael J. Fox, Tom Cruise, Debra Winger und Molly Ringwald in ihrem Spiel innehielten, um über die Gefahren von Aids zu sprechen, bevor man mit einem neuen Sexualpartner ins Bett steigt, oder sogar andeuteten, daß es berechtigte gesundheitliche Gründe gäbe, nein zum Sex zu sagen, würde auf diese Weise den Zuschauern eine eindringliche Botschaft übermittelt werden − besonders den Teenagern und Jugendlichen. Ähnlich wäre es, wenn

man eine großangelegte Kampagne mit Zeitschriften-, Radio- und Fernsehinterviews starten würde (oder auch mit kurzen Einblendungen), in denen bekannte Sportler oder andere Berühmtheiten über die Gefahren und Fakten einer Ansteckung mit dem Aids-Virus diskutierten: Die Informationen würden viel bereitwilliger aufgenommen werden und mehr bewirken.

4. *Alle Colleges und Universitäten sollten ihren Studenten genügend Aufklärungs- und Beratungsstellen zur Aids-Vorbeugung zur Verfügung stellen.* Wie bereits erörtert, wissen viele Jugendliche und junge Erwachsene an den Colleges im ganzen Land nicht, daß sie in Gefahr sind, mit HIV infiziert zu werden. Da es bei diesen Studenten besonders wahrscheinlich ist, daß sie mit Sex und Drogen experimentieren, ist es dringend erforderlich, daß sich die medizinisch-therapeutischen Einrichtungen an den Colleges dafür einsetzen, die Infektion zu verhindern, und sich nicht erst damit befassen, wenn sie bereits erfolgt ist. Wir empfehlen, allen Studienanfängern schriftliches Material an die Hand zu geben und sie zu verpflichten, mindestens ein zweistündiges Seminar über Aids-Vorbeugung zu besuchen, entweder während der ersten Unterrichtswoche oder schon in der Orientierungsphase, ehe der Unterricht offiziell beginnt. Ideal wäre es, das ganze Jahr über regelmäßig zusätzliche Veranstaltungen zu dem Thema zu machen, damit die Informationen nicht gänzlich vergessen werden. Auch möchten wir nachdrücklich empfehlen, daß einige Colleges gemeinsam, möglicherweise mit der Unterstützung einer bereits bestehenden pädagogischen Organisation, einen Satz Unterrichtsmaterial einschließlich von Videofilmen vorbereiten, das genau auf die Studenten jedes einzelnen Colleges abgestimmt ist.

5. *Allgemeinärzte sollten eine aktive Rolle dabei übernehmen, Patienten über die Risiken einer HIV-Infektion aufzuklären*

*und über die Möglichkeiten, sich dagegen zu schützen.* Bevor dies mit Erfolg geschehen kann, müssen die Ärzte selbst auf dem letzten Stand über die Fakten von HIV-Übertragung und -Untersuchungen sein. Leider sind viele Ärzte wenig über die Aids-Epidemie informiert, und es sieht nicht so aus, als würde sich dieser Zustand in nächster Zukunft bessern, wenn nicht eine Bundesbehörde wie die CDC oder der *Public Health Service* (vielleicht in Zusammenarbeit mit einer Organisation wie der *American Medical Association*) gemeinsame Anstrengungen unternehmen, um auf diesem Gebiet eine kontinuierliche und gründliche medizinische Aufklärung zu betreiben. Dies könnte entweder durch die Produktion einer Serie von Videobändern geschehen, die man an alle Krankenhäuser, Kliniken, medizinischen Institute und praktischen Ärzte im Land verteilt, oder aber durch ein in vielen Städten über Satellit ausgestrahltes Aufklärungsprogramm. Solch ein Projekt wäre zwar sehr teuer, doch wäre das Ergebnis außerordentlich hilfreich bei den gemeinsamen Bestrebungen, Aids vorzubeugen − vor allem, weil Ärzte vermutlich am besten in der Lage sind zu beurteilen, welche Personen sich auf Aktivitäten einlassen, die eine große Gefahr der HIV-Infizierung mit sich bringen, und die entsprechenden Ratschläge zu geben.

6. *Um die gesamten Aufklärungsbestrebungen zu koordinieren und zu ergänzen, sollte im U.S. Department of Health and Human Services eine Sonderabteilung geschaffen werden, wie es das Institute of Medicine und die National Academy of Sciences[3] empfohlen haben; diese Abteilung braucht umfangreiche finanzielle Unterstützung und weitreichenden Befugnisspielraum.* Ohne ein einheitliches, staatlich geregeltes Vorgehen wird Aufklärung nur wenig dazu beitragen, die Ausbreitung der Epidemie einzudämmen. Das bedeutet in der Praxis, daß man für eine derartige Kampagne unbedingt auf die Mitarbeit von Experten aus der

Werbung, den Medien und dem Erziehungsbereich ange-
wiesen ist. Das wichtigste der Kampagne aber liegt in der
Deutlichkeit und Genauigkeit der angeratenen Vorbeuge-
maßnahmen. Warnungen, »unsicheren Sex« zu vermeiden,
sind zu vage, um viele Leute zu beeinflussen: Es ist notwendig, viel präziser zu sagen, was getan werden sollte.
Ebenso unverantwortlich ist es, so zu tun, als würden
Kondome sicheren Sex garantieren, während sich in Wirklichkeit alle Fachleute für Gesundheitsfragen darüber im
klaren sind, daß dies nicht der Wahrheit entspricht.

In der abschließenden Analyse kommen wir zu der Überzeugung, daß − auch wenn Aufklärung von erheblicher Bedeutung ist, um Menschen vor der Aids-Epidemie an sich zu
warnen und Mißverständnissen und instinktiven Abwehrreak-
tionen vorzubeugen, die zu einer ungerechtfertigten Diskriminierung von Aids-Patienten führen − Aufklärung allein nicht
ausreicht, um die ständig fortschreitende Ausbreitung der
HIV-Infizierung einzudämmen. Unserer Ansicht nach ist das
Ziel der Vorbeugung in diesem Jahrhundert nicht mehr zu
erreichen, wenn die Bemühungen um Aufklärung nicht durch
eine Reihe von anderen Untersuchungs-, Beratungs- und
Forschungsprogrammen unterstützt wird.

## Forschung

Wir glauben, daß die Summe der von der amerikanischen
Bundesregierung und den einzelnen Staaten für die Aids-
Forschung bereitgestellten Gelder bei weitem zu niedrig ist,
um die erforderlichen Maßnahmen ergreifen zu können. Es
gibt eine Reihe von wichtigen Versuchen auf biomedizini-
schem Gebiet, auf die sofort und intensiv zurückgegriffen
werden muß, und es bedarf dringend einer zentralen
Behörde, die ein gemeinsames Handeln koordiniert. Da diese
Punkte bereits vom *Institute of Medicine* und der *National*

*Academy of Sciences*[4] sehr genau dargestellt worden sind, wollen wir hier nicht weiter darauf eingehen. Einige Bereiche der angewandten Forschung jedoch, die wir gerade jetzt für besonders notwendig halten, sollen kurz erwähnt werden.

● Eine großangelegte nationale Repräsentativumfrage sollte erstellt und ausgewertet werden, um genauere Zahlen über die Verbreitung von HIV-Infektionen zu ermitteln, als sie zur Zeit zur Verfügung stehen, und um eine Wechselbeziehung zwischen HIV-Status, Sexualverhalten, Drogenkonsum und gleichzeitig auftretenden, besonders durch Geschlechtsverkehr übertragenen Krankheiten erkennen zu können.

● Es sollten mehrere größere Projekte zur Feststellung *der* Aufklärungsstrategien durchgeführt werden, die am geeignetsten sind, das Risikoverhalten der verschiedenen Bevölkerungsgruppen wie zum Beispiel der Teenager, rassischen Minderheiten, von Personen, die Drogenmißbrauch betreiben, Bisexuellen und anderen zu reduzieren.

● Es müssen zukunftsweisende epidemiologische Untersuchungen über Paare gestartet werden, bei denen der Zeitpunkt der HIV-Infizierung ziemlich exakt bestimmt werden kann, um genauere Daten über die spezifischen Risiken der Übertragung zu erhalten, die mit den einzelnen Formen sexueller Praktiken verbunden sind.

● Geschlechtsspezifische Unterschiede in der Entwicklungsgeschichte der HIV-Infektion einschließlich möglicher Unterschiede bezüglich des Ausmaßes von Übertragung und Verbreitung der Infizierungen müssen aufs sorgfältigste untersucht werden.

## Spezialprogramme für Drogenabhängige

Angesichts der wachsenden Zahl von HIV-Infektionen unter den Drogensüchtigen im Land ist es dringend erforderlich, jetzt aktiv zu werden und den gemeinsamen Gebrauch von Nadeln einzuschränken. Um dies zu erreichen, halten wir es für das beste, die Anzahl und Intensität von Methadon-Behandlungen in den Großstädten erheblich zu erhöhen. Dies erfordert zwar vom Bund, den einzelnen Staaten und den Städten große Summen, doch die mangelnde Bereitschaft, sofort zu handeln, würde in circa vier bis fünf Jahren zu einer schwindelerregenden Kostenexplosion führen mit der entsprechend nach oben schnellenden Anzahl von Aids- und ARC-Kranken.

Natürlich werden die Methadon-Programme nicht alle Rauschgiftsüchtigen erreichen. Daher ist es genauso wichtig, Teams aus ehemals Abhängigen zu bilden, die mit dem Jargon und den Problemen der Drogenszene und den Ausreden, zu denen Drogensüchtige neigen, vertraut sind und weitgreifende Hilfsprogramme durchführen, in denen sie möglichst vielen Abhängigen beibringen, wie und warum sie ihre Nadeln und Spritzen sterilisieren sollen. Das ist gewiß keine Lösung des Problems, aber da Drogen derzeit anscheinend ein nahezu fester Bestandteil unserer Kultur sind, ist es eine Maßnahme, die dazu beiträgt, Leben zu retten.*

## Bürgerrechtsfragen

Verschiedene Organisationen zur Wahrung der bürgerlichen Freiheiten sowie Gruppierungen, die für die Rechte von Homosexuellen eintreten, haben sich äußerst bestürzt über

---

* In der Bundesrepublik Deutschland verfolgt man mit dem Pilotprogramm der Verteilung von Wegwerf-Spritzen an Süchtige ein vergleichbares Ziel. (Anm. d. Verl.)

die in der Öffentlichkeit herrschende Stimmung gezeigt, wenn es um das Thema Aids geht. Wir haben nicht vor, hier auf die ganze Reichweite dieser Probleme einzugehen – wie etwa auf so unterschiedliche (und wichtige) Fragen wie die Entscheidung, wann, falls überhaupt, es angemessen ist, infizierte Kinder vom öffentlichen Schulunterricht auszuschließen, oder ob es sich mit dem Berufsethos von Ärzten verträgt, sich zu weigern, Aids-Patienten zu behandeln, oder wie sich Arbeitgeber gegenüber Aids-infizierten Arbeitnehmern verhalten sollen. Doch wir wollen auf bestimmte Aspekte der Bürgerrechtsproblematik eingehen, die in direkter Beziehung stehen mit den sozialpolitischen Empfehlungen, die wir am Ende dieses Kapitels geben werden.

Eines der herausragendsten Probleme ist die Diskrepanz, die zwischen der Notwendigkeit, HIV-Untersuchungen durchzuführen und der angelsächsischen Rechtstradition besteht, die dem Individuum ein hohes Maß an persönlicher Freiheit zubilligt, vor allem im sexuellen Bereich.[5] Kritikern von Pflichtuntersuchungen geht es vor allem um den Umstand, daß die Vertraulichkeit der Testergebnisse nicht immer gewährleistet werden kann. Solche Befürchtungen sind sicher berechtigt. Zum Beispiel können Untersuchungsergebnisse per Gerichtsbeschluß angefordert werden. Außerdem können sie von skrupellosen Menschen zu Zwecken der Erpressung mißbraucht werden. Es besteht immer die Gefahr, daß angeblich vertrauliche Untersuchungsergebnisse verlorengehen könnten, wie es tatsächlich in Washington, D. C. geschehen ist, wo Aufzeichnungen mit den Namen von 500 Personen, die einer Aids-Untersuchung unterzogen worden waren, entweder verlorengingen oder gestohlen wurden.[6] Schließlich besteht von Beginn an die Sorge, daß, wenn umfassende Listen über HIV-infizierte Personen von den staatlichen Gesundheitsbehörden zusammengestellt werden, diese letzten Endes von anderen Regierungsstellen dazu benutzt werden können, verschiedene unliebsame politische Aktivitäten durchzuführen. Daß diese Furcht nicht gänzlich unbegründet ist, läßt sich an einer Anweisung des US-Verteidigungsministeriums ablesen, die die staatlichen Blutbänke dazu auffordert, die Namen von Personen im aktiven Dienst preiszugeben, deren Blutspende-Untersuchung HIV-positiv verlief.[7]

Diese Besorgnis hinsichtlich der Vertraulichkeit ist berechtigt. Wird der seropositive Zustand eines Menschen bekannt, besteht die Möglichkeit, daß man ihm den Versicherungsschutz verweigert, er entlassen oder aus einem gemieteten Haus vertrieben wird, daß ihm in Scheidungsprozessen der Verlust des Sorgerechts droht oder er sogar physisch attakkiert wird. Trotz der Möglichkeit solcher negativen Folgen muß man sich jedoch darüber im klaren sein, daß Pflichtuntersuchungen und andere Formen der Untersuchung völlig legal und verfassungsgemäß sind. Wie es ein kürzlich unter der Leitung des *Yale AIDS Law Project* verfaßtes Buch formuliert:

. . . sind Untersuchungen durch die öffentlichen Gesundheitsämter von den Gerichten traditionell als ein wirksamer Beitrag zur allgemeinen Gesundheit der Bürger akzeptiert worden. Wenn der Oberste Gerichtshof einerseits die Bedeutung erkannt hat, die Vertraulichkeit medizinischer Daten zu wahren, so hat er auch deutlich gemacht, wie groß sein Vertrauen in den von den herkömmlichen Gesundheitsgesetzen gewährleisteten Persönlichkeitsschutz ist.[8]

Geht man von dieser Darlegung aus, so ist es recht und billig festzustellen, daß die Vertraulichkeitsproblematik weitgehend eine Frage der Perspektive ist. In der Tat erfüllen die bestehenden Gesundheitsgesetze über die vertrauliche Behandlung medizinischer Untersuchungsergebnisse alle in der Verfassung verankerten Forderungen zum Persönlichkeitsschutz. Das mag zum Teil der Grund dafür sein, daß sich die Verfechter der bürgerlichen Grundrechte auffallend wenig zur vertraulichen Behandlung von HIV-Testergebnissen, die routinemäßig bei den Untersuchungen von Blutspenden anfallen, geäußert haben. (Blutbänke führen nicht nur Computerlisten über Personen, deren Test positiv verlief, sondern tauschen diese Informationen auch mit anderen Blutbänken aus.) Wenn es hierbei Institutionen gelungen ist, die Vertraulichkeit einigermaßen zu wahren, warum sollte dies bei öffentlichen Gesundheitsprogrammen nicht mindestens ebenso gut möglich sein?

Ein anderer Aspekt des Bürgerrechtsproblems betrifft Personen, die untersucht wurden und ein falsch-positives Resultat erhalten haben (also eines, das sie als Aids-infiziert ausweist, obwohl sie es gar nicht sind). Man könnte einwenden, daß Personen, die sich freiwillig einem Test unterziehen, von vornherein wissen, daß sich bei derartigen Untersuchungen stets eine kleine, aber signifikante Zahl falsch-positiver Resultate ergibt; mit anderen Worten, wenn sie also einem solchen Test zustimmen, sind sie auch bereit, dieses Risiko einzugehen. Obwohl sie die negativen Auswirkungen eines solchen Irrtums zu spüren bekommen werden, kann man nicht davon ausgehen, daß ihre bürgerlichen Grundrechte verletzt worden sind. Für diejenigen jedoch, die nicht freiwillig untersucht werden, sind das Stigma, das psychische Trauma und andere schwerwiegende Komplikationen (zum Beispiel, wenn eine Frau daraufhin auf eine Schwangerschaft verzichtet oder falls sie schwanger ist, sich zu einer Abtreibung entschließt) unermeßlich und bedeuten eine direkte Verletzung der bürgerlichen Rechte, ganz offenbar als Nebenprodukt einer gesetzlichen Maßnahme. In einem Land, in dem die Sorge um die Wahrung der Privatsphäre in sexuellen Dingen so groß ist, »daß eine fälschliche Beschuldigung, jemand habe eine Geschlechtskrankheit, zur Erlangung von finanziellem Schadensersatz wegen übler Nachrede oder Verleumdung führen kann«, und wo der Oberste Gerichtshof von Kalifornien die Klage gegen ein Krankenhaus zuließ, das irrtümlicherweise bei einer Frau eine Syphilis diagnostizierte,[9] kann das Ausmaß der Wirkung, die Tausende solcher falsch-positiven Resultate hätten, keinesfalls auf die leichte Schulter genommen werden. (Weiter unten in diesem Kapitel werden wir Vorschläge machen, wie man dieser Situation entgegenwirken kann.)

Nichtsdestotrotz ist es ebenso klar, daß die Aids-Epidemie Millionen von Menschenleben fordern kann. Vor allem, wenn man die derzeit ziemlich düsteren Aussichten auf einen Impfstoff oder eine Heilung berücksichtigt,[10] erscheint es von höchster Wichtigkeit, vernünftige, systematische Anstrengungen zu unternehmen, um die Verbreitung des Virus einzudämmen. Wir sind der Ansicht, daß die von uns empfohlenen Programme zur Testung, Berichterstattung und zur Erfassung ansteckungsverdächtiger Personen alles in allem mehr dazu dienen, die Bürgerrechte zu *schützen* als sie zu schwächen. Unter der besonderen Berücksichtigung aller Schutzmaßnahmen, die einen möglichst hohen Grad an Vertraulichkeit garantieren − und zwar von seiten des Gesetzgebers, der Verwaltung öffentlicher Gesundheitsämter und der Untersuchungslabors −, und durch weitere Verbesserungen der Testverfahren zwecks der Verminderung von falsch-positiven Befunden (die zur Zeit angeblich 1 von 10 000 ausmachen)[11] kann man die Eingriffe in die bürgerlichen Freiheiten auf ein Minimum reduzieren, die Kontrolle über eine tödliche Krankheit dagegen, die sich als die schlimmste menschliche Katastrophe dieses Jahrhunderts erweisen könnte, erheblich verbessern.

Im Zusammenhang mit dem Thema Bürgerrechte sollte man auf zwei besondere Fälle hinweisen, bei denen wir es für vollkommen unangebracht halten, auf bürgerliche Rechte zu pochen. Es ist erstaunlich und beunruhigend zu erleben, daß an zahlreichen Orten, so auch in New York, noch immer homosexuelle Badeanstalten in Betrieb sind.[12] Das Hauptargument derer, die für die weitere Öffnung dieser Badeanstalten eintreten, ist, sie würden als Aufklärungszentren dienen und ein Publikum erreichen, das sonst nie etwas von den Warnungen der öffentlichen Gesundheitsbehörden vor gefährlichem Sexualverhalten erführe. Diese Auffassung von Badeanstalten als Lern- und Aufklärungseinrichtungen ist vollkommen unsinnig, da Homosexuelle diese bekanntlich schon seit langem vorrangig als Treffpunkt für anonyme sexuelle Begegnungen nutzen.[13] In Wirklichkeit sind trotz der regelmäßig wiederkehrenden Behauptungen des Gegenteils in der Presse gefährliche Sexpraktiken (analer Geschlechtsverkehr und oraler Sex ohne den Gebrauch von Kondomen) die wesentlichen Aktivitäten, die in den Privatkabinen dieser Badeanstalten stattfinden, und die Hauptgründe, sie offenzuhalten, sind wirtschaftlicher, nicht philosophischer Natur.[14]

Noch weitaus mehr Menschen sind dem Risiko ausgesetzt durch die stets zur Verfügung stehenden Prostituierten in den meisten Großstädten. Da mittlerweile eine große Anzahl von Prostituierten Überträger des Aids-Virus sind,[15] ist es schwer zu verstehen, warum überhaupt jemand ihre Dienste in Anspruch nehmen will, aber die Nachfrage ist eindeutig groß. Unter den bestehenden Umständen scheint es wichtig einzusehen, daß – wenigstens unter den gegebenen Umständen – Prostitution wirklich kein »Verbrechen ohne Opfer« ist, und mit Nachdruck auf eine Maßregelung der Prostitution von seiten der Regierung zu drängen. Auch wenn wir sicherlich Mitleid empfinden mit der wirtschaftlichen Misere der Prostituierten, die dann ihren Lebensunterhalt nicht mehr in ihrem erwählten Beruf verdienen können, sollte uns dieses Mitleid nicht dazu verleiten, anders zu verfahren, als wenn wir einem Piloten, dessen Gesundheitszustand das Leben von Passagieren gefährden würde, die Flugerlaubnis entziehen. Es gibt wahrhaftig in den USA wie im Ausland mehr als genug Dokumentationen darüber, daß die Kontrolle der Prostitution einen wesentlichen Schritt innerhalb der Bemühungen darstellt, die Verbreitung der durch Sexualkontakt übertragenen Krankheiten zu verlangsamen.[16]

170

# HIV-Pflichtuntersuchungen spezieller Bevölkerungsgruppen

Pflichtuntersuchungen auf HIV-Antikörper sind bereits bei mehreren Bevölkerungsgruppen vorgenommen worden: bei Blutspendern, amerikanischen Militärbediensteten und Rekruten, Gefangenen in staatlichen Gefängnissen und Einwanderern.[17] Diese Untersuchungen haben einen dreifachen Zweck. Sie ermöglichen die Erstellung epidemiologischer Daten, die dazu dienen, den üblichen Verlauf von HIV-Infizierungen festzuhalten, und sind nötig zu der Planung für kommende Entwicklungen. Sie haben vorbeugende Funktion, da sie infizierte Personen identifizieren und sie darüber beraten, wie sie es vermeiden, die Infektion auf andere Personen zu übertragen. (Die Untersuchung von Blutspendern stellt natürlich eine ganz andere Kategorie der Vorbeugung dar, da sie die infizierte Blutmenge reduziert, die in die nationale Blutversorgung eingeht.) Außerdem können Testprogramme eine Möglichkeit darstellen, die Sex- und Drogenkontakte infizierter Personen herauszufinden, und so zu der Entdeckung weiterer Infizierungsfälle und damit zu der Chance führen, nichtinfizierte Personen zu beraten, deren Verhalten sie anfällig für Infektionen macht.

Wir sind der Überzeugung, daß die HIV-Pflichtuntersuchungen jetzt auf weitere Bevölkerungsgruppen ausgedehnt werden sollten, ehe die Verbreitung der HIV-Infektion immer mehr steigt. Bei diesen Gruppen handelt es sich um: 1. schwangere Frauen; 2. alle Personen zwischen 15 und 60 Jahren, die in ein Krankenhaus eingeliefert werden; 3. Personen, die der Prostitution überführt sind, und 4. alle Personen, die eine Ehelizenz beantragen.

Die Untersuchung schwangerer Frauen ist besonders zwingend. Da es zunehmend Beweise dafür gibt, daß die Infizierung mit dem Aids-Virus sich auch unter Heterosexuellen verbreitet hat,[18] da es zudem offensichtlich ist, daß die Infektion bei Frauen am häufigsten in ihren fruchtbaren Jahren auftritt,[19] und da schließlich 50 Prozent oder mehr aller von infizierten Frauen geborenen Kinder mit dem Aids-Virus infiziert sein werden,[20] wäre es medizinisch nicht zu verantworten, auf solche Pflichtuntersuchungen zu verzichten. Die Dringlichkeit der Situation zeigt sich an den Ergebnissen mehrerer Gutachten über schwangere Frauen. In Massachusetts, wo das *State Department of Health* von Dezember 1986 bis April 1987 Blutproben von 14 699 Neugeborenen untersuchte, fand man heraus, daß von 100 000 schwangeren Frauen 230 HIV-infiziert waren[21] − ein Prozentsatz, der etwa viermal so hoch ist wie der bei weiblichen Rekruten. In einer Entbindungsklinik in Jacksonville/Florida, einer Stadt, die nicht eben für hohe Aids-Raten bekannt ist, ergab eine freiwillige Untersuchung eine Verbreitungsrate von 670 HIV-Antikörper-Seropositiven bei 100 000 schwangeren Frauen.[22] Und in einem städtischen Krankenhaus im Stadtkern von New York ermittelte eine neuere Studie, daß von 602 Schwangeren 12 seropositiv waren,[23] was einer Verbreitungsrate von etwa 2 000 pro 100 000 entspricht. Diese Studie zitierte auch bisher unveröffentlichte Daten aus dem Bellevue Hospital in New York, die eine Seropositiv-Rate von 3,7 Prozent − 3 700 von 100 000 − bei Frauen belegten, die gerade entbunden hatten.

Auch wenn es sicher stimmt, daß viele seropositive Frauen sich dazu entschließen, ihr Kind auszutragen, statt einen Schwangerschaftsabbruch vornehmen zu lassen,[24] halten wir es für richtig, daß jede so infizierte Frau diese Möglichkeit der Wahl bekommt − und sie bekommt sie nur, wenn schon rechtzeitig während der Schwangerschaft ein Test auf HIV-Infektion durchgeführt wird. Zugleich wenden wir uns entschieden gegen jeden Versuch des Gesetzgebers, schwangere infizierte Frauen zur Abtreibung zu zwingen oder infizierten Frauen eine Schwangerschaft zu verbieten, und sei es auch nur aus dem Grund, daß 50 Prozent der Kinder dieser Frauen *ohne* Infektion zur Welt kommen.

Pflichtuntersuchungen für alle Personen im Alter von 15

bis zu 60 Jahren* bei der Aufnahme in ein Krankenhaus wären aus vielen Gründen sinnvoll. Mehrere wissenschaftliche Untersuchungen über einzelne Gruppen von Krankenhauszugängen und Notaufnahmepatienten haben bereits eine unerwartet hohe Verbreitung der HIV-Infektion ans Licht gebracht.[25] Zwangsuntersuchungen würden die so dringend benötigten epidemiologischen Informationen liefern, um über die Entwicklung der HIV-Infizierung in der breiten Öffentlichkeit Aufschluß zu geben, was wiederum von großer Bedeutung für die Planungen im öffentlichen Gesundheitswesen wäre. Derartige Untersuchungen würden auch wichtige medizinische Erkenntnisse für die angemessene Pflege jedes einzelnen Patienten beisteuern. Zum Beispiel könnten mit dem HIV-Virus infizierte Patienten Antireaktionen auf bestimmte Impfstoffe zeigen oder anstelle der üblicherweise verabreichten Kost eine besondere Diät nötig haben.[26] Weiter ist es wichtig, zu vermeiden, daß HIV-infizierte Personen, deren Immunität vermutlich geschwächt ist, mit anderen Patienten, die an einer ansteckenden Krankheit leiden, zusammenkommen. Für das Engagement, Patienten mit einer HIV-Infektion ausfindig zu machen, bestehen also fundierte medizinische Gründe, die mit der Behandlung und dem Wohlergehen dieser Kranken zu tun haben.

Da HIV außerdem durch den Hautkontakt mit Körperflüssigkeiten von infizierten Personen übertragen werden kann,[27] ist es unerläßlich, Pfleger und weiteres Krankenhauspersonal (zum Beispiel Stationshilfen; Küchenhilfen, die gebrauchtes Geschirr, Tabletts und Eßbesteck abräumen; Wäschereiarbeiter, die mit schmutzigem Bettzeug in Berührung kommen) vor den Gefahren der Infizierung zu warnen (die natürlich für Mitglieder von OP-Teams oder Personen, die Injektionen

---

* Diese Altersspanne umfaßt gegenwärtig die größte gefährdete Personenzahl; wenn sich jedoch erst einmal die Ausgaben für ein solches Programm als sinnvoll erwiesen haben und mehr epidemiologische Erkenntnisse zur Verfügung stehen, könnte es sich als wirksam erweisen, die Altersspanne zu erweitern oder sogar alle Krankenhauszugänge zu untersuchen.

173

oder ähnliches verabreichen, noch weitaus größer sind). Es ist sicher jedem klar, der sich mit den gegenwärtigen Praktiken in den meisten Krankenhäusern auskennt, daß die von den CDC angeordneten Richtlinien über Vorsichtsmaßnahmen bezüglich des Kontakts mit der Körperflüssigkeit von Patienten nur von einem kleinen Teil des Personals konsequent befolgt werden. Man kann sich auch unschwer den Fall vorstellen, daß ein Patient, der ein Zweiter-Klasse-Zimmer mit jemandem teilt, dessen HIV-positiv-Status noch unerkannt ist, aus Versehen Zahnbürste oder Rasierapparat des Infizierten benutzt oder durch seine Hilfsbereitschaft mit dem infizierten Blut oder Speichel in Berührung kommt – etwa wenn er beim Wechsel einer Bandage hilft oder das Gesicht des Kranken mit einer Serviette abwischt.

Im Hinblick auf Pflichtuntersuchungen bei Krankenhausaufnahmen ist es wichtig festzuhalten, daß seit den späten dreißiger Jahren Aufnahme-Verordnungen praktisch jedes Krankenhaus in den Vereinigten Staaten regelmäßig anwiesen, alle Patienten, gleich welchen Alters, auf Syphilis zu untersuchen. (Diese Forderung wurde zeitweise so strikt gehandhabt, daß, wenn ein Patient einen Tag nach seiner Aufnahme aus dem Krankenhaus entlassen und nur ein paar Tage später wieder aufgenommen wurde, es nötig war, den Test zu wiederholen.) Während Krankenhäuser und Ärzte freiwillig mit diesem Programm begannen, um so die – wie sie damals bezeichnet wurde – Geschlechtskrankheit unter Kontrolle zu bekommen, boten die Labors der staatlichen Gesundheitsämter unbegrenzt kostenlose Blutuntersuchungen an.[28] Das Programm war, in Verbindung mit anderen Pflichtuntersuchungen, so erfolgreich bei der Reduzierung der Verbreitung von Syphilis, daß die *American Hospital Association* im Jahre 1955 auf die routinemäßige serologische Untersuchung als Voraussetzung für die Krankenhausaufnahme verzichtete, wenngleich der Großteil der Krankenhäuser und Ärzte weiterhin praktisch alle Aufnahmepatienten und Neuzugänge wie bisher untersuchten.[29] Die Tests, die für

174

diese Untersuchungen benutzt wurden, ergaben eine nicht unbeträchtliche Zahl von falsch-positiv-Resultaten (weitaus mehr als bei den HIV-Antikörper-Tests), aber diese Pflichttests stellten anscheinend keinerlei Gefahr für irgend jemandes Bürgerrechte dar und führten auch nicht zu größeren Verstößen gegen das Patientengeheimnis.

Die Logik von Pflichtuntersuchungen bei Personen, die nachweislich der Prostitution nachgehen, sollte zwingend sein. Bereits jetzt gibt es hohe Raten von HIV-infizierten Prostituierten in vielen größeren amerikanischen Städten.[30] Man kann sich nur schwer eine Bevölkerungsgruppe denken, in der das Risiko sexueller Übertragung größer ist, denn die meisten Prostituierten haben im Verlauf eines Jahres eine erstaunlich hohe Zahl von Kunden. Wie in einem der vorhergehenden Kapitel erwähnt, ist außerdem eine ziemlich große Zahl von Prostituierten drogenabhängig, was bedeutet, daß sie das Virus vermutlich durch den gemeinsamen Gebrauch von infizierten Nadeln und Spritzen übertragen. Es wäre absurd, bei dieser Personengruppe keine Pflichtuntersuchungen durchzuführen; denn schließlich, wenn eine Prostituierte oder ein Strichjunge verhaftet, vor Gericht gestellt und überführt worden ist (oder sich schuldig bekennt), ist die Geheimhaltung der Tatsache, daß er oder sie Prostitution betrieben hat, ohnehin längst aufgehoben.

## Voreheliche HIV-Pflichtuntersuchungen

Eine der am heftigsten umstrittenen möglichen öffentlichen Maßnahmen zur Eindämmung der Aids-Epidemie ist die Zwangsuntersuchung von Brautpaaren auf nationaler Ebene. Von den verschiedenen Einwänden gegen ein solches Verfahren ist der zwingendste praktischer Natur, nämlich daß es eine unwirksame, sinnlose Verschwendung von Geldern sei. Zu genau diesem Ergebnis kam Ende 1987 eine Arbeitsgruppe der *Division of Health Policy Research* an der Harvard-Uni-

**Tabelle 9.1**
**Anzahl der Personen, die im Jahre 1982 heirateten**

| Altersstufe (Jahre) | Frauen | Männer |
|---|---|---|
| 14–17 | 84 943 | 12 818 |
| 18–19 | 255 254 | 119 652 |
| 20–24 | 685 773 | 632 089 |
| 25–29 | 395 910 | 477 761 |
| 30–34 | 201 921 | 258 802 |
| 35–44 | 171 884 | 228 931 |
| 45–64 | 98 706 | 148 767 |
| ≥ 65 | 18 293 | 33 864 |
| Gesamt | 1 912 684 | 1 912 684 |

*Quelle:* U.S. Department of Health and Human Services, *Vital Statistics of the United States:* 1982, 3, *Marriage and Divorce.* Diese Daten dienen als Basis für die von der Harvard Study Group durchgeführte Untersuchung: *Compulsory Premarital Screening for the Human Immunodeficiency Virus: Technical and Public Health Considerations,* in: *Journal of the American Medical Association* 258: S. 1757–62, 1987.

versität.[31] Wegen der Bedeutung des Problems wollen wir die Einzelheiten der von der *Harvard Study Group* erstellten Analyse zusammenfassen und mit einer kritischen Erörterung ihrer Berechnungen und Schlußfolgerungen ergänzen (zu den statistischen Grundlagen und Berechnungen unserer Kritik vgl. Anhang C).

Das Harvard-Team ging von den Bevölkerungsstatistiken der US-Regierung für das Jahr 1982 aus, mit 1 912 684 in den USA registrierten Eheschließungen (Tabelle 9.1). Aufgrund der Verbreitungszahlen von verschiedenen Blutspenderuntersuchungen nahmen sie an, »daß bei Männern zwischen 18 und 45 die Quote der HIV-Infizierten bei 70 von 100 000, bei allen anderen bei 7 von 100 000« liege.[32] Weiterhin nahmen sie an, daß die Zuverlässigkeit und spezifische Wirksamkeit des ELISA-Tests auf HIV-Antikörper 98,3 Prozent beziehungsweise 99,8 Prozent betrage, während der Western-Blot-Test (zur Überprüfung aller Personen mit wiederholt ELISA-positiven Resultaten) eine Zuverlässigkeitsrate von 92 Prozent und eine Spezifität von 95 Prozent aufweise. Sie nahmen auch an, daß 60 Prozent der Brautpaare vorehelichen Geschlechtsverkehr betrieben hätten, bevor sie untersucht wurden, und daß, wenn ein Partner mit dem Aids-Virus infiziert war, die Rate sexueller Übertragung auf den anderen, bisher nichtinfizierten Partner bei 10 Prozent liege.

Ausgehend von diesen Annahmen, schätzte das Harvard-Team, daß bei etwa 1200 Personen ein bis dahin nicht erkannter seropositiver Status als Ergebnis von 3,8 Millionen ELISA-Tests bei vorehelichen Untersuchungen entdeckt würde, ergänzt durch 10 000 Western-Blot-Tests zu dem Zweck, die Ergebnisse zu bestätigen. Sie stellten fest, daß diese Tests etwa 23 Millionen Dollar kosten würden und notwendigerweise durch Beratungsprogramme ergänzt werden müßten, die nochmals über 100 Millionen Dollar erforderlich machten. Bei der Gegenüberstellung von Ausgaben und Ergebnissen kamen sie zu dem Schluß, daß das Programm vollkommen ineffektiv sei. Wir stimmen dem allgemeinen Rahmen ihrer Analyse zu, nicht aber der Schlußfolgerung, da wir aufzeigen können, daß einige der Behauptungen, auf denen sie aufbaut, einigermaßen anfechtbar sind.

Ein Schlüsselproblem ist die Ausgangsposition der Harvard Study Group, die Verbreitung der HIV-Infizierung bei Personen, die heiraten wollen, sei identisch mit der von Blutspendern. Diese Annahme ist aus mehreren Gründen falsch. Erstens waren 46,8 Prozent der Personen, die 1982 heirateten, in der Gruppe der 14- bis 24jährigen. Das unterscheidet sich erheblich von der Altersverteilung bei den Blutspendern. Zweitens ist es allgemein bekannt, daß es Personen, die an Hepatitis B erkrankt waren oder Träger des Hepatitis-B-Virus sind, nicht erlaubt ist, Blut zu spenden. Da homosexuelle Männer und Drogenabhängige – die beiden Personenkreise, in denen das Vorkommen der Hepatitis-B-Virus-Infektion am größten ist[33] – über dieses Verbot zumeist informiert sind, verzichten viele von ihnen freiwillig darauf,

177

Blut zu spenden, was zwangsläufig die bei dem Blutspender-Screening festgestellte Verbreitungsrate von HIV-Infizierungen im Vergleich zur Bevölkerung insgesamt senkt. (Dieser Effekt mag sich in den letzten Jahren deutlich verstärkt haben, nachdem homo- oder bisexuelle Männer erfahren haben, daß die Blutbänke sofort jeden ausschließen, der zugibt, gleichgeschlechtlichen Verkehr zu haben.) Drittens ist es unwahrscheinlich, daß schwangere Frauen Blutspender sind, während eindeutig eine signifikante Zahl von Schwangeren Aids-infiziert ist[34] und man auch viele Schwangere in der Gruppe derer findet, die um eine Heiratserlaubnis nachsuchen, wie die Harvard Study Group einräumt.[35]

Zumindest hätte das Harvard-Team die Prävalenzwerte der US-Militär-Untersuchungen benutzen und sie auf ihre jüngeren Personen, die fast die Hälfte der hypothetisch angenommenen Bevölkerung ihres Modells ausmachen, anwenden sollen: Diese Zahlen, die auf der Untersuchung von mehr als 3 Millionen Menschen basieren, und zwar von Rekruten und aktivem Personal, ergaben eine Rate von 160 Infizierten je 100 000 bei den Männern und 60 pro 100 000 bei den Frauen.[36] Doch auch diese Statistiken geben wahrscheinlich die tatsächliche Verbreitung in der Gesamtbevölkerung und in der Gruppe, die eine Heiratslizenz beantragt, zu gering an, da homo- und bisexuelle Männer zwar abgeschreckt werden, in die Armee einzutreten, aber doch zu einem beträchtlichen Teil heiraten. Auch wenn diese Behauptung auf den ersten Blick überraschend erscheinen mag – das Forschungsbeweismaterial, ist überwältigend. Zum Beispiel berichteten Bell und Weinberg, daß 20 Prozent der weißen homosexuellen Männer (N = 575) und 13 Prozent der schwarzen homosexuellen Männer ihrer Auswahlpersonen (N = 111) verheiratet waren.[37] Andere Studien kamen zu vergleichbaren Ergebnissen.[38] Ähnlich unwahrscheinlich ist es, daß viele Drogensüchtige, ob männlich oder weiblich, sich beim Militär verpflichten, doch es gibt eindeutig Drogenabhängige in dem Personenkreis, der sich um eine Heiratserlaubnis bemüht.

Darüber hinaus scheint die Harvard Study Group die Verbreitung von HIV-Infektionen bei Frauen im gebärfähigen Alter erheblich unterschätzt zu haben. Die Verbreitungsrate, die sie für ihre Berechnungen benutzten (7 von 100 000), ist nicht nur viel geringer als die bei weiblichen Rekruten festgestellte (60 von 100 000), sie ist auch wesentlich niedriger als die in anderen Untersuchungen ermittelte Prävalenzrate. Ein typisches Beispiel dafür ist die oben zitierte Studie von Forschern des Department of Health in Massachusetts, mit der resultierenden Bewertung der HIV-Antikörper-Verbreitungsrate bei Frauen im gebärfähigen Alter in Massachusett von 230 pro 100 000.[39] In New York City sind schätzungsweise 3 Prozent (3 000 von 100 000) der fruchtbaren Frauen HIV-Träger.[40]

Wir sind der Ansicht, daß die von der Harvard Study Group über die Verbreitung von HIV-Infektionen veröffentlichten Zahlen aufgrund dieser Gegebenheiten folgendermaßen korrigiert werden sollten: Für die Altersgruppe der Frauen von 34 und darunter würden wir eine Zahl von 60 zu 100 000 ansetzen; für 95 Prozent der Männer der Altersgruppe 44 und darunter würden wir die bei den Militäruntersuchungen ermittelte Ansteckungsrate von 160 pro 100 000 annehmen und für die 5 Prozent der Männer, die eine Ehe eingehen und vermutlich homosexuell, bisexuell oder drogenabhängig sind, eine sehr vorsichtig geschätzte Verbreitungsrate von 10 000 je 100 000 voraussetzen.* Allein durch diese Korrektu-

---

* Die meisten Untersuchungen kamen zu dem Ergebnis, daß die Verbreitung der HIV-Infektion zwischen 50 und 75 Prozent liegt, je nachdem, aus welchem Bereich die untersuchte Bevölkerungsgruppe stammt. Bei den Drogensüchtigen »reichen die veröffentlichten Schätzungen über die Infektion von 9 Prozent . . . bis 64 Prozent . . .«, so das offizielle Ergebnis des *Institute of Medicine* und der *National Academy of Sciences*. Demnach ist unsere Annahme einer 10prozentigen Verbreitungsrate der Infizierung mit HIV bei der Gruppe der Homo- und Bisexuellen und der i.V.-Drogenabhängigen, die jährlich heiraten, in der Tat sehr zurückhaltend; sollte die tatsächliche Verbreitung wesentlich höher sein, würde dies auch unsere Ergebnisse beträchtlich in die Höhe treiben.

**Tabelle 9.2**

**Voreheliche HIV-Pflichtuntersuchungen: Anzahl der schätzungsweise infizierten Personen nach Alter und Geschlecht im Vergleich der von der Harvard Study Group erzielten Schätzwerte und der modifizierten Prävalenz-Schätzwerte[1]**

| Altersstufe, Jahre | Infizierte Frauen | | Infizierte Männer | |
|---|---|---|---|---|
| | Geschätzte Anzahl aufgrund der vorausgesetzten Prävalenzwerte | | | |
| 14–17 | 51 | *6* | 84 | *1* |
| 18–19 | 153 | *18* | 780 | *84* |
| 20–24 | 411 | *48* | 4 122 | *442* |
| 25–29 | 238 | *28* | 3 114 | *334* |
| 30–34 | 121 | *14* | 1 687 | *181* |
| 35–44 | 12 | *12* | 1 493 | *160* |
| 45–64 | 7 | *7* | 10 | *10* |
| ≥ 65 | 1 | *1* | 2 | *2* |
| Zwischensumme | 994 | *134* | 11 292 | *1214* |
| | Geschätzte Anzahl der vom Partner Infizierten[2] | | | |
| | 678 | – | 60 | – |
| Gesamtsumme | 1 672 | – | 11 352 | – |

1 Die Ausgangspositionen sind im Text erklärt; die Schätzwerte der Harvard Study Group erscheinen kursiv.

2 Die Harvard Study Group hat für diese Kategorie keine Berechnungen erstellt, sondern nur einen ungefähren Schätzwert von 70 Fällen angenommen.

ren werden die Schlußfolgerungen der Harvard Study Group erheblich verändert, wie wir in Tabelle 9.2 zeigen. Das Ergebnis ist, daß bereits im ersten Jahr nationaler vorehelicher Untersuchungen etwa 13 000 Fälle von HIV-Infektionen nachgewiesen würden anstelle von 1 200, wie es der Untersuchungsbericht der Harvard Study Group behauptet.

Wichtiger noch ist, daß aufgrund der Tatsache, daß die HIV-Infizierung offenbar ein lebenslänglicher Zustand ist, die Verbreitung in der Gesamtbevölkerung weiterhin wächst, weil neue Infizierungen auftreten (das heißt: zumindest bis die jährliche Sterberate von HIV-infizierten Personen die Zahl der neuen Fälle pro Jahr übersteigt). So kann man in den folgenden Jahren erwarten, daß das Ergebnis solcher vorehelicher Untersuchungen, gemessen an der Zahl der ermittelten infizierten Personen, erheblich steigt.

Dies alles ist keine akademische Spielerei. Voreheliche Pflichtuntersuchungen auf Aids sind aus mehreren Gründen wichtig. Zum ersten gibt eine vor der Ehe festgestellte HIV-Infizierung angehenden Ehepartnern die Möglichkeit, die Heirat abzulehnen. Es ist gewissermaßen eine Aufdeckungsmaßnahme, die es beiden Partnern gestattet, ihre Einwilligung auf der Basis genauer Information zu geben, anstatt den Ehevertrag zu unterschreiben, ohne über wichtige Kenntnisse zu verfügen, die ernsthafte wirtschaftliche, gesundheitliche, familienplanerische und psychologische Konsequenzen haben können. Zweitens, wenn eine Frau mit dem Aids-Virus infiziert ist, sollte ein Paar mit Kinderwunsch wissen, daß die Wahrscheinlichkeit sehr groß ist, daß ihr Kind infiziert sein wird. Auch wenn dies nicht alle während der Schwangerschaft übertragenen Infektionen verhindern wird, kann man logischerweise annehmen, daß die Häufigkeit dieser menschlichen Tragödie reduziert wird. (Nach unseren Berechnungen könnte die Geburt von fast 6000 infizierten Säuglingen in nur einem Jahr vorehelicher Pflichtuntersuchungen verhindert werden.) Drittens würden die epidemiologischen Daten, die bei diesen Pflichtuntersuchungen anfielen, die Wissenschaft, das öffentliche Gesundheitswesen und die Gesetzgeber mit sehr viel präziseren Informationen über die Entwicklung der Aids-Epidemie bei anscheinend gesunden Personen versorgen. Diese Informationen sind vom epidemiologischen Standpunkt aus sehr viel wertvoller als die Daten über ins Krankenhaus eingelieferte Patienten; das heißt, auch wenn Pflichtuntersuchungen bei Krankenhauszugängen angeordnet würden, würde das nicht die Bedeutung von vorehelichen Untersuchungstests als Instrument der öffentlichen Gesundheitsfürsorge verringern. Ohne diese auf breiter Basis gewonnenen nationalen Daten – die bei freiwilligen Untersuchungen wohl kaum zu erhalten wären – ist, wie wir bereits gesehen haben, eine effektive Planung im Hinblick auf die Epidemie im Grunde unmöglich, sehr zum Bedauern vieler Wissenschaftler und Regierungsvertreter.

Ebendieser Aspekt wurde von vielen Sachverständigen betont, die im August 1987 vor dem Kongreß während der Anhörung über mehrere Gesetzesvorlagen zur Bereitstellung staatlicher Gelder für umfangreiche Testprojekte ihre Meinung vortrugen. Zum Beispiel erklärte Dr. Robert Redfield, einer der führenden Aids-Forscher der US-Armee, es sei »ganz entscheidend«, unser derzeitiges Hauptaugenmerk von der bereits ausgebrochenen Aids-Krankheit weg- und auf die Gesetzmäßigkeiten der Übertragung des Aids-Virus hinzulenken. Dr. Redfield merkte an, daß, wenn das Hauptgewicht weiterhin auf den schon vorhandenen Aids-Fällen liege, »wir zum Scheitern verurteilt sind, denn die Auswirkungen unserer Bemühungen kämen einfach um zehn Jahre zu spät«. Er betonte nachdrücklich die Dringlichkeit von Untersuchungen, die die öffentlichen Gesundheitsbehörden heute über die Epidemiologie der Virusübertragung informieren und dazu beitragen könnten, die weitere Verbreitung des Virus durch Virusträger ohne Symptome aufzuhalten, die nicht wissen, daß sie infiziert sind.[41]

Außer dem Vorwurf der Unwirksamkeit gibt es noch drei weitere häufig anzutreffende Einwände gegen voreheliche Pflichtuntersuchungen auf das Aids-Virus. Der erste ist, daß diese Untersuchungen eine unverhältnismäßig große Personenzahl aus den Risikogruppen abschrecken und dadurch verhindern würden, daß die Betreffenden untersucht und auf ihre mögliche Infektion aufmerksam gemacht werden könnten. Der zweite Einwand ist der, daß Pflichtuntersuchungen im Vergleich zu freiwilligen Untersuchungen eine Verletzung der bürgerlichen Grundrechte, vor allem des Rechts auf Privatsphäre, darstellten. Der dritte ist, daß als Ergebnis von Ungenauigkeiten bei den zur Zeit gegebenen Antikörper-Testmethoden eine gewisse Anzahl von Personen falsch-positive Resultate und damit irrtümlicherweise die Nachricht erhielten, sie seien Träger des Aids-Virus. Wir wollen jeden dieser Einwände ein wenig genauer betrachten.

Es trifft vermutlich zu, daß einige Menschen auf eine Heirat verzichten würden, weil sie nicht auf den Aids-Virus getestet werden wollen, aber es ist schwer, exakt vorauszusagen, auf wie viele dies zutrifft. Wir glauben, daß es höchst unwahrscheinlich ist, daß auch nur 1 Prozent der Ehewilligen beschließt, nicht zu heiraten, nur um eine Untersuchung zu umgehen. Vom Standpunkt des allgemeinen Gesundheitsinteresses aus gesehen, wäre ein Programm, dem es gelingt, 99 Prozent der Bevölkerungsgruppe, die erfaßt werden soll, tatsächlich zu testen, ein durchschlagender Erfolg. Wenn einige Personen schon von früheren anonymen Tests her wissen, daß sie infiziert sind, und beschließen, auf eine Heirat zu verzichten, wird dies das Programm nicht beeinträchtigen, sondern in gewisser Weise eher zu dem gleichen Endergebnis beitragen. Sollten voreheliche Pflichtuntersuchungen durchgeführt werden, wie wir es dringend empfehlen, so wäre wohl jeder, der spürt, daß die Abneigung des Partners gegen die Ehe mit seiner Angst vor einer Untersuchung zusammenhängt, im Recht, wenn er den Partner bittet, sich freiwillig testen zu lassen (wie in Kapitel 7 ausgeführt), bevor er (oder sie) in intimen sexuellen Kontakt einwilligt.

Sollte es zu vorehelichen Zwangstests kommen, ist das rechtliche Problem, zum Teil aus den oben erwähnten Gründen, in unseren Augen kein großes Hindernis. Außerdem gibt es in den meisten Staaten schon lange die Tradition, voreheliche Blutuntersuchungen auf Syphilis vorzunehmen.[42] Obwohl einige Staaten aus ökonomischen Gründen von diesen Bedingungen Abstand genommen haben, hat es in der Vergangenheit nur geringe Einwände gegen voreheliche Untersuchungen im Zusammenhang mit Bürgerrechten gegeben. Es scheint uns, daß die mit der HIV-Infektion verbundenen Risiken so groß sind, daß es eine Verletzung bürgerlichen Rechts wäre, die zur Verfügung stehenden Untersuchungsmethoden *nicht* zu nutzen, die differenziert und vernünftig, wenn auch nicht perfekt sind, so wie die Syphilis-Testmethoden eben auch nicht narrensicher sind. Milde ausgedrückt, hat jede Person ein Recht darauf, darüber informiert zu sein, ob sein oder ihr zukünftiger Partner eine sexuell übertragbare, im allgemeinen tödlich verlaufende Infektion hat.

Die Ablehnung vorehelicher Pflichtuntersuchungen wegen einer kleinen Zahl falsch-positiver Testergebnisse erscheint uns unangebracht. Es ist mit Sicherheit richtig, daß solche Ergebnisse vorkommen. Die Harvard Study Group schätzte, daß es im ersten Jahr vorehelicher Untersuchungen 382 falsch-positive Resultate (bei 3,8 Millionen Tests) geben würde,[43] und es ist eindeutig, daß das Leben dieser Menschen und ihrer zukünftigen Ehepartner nachhaltig beeinträchtigt würde. Einige Frauen (oder Paare) würden sich möglicherweise dagegen entscheiden, Kinder zu bekommen, und sich freiwillig sterilisieren lassen, um sicher zu sein, eine Empfängnis zu verhüten. Ebenso tragisch wäre es, wenn sich Paare aufgrund der falschen Information entschlössen, nicht zu heiraten. Es ist sogar möglich, daß eine fälschlicherweise als HIV-positiv bezeichnete Person aufgrund des großen psychischen Drucks, der einer solchen Diagnose folgt, Selbstmord begeht. Doch muß die Zahl der falsch-positiven Resultate in einem umfassenderen Kontext gesehen werden: Entscheidend sind die Anzahl der infizierten Personen, die bei einer solchen Untersuchung ausfindig gemacht werden, ebenso wie die Millionen von Menschen, die richtig darüber informiert werden, daß sie keine HIV-Infektion haben. Für viele Personen der letzteren Gruppe könnte ein negatives Testergebnis eine starke Motivation für ein risikofreies Sexualverhalten abgeben – so daß die Untersuchungen wirklich zu einem Katalysator für die Erhaltung der Gesundheit der Bürger im allgemeinen werden. Noch wichtiger ist es, daß denjenigen, die erfahren, daß sie mit dem Aids-Virus infiziert sind, von entsprechend geschulten Kräften aus dem Gesundheitswesen individuelle Beratung angeboten wird, um sie dahin gehend zu beeinflussen, daß die Ausbreitung der Infektion aufgehalten werden kann. Dies ist schließlich der Sinn eines solchen Screening-Verfahrens.

Man sollte niemals die unverdienten Qualen und Leiden jener geringen Zahl von Leuten unbedacht lassen, denen durch die öffentlichen Maßnahmen zugunsten des sogenannten Vorrangs des Gemeinwohls Schaden zugefügt wird. Auch besteht die Gefahr, daß der »Vorrang des Gemeinwohls« ein so verschwommener oder sogar unbrauchbarer Begriff ist, daß er unter bestimmten Bedingungen gar nicht anwendbar ist. Angesichts einer Epidemie, die zur Zeit unkontrolliert wütet und die vermutlich weltweit Millionen Menschenleben fordert, wenn ihre Verbreitung nicht schnellstens zum Stillstand gebracht wird, müssen wir den Vorrang des Gemeinwohls vor allem im Sinne der öffentlichen Gesundheitsvorsorge sehen und dazu bereit sein, eventuelle Fehler in Kauf zu nehmen. Die Behörden des Bundes und der einzelnen Staaten sollten unbedingt einen Sonderfonds gründen, aus dem Personen Wiedergutmachung geleistet wird, deren HIV-positive Diagnose sich nachträglich als Irrtum erweist. Es sollte jeder mögliche wissenschaftliche Versuch unternommen werden, um die Genauigkeit der Testmethoden zu verbessern und neue Untersuchungstechniken zur entscheidenden Verringerung von falsch-positiven Befunden zu entwickeln. Aber es hinzunehmen, daß Zehntausende von HIV-Infektionen (falls es nicht noch mehr sind) unerkannt bleiben, nur weil sich die Durchführung eines nationalen Untersuchungsprogramms verzögert, hieße, unsere öffentliche Wohlfahrtspflicht zu vernachlässigen, so wie ein Aufschub der Einführung der Polio-Impfung trotz aller Probleme und Ungewißheiten unvertretbar gewesen wäre (auch angesichts einer geringen Anzahl von Polio-Fällen, die direkt durch die Impfungen verursacht wurden).

Zum Schluß noch zwei Anmerkungen zu vorehelichen Pflichtuntersuchungen und falsch-positiven Resultaten. Erstens ist es auffällig, daß niemand darauf besteht, wegen zu vieler falsch-positiv-Befunde auf das Blutspender-Screening zu verzichten. Dennoch ist der Prozentsatz von falsch-positiv-Resultaten bei Blutspendern genauso hoch, wie er es bei einem vorehelichen Pflichttest wäre (weil genau die gleichen Labortests mit genau denselben Fehlerquellen benutzt würden). Zweitens: Während die Verbreitung der HIV-Infektion in der Gesamtbevölkerung weiterhin steigt, was zwangsläufig der Fall sein wird, bis ein Impfstoff gefunden ist, wird der relative Anteil falsch-positiver Testergebnisse abnehmen.[44] Diese allgemeinen Richtlinien für Untersuchungsprogramme sind von besonderer Bedeutung, weil die Notwendigkeit von vorehelichen Pflichtuntersuchungen noch viel akuter wird, wenn sich die Infektion in der Normalbevölkerung noch wesentlich weiter verbreitet hat als heute. Wir befürchten, daß es sich auf genau diese Weise abspielen wird. Angesichts dieser Perspektive wird eine Vogel-Strauß-Politik bestimmt keine Menschenleben retten oder das Elend unserer Welt verringern – tatsächlich hätte sie genau den gegenteiligen Effekt.

## Meldepflicht für HIV-Infizierungen

Wir halten es für wesentlich, einen Schritt weiter zu gehen, als nur zu fordern, daß die Aids-Erkrankungen (im Gegensatz zu den Fällen von Aids-Infektion) den öffentlichen Gesundheitsbehörden gemeldet werden sollen, so als wäre vom Standpunkt der Vorbeugung aus Aids (die bereits ausgebrochene Krankheit) wichtiger als die Infizierung mit dem Aids-Virus. Wenn der Gesetzgeber beziehungsweise der Kongreß dieses Problem nicht schnellstens angeht, werden wir den Zustand erreichen, daß die HIV-Infektion sich so weit ausgebreitet hat, daß alle Maßnahmen, sie einzudämmen, mit Sicherheit ohne Erfolg sein werden. In letzter Konsequenz führt das schließlich zu Millionen von vermeidbaren Todesfällen.

Würden alle Staaten der gesetzlichen Meldepflicht im

Zusammenhang mit vorehelichen Pflichtuntersuchungen und der Untersuchung aller Krankenhauspatienten zustimmen, gäbe es sicher nur wenige Personen, die sich aus Angst, bei einem positiven Befund den Behörden gemeldet zu werden, davon fernhielten. Tatsächlich werden die meisten Menschen feststellen, daß, je breiter angelegt die Untersuchungen sind, die Wahrscheinlichkeit um so geringer ist, daß eine einzelne infizierte Personengruppe zur Zielscheibe diskriminierender Aktionen wird. Das wird sich unserer Ansicht nach vor allem dann bewahrheiten, wenn sich in den kommenden fünf bis zehn Jahren die Aids-Infektion immer weiter verbreitet.

## Die Erfassung und Meldung ansteckungsverdächtiger Personen

Es scheint unglaublich, aber das einzige wirklich brauchbare Mittel, Personen zu identifizieren, die HIV-Träger sind, ist bei der derzeitigen Reaktion auf die Aids-Krise fast völlig ignoriert worden. Die Feststellung ansteckungsverdächtiger Personen – also das Bemühen, Personen die Sexualkontakte hatten oder Nadeln ausgetauscht haben mit jemandem, der bekanntermaßen infiziert war, zu identifizieren, zu melden, zu untersuchen und zu beraten – ist in den meisten Staaten hartnäckig vermieden worden, wobei Colorado und Louisiana die Ausnahme von der Regel darstellen.

Die Sexualpartner von Personen mit meldepflichtigen, sexuell übertragbaren Krankheiten ausfindig zu machen gehörte jahrzehntelang zur Strategie der Gesundheitsfürsorge.[45] Weil dies eine gezielte Aufdeckung von Fällen ermöglicht, da man sich ja auf Personen konzentriert, die mit großer Wahrscheinlichkeit gefährdet sind, kann es äußerst wirksam dazu beitragen, Personen mit einer bislang unerkannten Infektion herauszufinden. Neben der Gewinnung von Zahlenmaterial ist die Erfassung von ansteckungsverdächtigen Personen besonders wichtig als Mittel, die Verbreitungsrate der

187

Infektion zu reduzieren: Durch das Ausfindigmachen von Personen, die keine Ahnung haben, daß sie infiziert sein könnten, durch ihre Untersuchung und ihre Versorgung mit angemessener Beratung hat dieses Vorgehen vermutlich beträchtliche vorbeugende Wirkung.

Es sind verschiedene Einwände gegen den Plan einer routinemäßigen Erfassung von Ansteckungsverdächtigen im gegenwärtigen Stadium der Aids-Epidemie erhoben worden. Zum Beispiel haben einige Gegner dieser Strategie darauf hingewiesen, daß die Registrierung von Ansteckungsverdächtigen anonyme Sexualkontakte unter Personen fördern könnte, die befürchten, wenn sie von ihren Partnern identifiziert werden, könnten ihre Namen an die Gesundheitsbehörden weitergegeben werden.[46] Andere wiederum betonen, daß die Feststellung von Ansteckungsverdächtigen absolute Vertraulichkeit erfordere, diese aber nicht gewährleistet sei, da sie durch Gesetzesänderungen oder Strafandrohungen leicht gefährdet werden könne. Und falls die Feststellung von Ansteckungsverdächtigen eingeführt wird: Hört sie bei Meldung, Untersuchung und Beratung auf, oder wird (und sollte) sie schließlich zu zusätzlichen Nachforschungen führen, um beispielsweise herauszufinden, ob infizierte Personen weiter an gefährlichen Sexpraktiken festhalten − und wenn ja, sollte dies Strafanzeigen gegen diesen Personenkreis zur Folge haben? Neben diesen Bedenken weisen andere darauf hin, daß die Kosten für ein umfassendes Registrierungsprogramm wahrscheinlich unerschwinglich seien, besonders in den Staaten, in denen die HIV-Verbreitungsrate am höchsten ist.

Gewiß sind dies berechtigte Bedenken. Kein Registrierungsprogramm kann garantieren, daß nicht irgendwelche Probleme auftauchen. Wir dagegen glauben, daß diese Probleme bei weitem aufgewogen werden durch die Vorteile, die aus der Meldung von ahnungslosen HIV-Infizierten und der gleichzeitig verlangsamten Verbreitung der Infektion resultieren. Tatsächlich wird gerade die Angst vor der Möglichkeit, erfaßt zu werden, die einige Menschen vielleicht zu anonymem Sex verleitet, vielen anderen als Abschreckungsmittel dienen, weil sie es sich zweimal überlegen werden, sich in sexuelle Situationen zu begeben, die sie dem Aids-Virus aussetzen könnte.

Es gibt noch einen anderen Aspekt dieses Problems, der bisher mehr oder weniger unter den Teppich gekehrt worden ist. Wenn ein Arzt oder ein anderer im Gesundheitswesen Beschäftigter erfährt, daß ein männlicher Patient mit dem Aids-Virus infiziert ist und dies seiner Frau nicht mitgeteilt hat (oder umgekehrt), besteht dann die Pflicht, sie zu warnen, auch wenn der Ehemann dagegen Einwände hat? Falls das Paar ungeschützten Sex betreibt oder eine Schwangerschaft plant, ist dann die Pflicht des Arztes, die Ehefrau zu informieren, nicht noch viel zwingender? Es hat eine Reihe von Gerichtsurteilen gegeben, die unterstellten, daß der Arzt unter diesen Umständen zweifellos die Pflicht hat zu warnen, aber ohne Erfassungs- und Meldegesetze werden sich viele Ärzte außerstande sehen, diese Pflicht zu erfüllen, weil sie fürchten, damit das Patientengeheimnis zu verletzen.[47]

Wir haben schon darauf hingewiesen, daß die bisher unternommenen Anstrengungen sehr viel weniger zur Verlangsamung der Verbreitungsrate der Aids-Epidemie beigetragen haben, als es der Öffentlichkeit bewußt ist. Aufklärungskampagnen allein, selbst in viel größerem Umfang als bisher, werden einem riskanten Sexualverhalten nicht Einhalt gebieten. Auch Pflichtuntersuchungen, die den größten Anstoß für eine Veränderung auf diesem Gebiet geben würden, können nicht das höchste erreichbare Maß an Sicherheit für die Gesundheit des Gemeinwesens garantieren. Angesichts des Preises, der in Form von menschlichem Leid und Menschenleben gezahlt werden muß, falls die Epidemie nicht in den nächsten zwei Jahren eingedämmt werden kann, erscheint die Erfassung von ansteckungsverdächtigen Personen dringend notwendig.

# Ist Quarantäne notwendig?

Die durch die Aids-Epidemie hervorgerufenen Ängste haben zwangsläufig das Schreckgespenst von Quarantäne als einer sozialpolitischen Maßnahme heraufbeschworen. In Kuba sind solche Maßnahmen bereits ergriffen worden – 108 Aids-infizierte Personen wurden auf einer Farm außerhalb Havannas interniert –, und in einigen wenigen Fällen, vorrangig bei infizierten Prostituierten, haben Gerichte in den Vereinigten Staaten Quarantäne angeordnet.[48]

Auf der einen Seite erscheint das Thema sehr einfach. Es gibt keine Rechtfertigung dafür, infizierte Personen, die andere Personen nicht ihrer Infektion aussetzen, unter Quarantäne zu stellen. Da wir es nicht mit einem Virus zu tun haben, das durch die Luft (Bakterienflug) oder die bloße Nähe einer infizierten Person übertragen wird, beschränkt sich das Risiko der Übertragung vorrangig (aber nicht ausschließlich) auf Sexualpartner und diejenigen, die Nadeln und Spritzen gemeinsam mit einer infizierten Person benutzen. Auf der anderen Seite ist es jedem klar, der auf diesem Gebiet arbeitet, daß es Tausende von HIV-infizierten Personen gibt, die ihren Zustand kennen und trotzdem weiterhin zahlreiche sexuelle Kontakte haben, häufig, ohne zuzugeben, daß sie Virusträger sind (was ja ihre Partner begreiflicherweise dazu veranlassen könnte, diese Verbindung noch einmal zu überdenken). Auch gibt es Zehntausende von infizierten Drogenkonsumenten, die weiterhin mit anderen Menschen Nadeln und Spritzen austauschen (obwohl es wenig wahrscheinlich ist, daß ein Drogensüchtiger die Aufforderung zu gemeinsamem Spritzengebrauch ablehnt, selbst wenn er das Risiko der Infektion kennt). Wie soll man in diesen Fällen vorgehen? Was kann man tun, um die Öffentlichkeit vor männlichen und weiblichen Prostituierten zu schützen, die mit dem Aids-Virus infiziert sind und trotzdem weiter ihrer Tätigkeit nachgehen? Was soll mit jemandem geschehen, der weiß, daß er infiziert ist, aber immer noch versucht, Blut zu spenden? Was tun mit einem Aids-Kranken, der einen Polizisten beißt? Quarantäne ist keine vernünftige Antwort auf diese komplizierten Fragen. Zum derzeitigen kritischen Zeitpunkt scheint es angemessener, diese Fälle als eine Sache des Strafrechts zu behandeln.

So wie das verfassungsmäßige Recht auf Redefreiheit nicht so weit geht (und es auch nicht sollte), daß jemand ungestraft in einem vollbesetzten Theater bewußt irreführend »Feuer« schreien kann, so sollte ebenso eindeutig das in der Verfassung verankerte Recht auf Eigenleben es niemandem erlauben, das Leben eines anderen Menschen vorsätzlich auf eine Art und Weise zu gefährden, die man nahezu mit dem Tatbestand des versuchten Mordes gleichsetzen kann. Da es auf diesem Gebiet sehr wenige Präzedenzfälle gibt, ist die Rechtslage hinsichtlich eines derartigen Verhaltens viel undurchsichtiger, als sie es sein sollte.

Obwohl es in den Gesetzbüchern zahlreicher Staaten alte Gesetze gibt, die verbieten, Geschlechtskrankheiten wissentlich zu übertragen, sind diese Gesetze in den meisten Fällen nicht durch die Klassifizierung von Aids als Geschlechtskrankheit auf den aktuellen Stand gebracht worden. Es ist eine neue Gesetzgebung erforderlich, um dieses gesamte Rechtsgebiet zu modernisieren und den Gerichten die Autorität zu geben, Personen einzusperren, deren konstant unverantwortliches Verhalten andere der Ansteckung mit dem Aids-Virus aussetzt. Derlei Gesetze würden die bürgerlichen Rechte des einzelnen auch nicht mehr einschränken als Gesetze gegen Diebstahl, die Rechte von Bankräubern. Wenn die Tat, um die es hier geht, so schlimm ist wie die Übertragung des Aids-Virus, sollte es eigentlich keine überflüssigen Diskussionen geben.[49]

## Eine Bemerkung zum Schluß

Die Regierungen der ganzen Welt werden sich noch mit vielen schwierigen Fragen auseinandersetzen müssen, je mehr sie mit den Realitäten der Aids-Epidemie konfrontiert werden. Mögen ihre Versuche, Antworten darauf zu finden, von einer klugen Ausgewogenheit zwischen Mitleid, Vernunft und angemessener Gesundheitsfürsorge zum Schutz der Bürger diktiert sein.

Wir haben bereits die bedrückend langsame Reaktion auf die Aids-Epidemie in Amerika und der ganzen Welt erlebt. Es ist heute so eindeutig wie schon seit dem ersten Auftreten der Epidemie, daß nicht genügend Geldmittel für die Forschung zur Verfügung gestellt werden. Ebenso eindeutig ist es, daß man der Tatsache viel zuwenig Aufmerksamkeit schenkt, daß das Aids-Virus alle Menschen befallen kann, ungeachtet ihrer sexuellen Neigungen, ihrer Moral, ihres Alters.

Während wir einerseits inständig hoffen, daß keine blinde Panik über die Aids-Epidemie die Entscheidungen der Regierungen bestimmt, so sind wir andererseits auch überzeugt, daß, falls die Durchführung wirksamer Vorbeugungsmaßnahmen durch den falschen Eindruck, man habe die Epidemie bereits unter Kontrolle, oder durch ein stures Beharren auf der Autonomie des Individuums hinausgezögert wird, dies Millionen von Menschen unnötigerweise das Leben kosten wird. Es gibt herzlich wenig persönliche Freiheit im Tod.

# Anhang A

## Klinische Merkmale von Aids

Aids ist das Endstadium der HIV-Infektion. Obwohl Aids hauptsächlich bei Männern zwischen 20 und 40 auftritt, wurde die Krankheit bei allen Bevölkerungsgruppen und einer steigenden Zahl von Frauen nachgewiesen. Mit inzwischen weit über 45 000 in den USA belegten Fällen – und mehr als 100 000 weltweit – nimmt diese Krankheit wahrhaft epidemische Ausmaße an.

Die genaue Definition von Aids, wie sie für »offizielle« Zwecke verwendet wird (das heißt zur Registrierung und für Untersuchungsberichte), wurde zuerst im Jahre 1982 von den CDC festgelegt (CDC, *Update on acquired immune deficiency syndrome* [Aids] – United States. In: *Morbidity and Morality Weekly Report* 31, 1982, S. 507–14). Nach dieser Definition konnte man Aids nur in Verbindung mit einer anderen Krankheit diagnostizieren – wie etwa der Lungenentzündung vom Typ *Pneumocystis carinii,* einer bislang seltenen Form der Lungeninfektion, oder dem *Kaposi-Sarkom,* einer ungewöhnlichen Art von Kapillartumor –, die im allgemeinen nur in Verbindung mit dem Zusammenbruch des Immunsystems auftritt. Außerdem verlangte die Definition der CDC, daß die Immunschwäche in solchen Fällen nicht das Ergebnis medizinischer Behandlungen, bestimmter Krebsarten oder anderer bekannter Ursachen war, wie zum Beispiel des angeborenen Mangels, Antikörper zu bilden (vom Immunsystem produzierte Substanzen, die das Eindringen von infizierten Organismen oder anderen Fremdkörpern in den Körper abwehren sollen). Nach der Entdeckung von HIV und der Entwicklung von Tests, um die HIV-Antikörper nachzuweisen, wurde die Definition der CDC im Jahre 1985 so erweitert, daß sie nun auch bestimmte andere, sogenannte opportunistische Infektionen und Krebserkrankungen des Lymphsystems von Personen umfaßte, bei denen eine HIV-Infektion festgestellt wurde oder deren HIV-Antikörpertest positiv war (*MMWR* 34, 1985, S. 373−75). Diese Definition wurde überprüft und gegen Ende 1987 erneut erweitert (*MMWR* 36, 1987, Supplement 1 S).

Läßt man die strenge Forderung der Diagnose-Kriterien der CDC einmal beiseite, gibt es verschiedene andere Kategorien von Krankheiten, aus denen sich die klinische Konstellation, die wir als Aids kennen, zusammensetzt. Es gibt keine einheitliche Gesetzmäßigkeit von Symptomen, die auf alle Fälle zutrifft. Der typischste frühe Befund ist ein fortschreitender, unerklärlicher Gewichtsverlust, ständiges Fieber und geschwollene Lymphknoten. Diese nichtspezifischen Symptome können auch bei Personen auftreten, die sich ansonsten völlig gesund fühlen, oder aber von einem Gefühl der Erschöpfung oder Übelkeit begleitet sein. In manchen Fällen können diese ersten Symptome völlig verschwinden, sich monatelang unangenehm bemerkbar machen, aber unverändert bleiben, oder aber von einer oder mehreren ungewöhnlichen Formen von Infektionen gefolgt sein.

Die wichtigste Gruppe dieser Infektionen sind die sogenannten opportunistischen Infektionen. Der Begriff »opportunistisch« weist darauf hin, daß diese besonderen Infektionen selten in Abwesenheit eines Faktors auftreten, der das Immunsystem beeinträchtigt. Mit anderen Worten, diese Infektionen brauchen normalerweise eine ganz spezielle Voraussetzung − eine verhältnismäßig immobilisierte Immunreaktion −, um mit Erfolg in den Körper eindringen und eine Krankheit auslösen zu können. Unter gewöhnlichen Umständen, wenn das Immunsystem normal funktioniert, sind die natürlichen Abwehrkräfte fast immer in der Lage, den Ansturm dieser mikrobischen Krankheitserreger abzuwehren.

Die folgende Liste faßt die wichtigsten opportunistischen Infektionen, die bei Aids-Kranken auftreten, zusammen:

● *Pneumocystis-carinii-Pneumonie* − besonders bösartige, bisher seltene Art von Lungenentzündung, die am häufigsten in Verbindung mit Aids auftretende Infektion; gibt sich normalerweise durch Fieber, Husten, Atemknappheit (vor allem bei Anstrengung) und Beklemmungsgefühl in der Brust zu erkennen.

● *Chronische Kryptosporidiose* und *Isosporiasis* − zwei verwandte Parasiten, die normalerweise im Körper eine eingeschränkte Diarrhöe verursachen, bei Aids-Patienten jedoch zu einer chronischen Diarrhöe, Unterernährung und starkem Gewichtsverlust führen.

● *Toxoplasmose* − durch *Toxoplasma gondii* hervorgerufene Infektion, die vielfältige neurologische Anomalien bei Aids-Patienten bewirkt, wie plötzliche Anfälle und Enzephalopathie oder auch Infektionen von Herz und Lunge.

● *Extraintestinale Strongyloidiasis* − parasitäre Infektion, die Lungenschäden und Meningitis hervorrufen kann.

● *Candidiasis* − Pilzinfektion, die in ihrer schwächsten Form Soor oder Vaginitis, in disseminierter Form womöglich schmerzhafte Infektionen der Speiseröhre verursacht.

● *Kryptokokkose* − Pilzinfektion, die im allgemeinen bei Aids-Patienten Meningitis hervorruft und auch die Lunge befallen kann.

● *Disseminierte Histoplasmose* − häufig harmlose Pilzinfektion, die bei Aids-Kranken Lungenentzündung, Hepatitis, Nebennieren-Insuffizienz, Infektionen der Herzklappen und Meningitis verursachen kann.

● *Mykobakterielle Infektionen* – ungewöhnliche Arten von Mykobakterien, z. B. *Mycobacterium avium* und *Mycobakterium kansasii*, verursachen häufig Fieber, Schwäche und Erschöpfungszustände.

● *Disseminierte Zytomegalie-Infektion* – Infektion, die durch einen Virus ausgelöst wird, die bei Menschen mit normalem Immunsystem gemeinhin harmlos ist, bei Aids-Kranken sich jedoch im ganzen Körper ausbreitet und schmerzhafte Speiseröhrenentzündungen, Dickdarmkatarrh, Schwachsinn (aufgrund von Enzephalopathie), Lungenentzündung und Infektionen der Netzhaut auslösen kann, die, wenn sie nicht behandelt werden, zur Erblindung führen.

● *Chronische Mukokutaneose* oder *disseminierte Herpes-simplex-Infektion* – diese können nicht nur Haut, Mund und Augen befallen, sondern auch zu Enzephalitis, Myelitis und Lungenentzündung führen.

● *Progressive multifokale Leukoenzephalopathie* – seltene, immer tödliche neurologische Erkrankung, die gewöhnlich bei immungeschwächten Patienten auftritt; sie ruft Symptome wie Hemiplegie (einseitige Lähmungen), Aphasie (Sprachstörungen) und organische mentale Veränderungen hervor und führt normalerweise rasch zum Tod.

Außerdem bringen viele HIV-infizierte Personen noch andere Infektionen hervor, die nicht zu den Diagnose-Kriterien der CDC gehören, zum Beispiel:

Orale Haarleukoplakie
Auf mehrere Dermatome lokalisierter Herpes zoster
Rezidivierende Salmonellose
Nokardiose
Tuberkulose
Candida-Stomatitis (Mundfäule)

Neben den opportunistischen Infektionen treten auch opportunistische bösartige Krankheiten – Krebsarten, die außer bei Personen mit herabgesetzter Immunität relativ selten sind – ziemlich häufig bei Aids-Kranken auf. Das Kaposi-Sarkom, das im Verlauf an purpurroten, erhöhten, pfenniggroßen Flecken auf der Haut zu erkennen ist, tritt hierbei am häufigsten auf. Aus unerklärlichen Gründen befällt das Kaposi-Sarkom mehr homosexuelle Aids-kranke Männer als andere Aids-Kranke: Weltweit ist es bei etwa einem Viertel der amerikanischen und einem Drittel der europäischen Aids-Fälle nachgewiesen. Andere Arten von Krebs, die besonders häufig bei Aids-Kranken vorkommen, sind der bisher seltene Typ des sogenannten Burkitt's Lymphoms und eine Art von Lymphomen (Krebs des Lymphsystems), die das Gehirn in Mitleidenschaft zieht.

Da durch die HIV-Infizierung Gehirnzellen zerstört werden können, sind bestimmte neurologische Erkrankungen bei Aids-Patienten weit verbreitet. Diese Erkrankungen haben oft einen schwächenden, heftigen und progressiven Verlauf. Das am häufigsten angetroffene neurologische Problem bei Aids-Patienten ist Dementia oder Demenz (eine Kombination aus Gedächtnisverlust, vermindertem Denkvermögen und geistiger Verwirrung), die in der Mehrheit der Fälle auftritt. Die geistige Schädigung wird häufig sowohl von Verhaltensmerkmalen wie Depressionen, Apathie und Rückzugsverhalten als auch physischen Problemen wie Gleichgewichtsstörungen, Schwäche in den Beinen und Zittern begleitet. In schweren Fällen treten Inkontinenz, Anfälle und offene Psychosen auf.

Akute Enzephalitis oder Gehirnhautentzündung wird bei Aids-Kranken meist durch einen Protozoen-Erreger mit der Bezeichnung *Toxoplasma gondii* ausgelöst; frühe Anzeichen dieser Krankheit sind Anfälle, Kopfschmerzen, Fieber und geistige Verwirrung, die allmählich in Bewußtlosigkeit übergeht. Wenn diese Infektion nicht sofort behandelt wird, ist sie im Grunde immer tödlich. Eine seltene Form von atypischer

197

Meningitis (Hirnhautentzündung) tritt ebenfalls bei Aids-Kranken auf, und zwar in etwa 5 Prozent aller Fälle. Periphere Neuropathien, die sich im allgemeinen entweder durch Schmerzgefühle auch bei nur leichter Berührung oder durch ein Gefühl von Taubheit oder Kribbeln bemerkbar machen, finden sich bei 30 bis 40 Prozent aller Aids-Kranken. Wenn Aids fortschreitet, werden die Patienten zunehmend schwach und kraftlos. Zum Teil ist dies das Ergebnis der vor sich gehenden Auszehrung. Dieser Zustand ist so auffallend, daß Aids in Afrika häufig als *slim* (dünn) bezeichnet wird — eine düstere Anspielung auf die schreckliche Abmagerung, welche die Betroffenen wie die hageren, ausgemergelten Opfer in den Konzentrationslagern aussehen läßt, wie man sie aus den Wochenschauen kennt. Schwäche und Kraftlosigkeit im Endstadium von Aids spiegeln wahrscheinlich auch die enormen physischen Anstrengungen wider, die es kostet, in einem echten Kampf ums Überleben wiederholt Infektionen abzuwehren, wie auch die oben beschriebenen neurologischen Schädigungen.

Nach den derzeitigen Statistiken beträgt die durchschnittliche Lebenserwartung von Aids-Kranken etwa zwei Jahre nach der Diagnose. In der Praxis hilft diese Zahl den Aids-Kranken oder ihren Familien recht wenig: Der Tod tritt manchmal schnell ein, in anderen Fällen aber ist die Krankheit ein Prozeß, der sich über drei, vier oder mehr Jahre hinziehen kann. Neueste Prognosen gehen dahin, daß 15 Prozent aller Aids-Patienten noch fünf Jahre nach der Diagnose leben (R. Rothenberg u. a.: *Survival with the acquired immunodeficiency syndrome*. In: *New England Journal of Medicine* 317, 1987, S. 1297–1302). Aids ist eine unausweichlich tödliche Krankheit, zumindest nach allem, was wir heute über sie wissen; auch wenn es immerhin möglich ist, daß wir die schwersten Fälle von Aids ziemlich zu Beginn der Epidemie erlebt haben, und nun leichtere Fälle auftreten und die Sterberate sinkt, so ist die Wahrscheinlichkeit eines derartigen Wandels erbärmlich gering.

# Anhang B

## Die Untersuchungs-Fragebögen

Die Auswahl der befragten Personen für die in Kapitel 4 beschriebene wissenschaftliche Untersuchung wurde von Februar 1987 an gleichzeitig in New York, St. Louis, Atlanta und Los Angeles durchgeführt. In jeder Stadt warben Mitarbeiter des Projekts vier bis sechs Helfer für die Verteilung eines Briefes an, der die Absichten des Projekts erläutern sollte und von dem unten abgedruckten kurzen Fragebogen begleitet war. Diese Helfer hängten an verschiedenen Stellen (etwa an den Schwarzen Brettern der Colleges) Informationen über das Projekt aus, und − was weitaus wichtiger ist − sie verteilten die Fragebögen an Orten wie überwiegend von Singles besuchten Bars oder Tanzlokalen, Gesundheitsclubs und Treffpunkten kirchlicher und nichtkirchlicher Gruppen.

912 Personen reagierten auf die angebotenen Informationen mit Telefonanrufen, um sich über das Projekt zu erkundigen. 634 von ihnen (70%) füllten die Fragebögen aus. Insgesamt wurden 8205 Fragebögen von bezahlten Projektmitgliedern vor Ort verteilt. 3171 (39%) davon wurden ausgefüllt und zur weiteren Bearbeitung an uns zurückgeschickt. In jeder der vier Städte dauerte es ungefähr vier bis fünf Wochen, um den Erhebungsprozeß durchzuführen.

Die Bestimmung der Freiwilligen, auf die die Untersuchungskriterien zutrafen, wurde an jedem Ort von einem Projektleiter vorgenommen. Alle Freiwilligen füllten daraufhin den ebenfalls unten abgedruckten Fragebogen aus. Sie wurden für ihre Beteiligung nicht bezahlt.

Die direkte Befragung dieser Personen, die dem Zweck diente, die durch die Antworten auf den Fragebogen gewonnenen Daten zu erhellen und auszuweiten, wurde in New York und St. Louis von Dr. Kolodny, in Los Angeles und Atlanta von Projektmitarbeitern durchgeführt. Es bedeutete ungefähr sieben bis acht Wochen intensiver Arbeit an jedem Projektort, um die Datensammlung über das Stadium der Auswahlphase hinaus fertigzustellen. Anfang Juni 1987 waren alle Interviews und Datensammlungen vollständig.

## Auswahl-Fragebogen *(Screening Questionnaire)*

Identitätsnummer _____

1 Sind Sie: männlich/weiblich (eins ankreuzen)

2 Wie alt sind Sie? _____

3 Was ist Ihr *gegenwärtiger* Familienstand? (eins ankreuzen)
   a) Unverheiratet
   b) Verlobt (zur Zeit)
   c) Verheiratet
   d) Geschieden
   e) Wiederverheiratet
   f) Verwitwet
   g) Getrennt lebend
   h) Mit einem Mann zusammenlebend
   i) Mit einer Frau zusammenlebend
   j) Anderes (bitte erläutern) _____

4 Wenn Sie verheiratet sind, seit wann besteht Ihre Ehe? ___

5 Wenn Sie mit jemandem zusammenleben, seit wann besteht diese Beziehung? _____

6 Wie viele Sexualpartner hatten Sie im letzten Jahr? (nur eine Antwort ankreuzen)
   a) Keinen
   b) Einen

c) Zwei oder drei
d) Vier oder fünf
e) Sechs bis zehn
f) Elf oder mehr

7 Wie viele Sexualpartner hatten Sie durchschnittlich während der letzten fünf Jahre? (nur eine Antwort ankreuzen)
a) Keinen
b) Einen
c) Zwei oder drei
d) Vier oder fünf
e) Sechs bis zehn
f) Elf oder mehr

8 Wenn Sie verheiratet oder verlobt sind oder mit jemandem zusammenleben, glauben Sie, daß Ihr Partner Ihnen während der gesamten Dauer Ihrer Beziehung treu war? (eine Antwort ankreuzen)
a) Unbedingt; ich bin ganz sicher
b) Wahrscheinlich; ich bin mir ziemlich, aber nicht ganz sicher
c) Möglich; ich denke schon, bin mir aber nicht allzu sicher
d) Vermutlich nicht, aber ich weiß es nicht genau
e) Nein

9 Wenn Sie verheiratet oder verlobt sind oder mit jemandem zusammenleben, sind Sie diesem Partner während der gesamten Dauer Ihrer Beziehung absolut treu gewesen? (eine Antwort ankreuzen)
a) Ja
b) Nein

10 Hatten Sie während der letzten zehn Jahre sexuelle Beziehungen mit einem Partner Ihres Geschlechts (ein Mann mit einem Mann, eine Frau mit einer Frau)?
a) Ja
b) Nein

11 Haben Sie während der letzten zehn Jahre eine Bluttransfusion erhalten?
a) Ja
b) Nein

12 Haben Sie jemals nichtverschreibungspflichtige Drogen gespritzt?
a) Ja
b) Nein

## Forschungs-Fragebogen *(Research Questionnaire)*

Identitätsnummer _____ Männl./Weibl._____ Datum _____

**Teil I.** *Demographische Informationen*

1 Wie alt sind Sie? _____

2 Welcher Beschäftigung gehen Sie zur Zeit nach? _____

3 Was ist Ihr *gegenwärtiger* Familienstand? (nur eins ankreuzen)
a) Unverheiratet
b) Verlobt (zur Zeit)
c) Verheiratet
d) Geschieden
e) Wiederverheiratet
f) Verwitwet
g) Getrennt lebend
h) Mit einem Mann zusammenlebend
i) Mit einer Frau zusammenlebend
j) Anderes (bitte erläutern) _____

4 Wenn Sie verheiratet sind, seit wann besteht Ihre Ehe? __

5 Wenn Sie mit jemandem zusammenleben, seit wann besteht diese Beziehung? _____

6 Wenn Sie geschieden sind, seit wann besteht Ihre Ehe nicht mehr? ———————————————————————

7 Welcher Religionsgemeinschaft gehören Sie an? (nur eine Antwort ankreuzen)
   a) Protestantisch
   b) Katholisch
   c) Jüdisch
   d) Keiner
   e) Anderes (bitte genauere Angaben) ———————————

8 Wie oft gehen Sie in die Kirche bzw. Synagoge?
   a) Täglich oder fast täglich
   b) Drei- oder viermal pro Woche
   c) Ein- oder zweimal pro Woche
   d) Zwei- oder dreimal im Monat
   e) Einmal im Monat
   f) Alle paar Monate einmal
   g) Etwa einmal im Jahr
   h) Weniger als einmal im Jahr
   i) Nie

9 Welcher Rasse gehören Sie an?
   a) Weiß
   b) Schwarz
   c) Spanisch-amerikanisch
   d) Asiatisch oder Asio-amerikanisch
   e) Amerikan. Ureinwohner (Indianer)
   f) Anderes (bitte genauere Angaben) ———————————

10 Bis zu welchem Bildungsgrad sind Sie gelangt?
   a) Doktorgrad
   b) Magister
   c) Universitätsstudium ohne Abschluß
   d) Vier-Jahres-College
   e) Zweijähriges Community-College
   f) College, aber kein Abschluß
   g) Technik-, Berufs- oder Handelsschule

h) High-School
i) High-School, aber kein Abschluß
j) Anderes (bitte genauere Angaben) _____

11 Besuchen Sie zur Zeit eine Schule oder Hochschule?
a) Nein
b) Ja, ich besuche eine Universität
c) Ja, ich besuche ein Vier-Jahres-College
d) Ja, ich besuche ein Community-College
e) Ja, ich besuche eine Technik-, Berufs- oder Handelsschule
f) Anderes (bitte genauere Angaben) _____

12 Welche der folgenden Summen entspricht am ehesten
Ihrem *eigenen* jährlichen Einkommen (ohne das eines
Ehepartner/Partners)? Einschließlich aller Einkünfte wie
Löhne, Gehälter, Trinkgelder, Zinsen, Dividenden etc.
a) Kein Einkommen
b) Weniger als $ 2500
c) $ 2500 bis $ 4999
d) $ 5000 bis $ 7499
e) $ 7500 bis $ 9999
f) $ 10000 bis $ 14999
g) $ 15000 bis $ 19999
h) $ 20000 bis $ 24999
i) $ 25000 bis $ 29999
j) $ 30000 bis $ 49999
k) $ 50000 und mehr

**Teil II.** *Medizinische Informationen*

1 Waren Sie während der letzten zehn Jahre stationär aus
medizinischen Gründen im Krankenhaus?
a) Ja
b) Nein (wenn ja, bitte genauere Angaben, weshalb) _____

2 Wurde bei Ihnen in den letzten zehn Jahren ein operativer
Eingriff vorgenommen?

a) Ja

b) Nein (wenn ja, bitte genauere Angaben) _____

3 Haben Sie während der letzten zehn Jahre eine Bluttransfusion erhalten?
a) Ja
b) Nein

4 Wurde bei Ihnen schon einmal eine Geschlechtskrankheit oder eine sexuell übertragbare Krankheit wie Syphilis, Gonorrhöe, Genitalherpes oder Chlamydia diagnostiziert?
a) Ja
b) Nein (wenn ja, bitte genauere Angaben) _____

5 (Nur für Frauen) Waren Sie schon einmal schwanger?
a) Ja
b) Nein (wenn ja, wie oft?) _____

6 Wie oft nehmen Sie Alkohol zu sich?
a) Täglich oder fast täglich
b) Vier- oder fünfmal pro Woche
c) Zwei- oder dreimal pro Woche
d) Einmal pro Woche
e) Ein- bis dreimal pro Monat
f) Ein paarmal im Jahr
g) Seltener als einmal im Jahr
h) Nie

7 Wenn Sie Alkohol zu sich nehmen, wie viele Drinks nehmen Sie dann normalerweise? (Ein Glas Wein oder Bier zählt als ein Drink)
a) Einen oder zwei
b) Drei oder vier
c) Fünf oder sechs
d) Mehr als sechs

8 Wie oft nehmen Sie Marihuana?
a) Täglich oder fast täglich
b) Vier- oder fünfmal pro Woche

c) Zwei- oder dreimal pro Woche
d) Einmal pro Woche
e) Ein- bis dreimal pro Monat
f) Ein paarmal im Jahr
g) Seltener als einmal im Jahr
h) Nie

9 Wie oft nehmen Sie Kokain?
a) Täglich oder fast täglich
b) Vier- oder fünfmal pro Woche
c) Zwei- oder dreimal pro Woche
d) Einmal pro Woche
e) Ein- bis dreimal pro Monat
f) Ein paarmal pro Jahr
g) Seltener als einmal im Jahr
h) Nie

10 Haben Sie jemals nichtverschreibungspflichtige Drogen gespritzt?
a) Ja
b) Nein

11 Welche Verhütungsmethoden wenden Sie zur Zeit an?
(falls zutreffend, mehrere ankreuzen)
a) Keine
b) Anti-Baby-Pille
c) Scheidendiaphragma
d) Schaum oder Gelee
e) Intrauterinpessar
f) Kondom
g) Tubenligatur
h) Vasektomie
i) Periodische Enthaltsamkeit (Knaus/Ogino)
j) Koitus interruptus
k) Spülung
l) Intravaginaler Schwamm
m) Andere (bitte genauere Angaben) _____

12 Welche Verhütungsmethode wenden Sie hauptsächlich an?
   a) Keine
   b) Anti-Baby-Pille
   c) Scheidendiaphragma
   d) Schaum oder Gelee
   e) Intrauterinpessar
   f) Kondom
   g) Tubenligatur
   h) Vasektomie
   i) Periodische Enthaltsamkeit (Knaus/Ogino)
   j) Koitus interruptus
   k) Spülung
   l) Intravaginaler Schwamm
   m) Anderes (bitte genauere Angaben) _____

13 Wie oft haben Sie und Ihr(e) Partner im letzten Jahr Kondome benutzt?
   a) Immer
   b) Regelmäßig (in mehr als ⅔ aller Fälle)
   c) Gelegentlich
   d) Selten (in weniger als 10% aller Fälle)
   e) Nie

**Teil III.** *Sexualverhalten*

1 Wie alt waren Sie bei Ihrem ersten sexuellen Kontakt? ____

2 Wie viele Sexualpartner hatten Sie in den letzten 12 Monaten?
   a) Keinen
   b) Einen
   c) Zwei oder drei
   d) Vier oder fünf
   e) Sechs bis neun
   f) 10−14
   g) 15−19
   h) 20−24
   i) 25 und mehr

207

3 Geben Sie bitte durch Ankreuzen für jedes der fünf unten aufgeführten Jahre die entsprechende Zahl Ihrer Sexualpartner an.

| Jahr | | Anzahl der Partner | | | | | | |
|------|--------|-------|-----|-----|-------|-------|-------|-----|
| 1986 | keinen | einen | 2−3 | 6−9 | 10−14 | 15−19 | 20−24 | 25+ |
| 1985 | keinen | einen | 2−3 | 6−9 | 10−14 | 15−19 | 20−24 | 25+ |
| 1984 | keinen | einen | 2−3 | 6−9 | 10−14 | 15−19 | 20−24 | 25+ |
| 1983 | keinen | einen | 2−3 | 6−9 | 10−14 | 15−19 | 20−24 | 25+ |
| 1982 | keinen | einen | 2−3 | 6−9 | 10−14 | 15−19 | 20−24 | 25+ |

4 Haben Sie im letzten Jahr eine der folgenden Sexualpraktiken ausgeübt? (Zutreffendes ankreuzen)
Selbstbefriedigung bis zum Orgasmus                     Ja   Nein
Manuelle Stimulierung durch den Partner
bis zum Orgasmus                                        Ja   Nein
Ausübung oralen Geschlechtsverkehrs
beim Partner                                            Ja   Nein
Ausübung oralen Geschlechtsverkehrs
durch den Partner                                       Ja   Nein
Vaginaler Geschlechtsverkehr                            Ja   Nein
Analer Geschlechtsverkehr                               Ja   Nein

5 Wie oft haben Sie im letzten Jahr jede einzelne der folgenden Sexualpraktiken durchschnittlich pro Monat ausgeübt?
Selbstbefriedigung bis zum Orgasmus         ____ mal im Monat
Manuelle Stimulierung durch Ihren Partner
bis zum Orgasmus                            ____ mal im Monat
Ausübung oralen Geschlechtsverkehrs
beim Partner                               ____ mal im Monat
Ausübung oralen Geschlechtsverkehrs
durch den Partner                          ____ mal im Monat
Vaginaler Geschlechtsverkehr               ____ mal im Monat

6 Wie oft hatten Sie im letzten Jahr analen Geschlechtsverkehr? (nur eine Antwort ankreuzen)

a) Täglich oder fast täglich
b) Vier- bis fünfmal pro Woche
c) Zwei- bis dreimal pro Woche
d) Einmal pro Woche
e) Ein- bis dreimal pro Monat
f) Einmal alle zwei bis drei Monate
g) Ein- bis dreimal im Jahr
h) Überhaupt nicht

7 (Nur für Männer) Haben Sie zur Zeit eine der folgenden Schwierigkeiten? (Zutreffendes bitte ankreuzen)
a) Zu geringes Interesse an Sex
b) Zu großes Interesse an Sex
c) Eine Erektion zu bekommen und zu behalten
d) Vorzeitigen Samenerguß
e) Zu späten Samenerguß
f) Unfähigkeit zum Samenerguß
g) Schmerzen während des Geschlechtsverkehrs
h) Keine der oben genannten

8 (Nur für Frauen) Haben Sie zur Zeit eine der folgenden Schwierigkeiten (Zutreffendes bitte ankreuzen)
a) Zu geringes Interesse an Sex
b) Zu großes Interesse an Sex
c) Sexuell erregt zu werden
d) Unfähigkeit, einen Orgasmus zu erreichen
e) Zu lange zu brauchen, um einen Orgasmus zu erreichen
f) Zu schnell zum Orgasmus zu kommen
g) Schmerzen während des Geschlechtsverkehrs
h) Keine der oben genannten

9 Mit wie vielen Personen insgesamt hatten Sie sexuelle Beziehungen?
a) Zahl der männlichen Sexualpartner insgesamt _____
b) Zahl der weiblichen Sexualpartner insgesamt _____

10 Wenn Sie verheiratet oder verlobt sind oder mit jemandem zusammenleben, waren Sie diesem Partner während der gesamten Dauer Ihrer Beziehung absolut treu?
a) Ja
b) Nein

11 Wenn Sie verheiratet oder verlobt sind oder mit jemandem zusammenleben, glauben Sie, daß Ihr Partner Ihnen während der gesamten Dauer Ihrer Beziehung treu war?
a) Unbedingt; ich bin ganz sicher
b) Wahrscheinlich; ich bin mir ziemlich, aber nicht ganz sicher
c) Möglich; ich denke, schon, bin mir aber nicht allzu sicher
d) Vermutlich nicht, aber ich weiß es nicht genau
e) Nein

12 Halten Sie es für möglich, daß Sie im letzten Jahr dem Aids-Virus ausgesetzt waren?
a) Ja
b) Nein
c) Ich bin nicht sicher

13 Glauben Sie, daß überhaupt ein Aids-Risiko für Heterosexuelle besteht, die keine intravenösen Drogen benutzen?
a) Ja
b) Nein
c) Ich bin nicht sicher

14 Glauben Sie, jemandem anmerken zu können, ob er mit dem Aids-Virus infiziert ist?
a) Ja
b) Nein
c) Ich bin nicht sicher

Wollen Sie irgendwelche Anmerkungen zu diesem Fragebogen machen? _____

_____

_____

Vielen Dank für Ihre Beteiligung an dieser Untersuchung.

# Anhang C

## Voreheliche Pflichtuntersuchungen auf HIV: eine verfahrenskritische Überprüfung der Harvard-Studie

In der Ausgabe vom 2. Oktober 1987 des *Journal of the American Medical Association* veröffentlichte eine Gruppe von Forschern der Harvard-Universität (die *Harvard Study Group*) ihre Analyse über die voraussichtliche Wirksamkeit einer vorehelichen Pflichtuntersuchung in den Vereinigten Staaten. In Kapitel 9 haben wir darauf hingewiesen, daß, während wir mit dem allgemeinen Rahmen ihres analytischen Modells übereinstimmen, wir einer der Hauptannahmen, die ihren Berechnungen zugrunde liegt, widersprechen. Wir haben vor allem aufgrund von Forschungsberichten beweiskräftiges Material zusammengetragen, das belegt, daß die Zahlen der Harvard Study Group bezüglich der Verbreitung der HIV-Infektion unter ehewilligen Personen viel zu niedrig angesetzt war. Um es noch einmal kurz zusammenzufassen: Wir sind der Ansicht, daß statt einer angenommenen Verbreitungsrate von 7 je 100 000 bei allen Frauen, die eine Heiratslizenz beantragen, eine Verbreitungszahl von 60 je 100 000 (basierend auf den umfassenden Militäruntersuchungen weiblicher Rekruten und anderen weiblichen Personals) bei Frauen unter 35 Jahren sehr viel genauer wäre. Bei den Männern gehen wir von drei verschiedenen Verbreitungsraten aus anstelle der Zahl des Harvard-Teams von 70 pro 100 000 bei allen Männern zwischen 18 und 45. Wir gehen, wiederum aufgrund der ausführlichen militärischen Untersuchungsdaten, von einer Rate von 160 je 100 000 bei 95 Prozent der

213

männlichen Bevölkerung unter 45 Jahren aus (vgl. Gruppe A in der Tabelle C.1, S. 215) in der Annahme, daß diese Männer heterosexuell sind und keine unerlaubten Drogen spritzen. Für die restlichen 5 Prozent der männlichen Bevölkerungsgruppe unter 45, die eine Heiratslizenz beantragen, kann man wohl zu Recht annehmen, daß sie aus Homosexuellen, Bisexuellen und Drogenkonsumenten besteht; für diese Gruppe setzen wir eine Rate von 10 Prozent an (10 000 von 100 000). Für alle anderen Männer und Frauen, das heißt Frauen von 35 und darüber sowie Männer von 45 und darüber, nehmen wir denselben Verbreitungsgrad an wie die Harvard Study Group, nämlich 7 von 100 000.

Mit der Anwendung dieser Ausgangszahlen auf die von den Harvard-Forschern benutzten Bevölkerungsstatistiken kommen wir zu ganz anderen Prognosen über die Anzahl der Personen, die eine Heiratslizenz beantragen und HIV-infiziert sind. Tabelle C.1 (S. 215) zeigt unsere Berechnungen:

Außer von den oben genannten Zahlen ging die Harvard Study Group davon aus, daß 60 Prozent der Paare, die eine Heiratserlaubnis beantragen, bereits vor der Untersuchung Geschlechtsverkehr hatten und daß bei diesen Paaren, wenn jeweils ein Partner HIV-infiziert wäre, die Übertragung des Aids-Virus bei 10 Prozent läge. (Aus rechnerischen Gründen wurde angenommen, daß HIV-infizierte Personen ausschließlich beabsichtigten, nichtinfizierte Personen zu heiraten.) Wenn wir die gleichen Annahmen auf die von uns berechneten Zahlen anwenden, kommen wir zu folgendem Ergebnis:

Zusätzliche Anzahl HIV-infizierter Männer =
10% von 60% von 994 HIV-infizierten Frauen
oder
$(0,10) \times (0,60) \times 994 = 59,6$, aufgerundet auf 60

Zusätzliche Anzahl HIV-infizierter Frauen =
10% von 60% von 11 293 HIV-infizierten Männern

## Tabelle C.1
### Statistische Neuberechnung der HIV-Ansteckungsrate von Ehekandidaten

**Frauen**

| Alter | | Zahl | Verbreitungsrate Multiplikator | | Zahl der Infizierten |
|---|---|---|---|---|---|
| 14−17 | | 84 943 × | (0,0006) | = | 51 |
| 18−19 | | 255 254 × | (0,0006) | = | 153 |
| 20−24 | | 685 773 × | (0,0006) | = | 411 |
| 25−29 | | 395 910 × | (0,0006) | = | 238 |
| 30−34 | | 201 921 × | (0,0006) | = | 121 |
| 35−44 | | 171 884 × | (0,00007) | = | 12 |
| 45−64 | | 98 706 × | (0,00007) | = | 7 |
| ≥ 65 | | 18 293 × | (0,00007) | = | 1 |
| Zwischensumme | | | | | 994 |

**Männer**

| Alter | | Zahl | Verbreitungsrate Multiplikator | | Zahl der Infizierten |
|---|---|---|---|---|---|
| 14−17 | | 12 818 | | | |
| | A | 12 177 × | (0,0016) | = | 20 |
| | B | 641 × | (0,10) | = | 64 |
| 18−19 | | 119 652 | | | |
| | A | 113 669 × | (0,0016) | = | 182 |
| | B | 5 983 × | (0,10) | = | 598 |
| 20−24 | | 632 089 | | | |
| | A | 600 485 × | (0,0016) | = | 961 |
| | B | 31 605 × | (0,10) | = | 3 161 |
| 25−29 | | 477 761 | | | |
| | A | 453 873 × | (0,0016) | = | 726 |
| | B | 23 888 × | (0,10) | = | 2 388 |
| 30−34 | | 258 802 | | | |
| | A | 245 861 × | (0,0016) | = | 393 |
| | B | 12 940 × | (0,10) | = | 1 294 |
| 35−44 | | 228 931 | | | |
| | A | 217 485 × | (0,0016) | = | 348 |
| | B | 11 446 × | (0,10) | = | 1 145 |
| ≥ 45 | | 182 631 × | (0,00007) | = | 13 |
| Zwischensumme | | | | | 11 293 |

215

(0,10) × (0,60) × 11 293 = 677,6, aufgerundet auf 678

Addiert man zu der aufgrund der Verbreitungszahlen errech-
neten Anzahl der HIV-infizierten Personen die Anzahl der
Personen, die auf dem Weg der Übertragung durch einen
infizierten Partner voraussichtlich vor der Ehe angesteckt
werden, kommen wir zu folgendem Ergebnis:

|     |     |
|-----|-----|
| 994 | HIV-infizierte Frauen |
| 678 | Frauen, die auf dem Weg der Übertragung durch den Partner infiziert wurden |
| 11 293 | HIV-infizierte Männer |
| 60 | Männer, die auf dem Weg der Übertragung durch die Partnerin infiziert wurden |
| 13 025 | infizierte Personen in der Gruppe der Ehewilligen insgesamt |

Um herauszufinden, wie viele dieser Personen wirklich aufgrund der vorehelichen Pflichtuntersuchungen ausfindig
gemacht werden, gehen wir im Hinblick auf Zuverlässigkeit
und Wirksamkeit der ELISA- und Western-Blot-Tests von
genau denselben Voraussetzungen aus: Die ELISA-Untersu-
chungsergebnisse basieren auf einer angenommenen Zuverlässigkeit von 98,3 Prozent und einer angenommenen Wirksamkeit von 99,8 Prozent, während die vergleichbaren Werte
für den Western-Blot-Test bei 92 beziehungsweise 95 Prozent
liegen. Dies ergibt die in Tabelle C.2 aufgeführten Resultate,
die hier kurz in der Aussage zusammengefaßt werden können,
nämlich daß bei der Durchführung von 3 825 368 ELISA-
Tests und zusätzlichen 12 802 Western-Blot-Tests zur Bestätigung von ELISA-Positiv-Befunden 11 778 Fälle von HIV-
Infizierung richtig festgestellt, 1 245 Infektionsfälle nicht entdeckt und 381 Personen ein falsch-positives Resultat haben
werden.

Indem wir ganz einfach von Verbreitungszahlen ausgingen,

**Tabelle C.2**
**Projizierte Durchführung von ELISA- und Western-Blot-Tests
im ersten Jahr vorehelicher Pflichtuntersuchungen, auf der Basis
veränderter angenommener Ansteckungsraten**

| | ANZAHL DER PERSONEN | | |
| | HIV-Infizierte | Nicht-HIV-Infizierte | Gesamt |
| --- | --- | --- | --- |
| ELISA-Ergebnisse | | | |
| Positiv (+) | 12 802 | 7 625 | 20 427 |
| Negativ (−) | 221 | 3 804 720 | 3 804 941 |
| Gesamt | 13 023* | 3 812 345 | 3 825 368 |
| | | | |
| Western-Blot-Ergebnisse | | | |
| ELISA +, WB + | 11 778 | 381 | 12 159 |
| ELISA +, WB − | 1 024 | 7 244 | 8 268 |
| Nicht getestet | | | |
| (ELISA −) | 221 | 3 804 720 | 3 804 941 |
| Gesamt | 13 023* | 3 812 345 | 3 825 368 |

\* Die geringfügige Abweichung zwischen dieser Zahl und der im Text erwähnten
Summe (13 025) erklärt sich aus dem Aufrunden der Dezimalstellen.

die mit den gewonnenen Ergebnissen vieler anderer Forscher
weit genauer übereinstimmen, kamen wir zu völlig anderen
Schlußfolgerungen als die Harvard Study Group, deren
Modell ergab, daß nur 1 219 infizierte Personen korrekt festgestellt werden könnten. Wer anerkennt, daß die Erfassung
von fast 12 000 Fällen von HIV-Infektionen im ersten Jahr
vorehelicher Pflichtuntersuchungen eine lohnenswerte Leistung ist, dem scheint ein derartiges Programm viel mehr
Wirkung und Nutzen zu haben, als die Harvard Group ihm
zubilligt. Dieser Schluß ist um so zwingender, wenn man
bedenkt, daß eine große Zahl der HIV-Ansteckungen von
Säuglingen durch einen vorehelichen Pflichttest abgewendet
werden kann. Wenn man das Basis-Modell der Harvard Study
Group zugrunde legte, jedoch unsere wesentlich realistischeren Zahlen über die Menge der seropositiven Frauen, die bei
einem vorehelichen Zwangstest festgestellt würden, benutzte,
gäbe es schätzungsweise nach einem Jahr dieser Untersuchun-

gen etwa 5000 infizierte Neugeborene weniger. Es ist wohl unnötig, zu betonen, daß bei einer wachsenden Verbreitung der Infektion in der Gesamtbevölkerung diese Zahl proportional steigen würde.

# Anmerkungen mit Quellennachweis

**Erklärung der Abkürzungen:**

CDC: U. S. Centers for Disease Control
JAMA: Journal of the American Medical Association
MMWR: Morbidity and Mortality Weekly Report
NEJM: New England Journal of Medicine

Ein Hinweis wie z. B. »s. Anm. 1/3« bedeutet, daß die betreffende Arbeit bereits zitiert wurde und daß das volle Zitat in Punkt 3 der Anmerkungen zu Kapitel 1 angeführt ist.

## Kapitel 1

1 S. J. Gould: The Terrifying Normalcy of AIDS. *In: New York Times Magazine*, 19. April 1987, S. 32−33.
2 Zum Beispiel berichteten die CDC 1986, daß »die relative Häufigkeit von AIDS-Fällen in den meisten Risikogruppen stabil geblieben ist« (*MMWR* 35, 1986, S. 17−21). Dr. Harold Jaffe, leitender Epidemiologe für AIDS bei den *CDC*, soll beim Dritten Internationalen AIDS-Kongreß Mitte 1987 gesagt haben, daß »unter Heterosexuellen kein explosives Wachstum des erworbenen Immunschwächesyndroms stattfindet« (nach L. K. Altman: AIDS Expert Sees No Sign of Heterosexual Outbreak. In: *New York Times,* 5. Juni 1987, S. A 17). Diese Aussage mag, in einem begrenzten Sinn, vielleicht gestimmt haben − die tatsächliche Zahl der an AIDS erkrankten Heterosexuellen hat vielleicht nicht zugenommen −, aber im Hinblick auf die lange Latenzphase zwischen dem Zeitpunkt der Infektion und dem Auftreten der Krankheit sagt diese Erklärung eigentlich nichts über die tatsächliche Entwicklung der Infektion aus. In einem anderen Zeitungsartikel in *The New York Times* mit dem Titel »AIDS Spread Seen in Same Patterns« (11. Oktober 1987, S. 44) wurde der Leiter der AIDS-Forschung des Gesundheitsamts von

New York City zitiert. Er sagte, daß sich am Muster der Infektion mit dem AIDS-Virus »nichts geändert hat«, obgleich man bei sorgfältigem Lesen des Zeitungsartikels zu einer anderen Meinung gelangt.

3 Die ursprüngliche Schätzung erfolgte im Coolfont Report: A PHS plan for prevention and control of AIDS and the AIDS virus. In: *Public Health Reports* 101, 1986, S. 341–48; und Institute of Medicine/National Academy of Sciences: *Confronting AIDS: Directions for Public Health, Health Care, and Rersearch.* National Academy Press, Washington, 1986. Im Dezember 1987 berichteten Gesundheitsbeamte bewiesenermaßen der Regierung, daß sie »keinen Grund sahen, frühere Schätzungen zu revidieren . . . daß 1 bis 1,5 Millionen Amerikaner sich bereits mit dem AIDS-Virus infiziert haben« (P. M. Boffey: U. S. to Test for AIDS in 30 Cities; Household Sampling Put Off. In: *New York Times,* 3. Dezember 1987, S. A 20).

4 Eine ganze Reihe amtlicher Behörden hat geschätzt, daß es zusätzlich zu jedem tatsächlichen Fall von AIDS 50 bis 100 Personen gibt, die sich mit dem AIDS-Virus infiziert haben. Siehe, zum Beispiel, R. R. Redfield und D. S. Burke: Shadow on the land: The epidemiology of HIV infection. In: *Viral Immunology* 1/1 1987, S. 69–81; und H. Mahler, Eröffnungsansprache bei der Second International Conference on AIDS, Paris, 23.–25. Juni 1986. Mahler, der Leiter der Weltgesundheitsorganisation, bemerkte: »AIDS, das Syndrom, ist nur die Spitze des Eisbergs; auf jeden AIDS-Fall kommen drei bis fünf Fälle einer weniger schweren AIDS-Erkrankung (ARC) und zwischen 50 und 100 Virusträger.« Da es in den Vereinigten Staaten Ende 1987 ungefähr 45 000 AIDS-Fälle gab, können wir damit rechnen (indem wir den Mittelwert von 75 zum Multiplizieren nehmen), daß es zum jetzigen Zeitpunkt ungefähr 3 375 000 infizierte Personen gibt.

5 T. A. Bell und K. Hein: Adolescents and Sexually Transmitted Diseases. In K. K. Holmes u. a. (Hrsg.): *Sexually Transmitted Diseases.* New York 1984, S. 73–84. In einem anderen Kapitel desselben Buchs (Prevention of Sexually Transmitted Diseases, S. 973–91) erklärt J. W. Curran: »Die zuverlässigste Determinante des Vorkommens von sexuell übertragenen Krankheiten ist das Alter. In den USA haben Teenager und junge Erwachsene zunehmenden Anteil an den Geschlechtskrankheiten« (S. 977). Um diese Beobachtung zu dokumentieren, hebt Curran hervor, daß 1980 83% aller Gonorrhöe-Fälle von Personen im Alter von 15 bis 29 Jahren gemeldet wurden. Außerdem stiegen bei den US-Teenagern die AIDS-Fälle in den ersten 11 Monaten von 1987 um 54% (J. Johnson:

Nation Found Lacking on Infant AIDS Threat. In: *New York Times,* 14. Dezember 1987, S. A 20.

6 U. S. Department of Health and Human Services: *Surgeon General's Report on Acquired Immune Deficiency Syndrome.* Washington D. C., 1986.

7 CDC: Positive HTLV-III/LAV antibody results for sexually active female members of social/sexual clubs — Minnesota. In: *MMWR* 35, 1986, S. 679—99.

8 Bei dieser Beobachtung stützen wir uns auf unsere eigenen unveröffentlichten Forschungsdaten, die wir über mehr als drei Jahrzehnte hinweg gesammelt haben. Genau die gleiche Meinung wird vertreten in B. B. Dan: Sex and the singles' whirl: the quantum dynamics of hepatitis B. In: *JAMA* 256, 1986, S. 1344.

9 P. Piot u. a.: Acquired immunodeficiency syndrome in an heterosexual population in Zaire. In: *Lancet* 2, 1984, S. 65—69; N. Clumeck u. a.: Seroepidemiological studies of HTLV-III antibody prevalence among selected groups of heterosexual Africans. In: *JAMA* 254, S. 2599—2602, 1985; T. C. Quinn u. a.: AIDS in Africa: An epidemiologic paradigm. In: *Science* 234: 955—63, 1986; R. J. Biggar: The AIDS problem in Africa. In: *Lancet* 1, 1986, S. 79—82; J. K. Kreiss u. a.: AIDS virus infection in Nairobi prostitutes. In: *NEJM* 314, 1986, S. 414—18.

10 W. B. Johnson (Cornell Medical College): Personal communication on epidemiology of AIDS and HIV infection in Haiti, 11. Juli 1986, zitiert in: L. Liskin und B. Blackburn: AIDS — A public health crisis. In: *Population Reports,* 1. Bd., Nr. 6, Juli-August 1986.

11 J. Palca: AIDS virus at the centre. In: *Nature* 319, 1987, S. 170; Richard Selzer: A Mask on the Face of Death. In: *Life,* August 1987, S. 59—64.

12 T. A. Peterman und J. W. Curran: Sexual transmission of human immunodeficiency virus. In: *JAMA* 256, 1986, S. 2222.

13 Institute of Medicine/National Academy of Sciences (s. Anm. 1/3); Liskin und Blackburn (s. Anm. 1/10).

14 Mahler (s. Anm. 1/4).

15 Siehe, z. B., W. King: Doctors Cite Stigma of AIDS in Declining to Report Cases. In: *New York Times,* 27. Mai 1986, S. A 1: MD Left AIDS Off Patient's Death Certificate. In: *American Medical News,* 14. August 1987, S. 35; Failure to List AIDS on Death Certificates Criticized. In: *American Medical News,* 2. Oktober 1987, S. 42; A. H. Hardy u. a.: Review of death certificates to assess completeness of AIDS case reporting. In: *Public Health Reports* 102, 1987, S. 386—91; T. Kircher und R. E. Anderson: Cause of death — Proper completion of the death certificate. In: *JAMA* 258, 1987, S. 349—52.

16 CDC: Revision of the CDC surveillence case definition for acquired

immunodeficiency syndrome. In: *MMWR* 36, 1987. Die neue Definition, die am 14. August 1987 erlassen wurde, sollte auf die Meldung
von Fällen ab 1. September 1987 angewandt werden.

17 CDC: Revision of the case definition of acquired immunodeficiency
syndrome for national reporting – United States. In: *MMWR* 34,
1985, S. 373–75.

18 Coolfont Report (s. Anm. 1/3).

19 ebd. Der Bericht erklärt: »Das empirische Modell (das dazu verwendet wird, um zukünftige Entwicklungen zu errechnen) könnte die
große Sterblichkeit, die mit AIDS in Verbindung gebracht wird, um
wenigstens 20 Prozent zu gering einschätzen, weil zu wenig Fälle
gemeldet oder die Schätzungen zu niedrig angesetzt werden.«

**Kapitel 2**

· 1 Youth's Puzzling Death in '69 May Be Early U. S. AIDS Case. In:
*New York Times,* 26. Oktober 1987, S. B 9; G. Kolata: Boy's 1969
Death Suggests AIDS Invaded U. S. Several Times. In: *New York
Times,* 28. Oktober 1987, S. A 15.

2 M. D. Daniel u. a.: Isolation of T-cell tropic HTLV-III-like retrovirus from macaques. In: *Science* 228, 1985, S. 1201–4; P. J. Kanki, J.
Alroy und M. Essex: Isolation of T-lymphotropic retrovirus related
to HTLV-III/LAV from wild-caught African green monkeys. In:
*Science* 230, 1985, S. 951–54; M. Murphey-Corb u. a.: Isolation of
an HTLV-III-related retrovirus from macaques with simian AIDS
and its possible origin in asymptomatic mangabeys. In: *Nature* 321,
1986, S. 435–37; N. L. Letvin und R. D. Desrosiers: Animal
models for AIDS and their use for vaccine and drug development.
Committee on a National Strategy for AIDS, Washington D. C.
1986.

3 CDC: *Pneumocystis* pneumonia – Los Angeles. In: *MMWR* 30,
1981, S. 250–52; A. Friedman-Kien u. a.: Kaposi's sarcoma and
*Pneumocystis* pneumonia among homosexual men in New York City
and California. In: *MMWR* 30, 1981, S. 305–8.

4 S. F. Lyons u. a.: Lack of evidence of HTLV-III endemicity in
southern Africa. In: *NEJM* 312, 1985, S. 1257–58; R. Sher u. a.:
Seroepidemiology of human immunodeficiency virus in Africa from
1970 to 1974. In: *NEJM* 317, 1987, S. 450–51.

5 Die Russen haben diese Anschuldigung schließlich zurückgenom-
men. Siehe: Soviet Disavows Charges That U. S. Created AIDS. In:
*New York Times,* 5. November 1987, S. A 31.

6 D. L. Breo: AMA AIDS Expert's Grim Message. In: *American*

*Medical News,* 5. Dezember 1986, S. 3; M. Chase: AIDS Conferees Share New Hopes, New Fears in Battling the Disease. In: *Wall Street Journal,* 13. April 1987, S. 25; L. K. Altman: AIDS Virus: Always Fatal? In: *New York Times,* 8. September 1987, S. C 1.

7 D. D. Ho, R. J. Pomerantz und J. C. Kaplan: Pathogenesis of infection with human immunodeficiency virus. In: *NEJM* 317, 1987, S. 278—86.

8 C. A. Raymond: Evidence mounts that other infection may trigger AIDS virus replication. In: *JAMA* 257, 1987, S. 2875; G. Nabel und D. Baltimore: An inducible transcription factor activates expression of human immunodeficiency virus in T cells. In: *Nature* 326, 1987, S. 711—13; J. J. Potterat: Does syphilis facilitate sexual transmission of HIV? (Leserbrief). In: *JAMA* 258, 1987, S. 473; T. C. Quinn u. a.: Serologic and immunologic studies in patients with AIDS in North America and Africa. In: *JAMA* 257, 1987, S. 2617—21.

9 Ho, Pomerantz und Kaplan (s. Anm. 2/7).

10 J. E. Groopman und J. Gurley: Biology of HIV Infection. In: *Information on AIDS for the Practicing Physician.* American Medical Association, Chicago 1987, Bd. 2, S. 17—23 (Zitat erscheint auf S. 19).

11 Peterman und Curran (s. Anm. 1/12); R. M. Grant, J. A. Wiley und W. Winkelstein: Infectivity of the human immunodeficiency virus: Estimates from a prospectiv study of homosexual men. In: *Journal of Infectious Diseases* 156, 1987, S. 189—93; J. J. Goedert: What is safe sex? In: *NEJM* 316, 1987, S. 1339—42; N. Padian u. a.: Male-to-female transmission of human immunodeficiency virus. In: *JAMA* 258, 1987, S. 788—90.

12 D. R. Bolling: Prevalence, goals, and complications of heterosexual anal intercourse in a gynecologic population. In: *Journal of Reproductive Medicine* 19, 1977, S. 120—24; J. Agnew: Hazards associated with anal erotic activity. In: *Archives of Sexual Behavior* 15, 1986, S. 307—14; Institute of Medicine/National Academy of Sciences (s. Anm. 1/3); Peterman und Curran (s. Anm. 1/12).

13 R. R. Redfield u. a.: Heterosexually acquired HTLV-III/LAV disease (AIDS-related complex und AIDS). In: *JAMA* 254, 1985, S. 2094—96; Peterman und Curran (s. Anm. 1/12); L. H. Calabrese und K. V. Gopalakrishna: Transmission of HTLV-III infection from man to woman to man. In: *NEJM* 314, 1986, S. 987; B. R. Saltzman u. a.: HTLV-III/LAV infection and immunodeficiency in heterosexual partners of AIDS patients. In: *Abstracts of the Second International Conference on AIDS,* 1986, S. 125; N. Padian: Heterosexual transmission of acquired immunodefiency syndrome: International perspectives and national projections. In: *Reviews of Infectious*

*Diseases* 9, 1987, S. 947−60; M. Chamberland und T. Dondero: Heterosexually acquired infection with human immunodeficiency virus HIV. In: *Annals of Internal Medicine* 107, 1987, S. 763−66.

14 M. A. Fischl u. a.: Evaluation of heterosexual partners, children, and household contacts of adults with AIDS. In: *JAMA* 257, 1987, S. 640−44. Diese Forscher berichteten, daß 14 von 28 weiblichen Geschlechtspartnern von Männern mit AIDS den Beweis einer Infektion mit dem AIDS-Virus erbrachten; allerdings »wurde analer Geschlechtsverkehr nicht häufig praktiziert und schien bei der heterosexuellen Übertragung von HTLV-III/LAV keine bedeutende Rolle zu spielen« (S. 643−44).

15 Padian u. a. (s. Anm. 2/11).

16 Diese Ebene des Risikos wird von einem Computermodell bestätigt, das von A. M. Salzberg u. a. erstellt wurde: Male-to-female transmission of HIV. In: *JAMA* 258, 1987, S. 3386.

17 D. D. Ho u. a.: HTLV-III in semen and blood of a healthy homosexual man. In: *Science* 226, 1984, S. 451−53; D. Zagury u. a.: HTLV-III in cells cultured from semen of two patients with AIDS. In: *Science* 226, 1984, S. 449-51.

18 C. B. Wofsy u. a.: Isolation of AIDS-associated retrovirus from genital secretions of women with antibodies to the virus. In: *Lancet* 1, 1986, S. 527−29; D. W. Archibald u. a.: Antibodies to HIV in cervical secretions from women at risk of AIDS. In: *Journal of Infectious Diseases* 156, 1987, S. 240−41.

19 Liskin und Blackburn (s. Anm. 1/10).

20 *Surgeon General's Report* (s. Anm. 1/6).

21 W. Winkelstein u. a.: Sexual practices and risk of infection by the human immunodeficiency virus. In: *JAMA* 257, 1987, S. 321−25.

22 Padian u. a. (s. Anm. 2/11).

23 Fischl u. a. (s. Anm. 2/14).

24 Zum Beispiel sind Fälle von Pharynx-Gonorrhöe oder Syphilis bekannt. Der Rachen wird bei ungefähr 5% der heterosexuellen Männer und 10−20% der heterosexuellen Frauen mit Gonorrhöe infiziert. Die klassische primäre Syphilis kommt mit ziemlicher Häufigkeit auf den Lippen und der Zunge oder an anderen Stellen im Mund vor, einschließlich der Mandeln. Sowohl bei Männern als auch bei Frauen gibt es bestätigte Fälle von chlamydialer Pharyngitis. Genitalherpes ist natürlich eine häufige Folge des oral-genitalen Kontakts. Und Hepatitis B, die das höchste Vorkommen bei homosexuellen Männern hat, kann durch oral-genitalen wie auch durch analen und vaginalen Geschlechtsverkehr übertragen werden. Aber selbst seltenere Geschlechtskrankheiten, wie etwa weicher Schanker, der durch *Calymmatobacterium granulomatis* verursacht wird,

sind schon durch oralen Geschlechtsverkehr übertragen worden. B. R. Garg u. a.: Donovanosis (granuloma inguinale) of the oral cavity. In: *British Journal of Venereal Disease* 51, 1975, S. 136.

25 J. E. Groopman u. a.: HTLV-III in saliva of people with AIDS-related complex and healthy homosexual men at risk for AIDS. In: *Science* 226, 1984, S. 447−49; D. D. Ho u. a.: Infrequency of isolation of HTLV-III virus from saliva in AIDS. In: *NEJM* 313, 1985, S. 1606.

26 Siehe, z. B., die Erörterungen von Institute of Medicine/National Academy of Sciences (s. Anm. 1/3) und *Surgeon General's Report* (s. Anm. 1/6).

27 T. J. Spira u. a.: Prevalence of antibody to lymphadenopathy-associated virus among drug detoxification patients in New York. In: *NEJM* 311, 1984, S. 467−69; D. E. Craven, L. M. Kunches und J. E. Groopman: Prevalence of antibodies to HTLV-III in parenteral drug abusers attending a methadone clinic (vorgelegt bei der First International Conference on AIDS, Atlanta, 14.−17. April 1985); R. D'Aquila u. a.: Prevalence of HTLV-III infection among New Haven, Connecticut, parenteral drug abusers in 1982−1983. In: *NEJM* 314, 1986, S. 117−18; D. I. Macdonald: IV drugs and AIDS in San Francisco. In: *JAMA* 258, 1987, S. 2642.

28 H. G. Klein und H. J. Alter: Blood Transfusion and AIDS. In: *Information on AIDS* (s. Anm. 2/10), S. 7−10.

29 Obgleich das Erhitzen von Gerinnungsfaktoren das Risiko einer Infektion mit HIV bei Blutern verringert hat, werden trotz der ausschließlichen Verwendung von erhitzten Gerinnungsfaktoren immer wieder Fälle von Serokonversionen gemeldet. Siehe, z. B., G. C. White: HTLV-III seroconversion associated with heat-treated factor VIII concentrate. In: *Lancet* 1, 1986, S. 611−12; G. Mariani u. a.: Heated clotting factors and seroconversion for human immunodeficiency virus in three hemophiliae patients. In: *Annals of Internal Medicine* 107, 1987, S. 113; CDC: Survey of non-U.S. hemophilia treatment centers for HIV seroconversions following therapy with heat-treated factor concentrates. In: *MMWR* 36, 1987, S. 121−24.

30 Klein und Alter (s. Anm. 2/28, S. 8).

31 Ebd.

32 Liskin und Blackburn (s. Anm. 1/10).

33 CDC: Update: Acquired immunodeficiency syndrome − United States. In: *MMWR* 35, 1986, S. 757−66.

34 G. B. Scott u. a.: Mothers of infants with acquired immunodeficiency syndrome: Evidence for both symptomatic and asymptomatic carriers. In: *JAMA* 253, 1985, S. 363−66; W. A. Ledger: AIDS and

the Obstetrician/Gynecologist: Commentary. In: *Information on AIDS* (s. Anm. 2/10), S. 5—6; J. Q. Mok u. a.: Infants born to mothers seropositive for human immunodeficiency virus. In: *Lancet* 1, 1987, S. 1164—67.

35 L. Thiry u. a.: Isolation of AIDS virus from cell-free breast milk of three healthy virus carriers. In: *Lancet* 2, 1985, S. 891—92.

36 J. B. Ziegler u. a.: Postnatal transmission of AIDS-associated retrovirus from mother to infant. In: *Lancet* 1, 1985, S. 896—98.

37 Zum Beispiel war, gemäß einem Bericht, keine von 101 Pflegepersonen im medizinischen Bereich, die den AIDS-Patienten direkt ausgesetzt waren, seropositiv. (A. Moss u. a.: Risk of seroconversion for acquired immunodeficiency syndrome in San Francisco health workers. In: *Journal of Occupational Medicine* 28, 1986, S. 821—24.) In einem anderen Bericht über 361 Personen, die im Gesundheitswesen und in klinischen Laboratorien arbeiteten, waren 3 von 44, die sich mit Nadelstichen verletzt hatten, seropositiv (S. H. Weiss: HTLV-III infection among health-care workers. In: *JAMA* 254, 1985, S. 2089—93). In einer anderen Untersuchung waren nur 2 von 320 Personen im Gesundheitswesen, die sich dem Blut oder anderen Körperflüssigkeiten von AIDS-Patienten durch Nadelstiche ausgesetzt hatten, positiv für HIV-Antikörper. (E. McCray: Occupational risk of acquired immunodeficiency syndrome among health care workers. In: *NEJM* 314, 1986, S. 1127—32.) Einige Ausnahmen (die relativ seltenen Fälle, in denen Verletzungen durch Nadelstiche zu einer HIV-Infektion führten) wurden im folgenden berichtet: Needlestick transmission of HTLV-III from a patient infected in Africa. In: *Lancet* 2, 1984, S. 1376—77; R. L. Stricof und D. L. Morse: HTLV-III seroconversion following a deep intramuscular needlestick injury. In: *NEJM* 314, 1986, S. 1115; E. Oksenhendler u. a.: HIV infection with seroconversion after a superficial needlestick injury to the finger. In: *NEJM* 315, 1986, S. 582; und C. Neisson-Vernant u. a.: Needlestick HIV seroconversion in a nurse. In: *Lancet* 2, 1986, S. 814. Im San Francisco General Hospital, das als das führende AIDS-Krankenhaus der USA betrachtet wird, war das Personal besorgt, als im Oktober 1987 bekannt wurde, daß eine Pflegerin nach einer Nadelstichverletzung ein seropositives Ergebnis zeitigte. Die Leiterin der orthopädischen Chirurgie im Krankenhaus, Dr. Lorraine Day, formulierte die starke Reaktion folgendermaßen: »Wie wir erfahren haben, ist bei einer unserer Krankenpflegerinnen eine Serokonversion festgestellt worden. Das Wort Serokonversion vermittelt den Eindruck, als hätten diese Menschen irgendeine Religion oder so etwas Ähnliches bekommen. Lassen Sie uns doch ehrlich sein. Lassen Sie uns sagen, daß die Pflegerin mit einer

tödlichen Krankheit infiziert wurde und sterben wird.« Dr. Day sagte außerdem, daß viele der AIDS-Experten des Krankenhauses insgeheim die Befürchtung hatten, jeder, der sich mit dem AIDS-Virus infiziere, bekäme am Ende eine vollentwickelte AIDS-Krankheit und würde sterben. (S. Staver: Orthopod Urges HIV Testing. In: *American Medical News*, 4. Dezember 1987, S. 1, 36−37, Zitat auf S. 37.)

38 CDC: Update: Human immunodeficiency virus infection in health-care workers exposed to blood of infected patients. In: *MMWR* 36, 1987, S. 285−89.

39 J. L. Baker u. a.: Unsuspected human immunodeficiency virus in critically ill emergency patients. In: *JAMA* 257, 1987, S. 2609−11.

**Kapitel 3**

1 Siehe, z. B., D. A. Cooper u. a.: Acuta AIDS retrovirus infection: Definition of a clinical illness associated with seroconversion. In: *Lancet* 1, 1985, S. 547−50; C. A. Carne u. a.: Acute encephalopathy coincident with seroconversion for anti-HTLV-III. In: *Lancet* 2, 1985, S. 1206−8; J. Tucker u. a.: HTLV-III infection associated with glandular-fever-like illness in an haemophiliac. In: *Lancet* 1, 1985, S. 585; R. Lindskov u. a.: Acute HTLV-III infection with roscola-like rash. In: *Lancet* 1, 1986, S. 447; H. A. Kessler u. a.: Diagnosis of human immunodeficiency virus infection in seronegative homosexuals presenting with an acute viral syndrome. In: *JAMA* 258, 1987, S. 1196−99.

2 R. M. Levy, D. E. Bedesen und M. L. Rosenblum: Neurological manifestations of the acquired immunodeficiency syndrome (AIDS): experience at UCSF and review of the literature. In: *Journal of Neurosurgery* 62, 1985, S. 475−95; H. Hollander und J. A. Levy: Neurologic abnormalities and recovery of human immunodeficiency virus from cerebrospinal fluid. In: *Anals of Internal Medicine* 106, 1987, S. 692−95; D. H. Gabuzda und M. S. Hirsch: Neurologic manifestations of infection with human immunodeficiency virus. In: *Annals of Internal Medicine* 107, 1987, S. 383−91.

3 Liskin und Blackburn (s. Anm. 1/10); Institute of Medicine/National Academy of Sciences (s. Anm. 1/3).

4 Ho, Pomerantz und Kaplan (s. Anm. 2/7, S. 283).

5 R. A. Weiss u. a.: Variable and conserved neutralization antigenes of human immunodeficiency virus. In: *Nature* 324, 1986, S. 572−75; A. Ranki u. a.: Characterization of the latent period and the development of neutralizing antibodies in early sexually transmitted HIV

227

infection (Auszug). In: *U. S. Department of Health and Human Services: Third International Conference on Acquired Immunodeficiency Syndrom (AIDS)*. Washington D. C., 1987, S. 30; S. Koenig und Z. F. Rosenberg: Immunology of infection with the human immunodeficiency virus (HIV). In: *Annals of Internal Medicine* 107, 1987, S. 409–12.

6 M. Melbye u. a.: Long-term seropositivity for human T-lymphotropic virus type III in homosexual men without the acquired immunodeficiency syndrome: Development of immunologic and clinical abnormalities. In: *Annals of Internal Medicine* 104, 1986, S. 496–500.

7 B. F. Polk u. a.: Predictors of the acquired immunodeficiency syndrome developing in a cohort of seropositive homosexual men. In: *NEJM* 316, 1987, S. 61–66; J. J. Goedert u. a.: Effect of T4 count and cofactors on the incidence of AIDS in homosexual men infected with human immunodeficiency virus. In: *JAMA* 257, 1987, S. 331–34.

8 Ebd.

9 Quinn u. a. (s. Anm. 2/8).

10 M. Troye-Blomberg u. a.: Regulation of the immune response in *Plasmodium falciparum* malaria. In: *Clinical and Experimental Immunology* 58, 1984, S. 380–87; R. G. Marlink: Africa and the biology of human immunodeficiency virus. In: *JAMA* 257, 1987, S. 2632–33.

11 Quinn u. a. (s. Anm. 2/8); Padian (s. Anm. 2/13); Selzer (s. Anm. 1/11). Außerdem glauben viele Experten, daß in Afrika und Haiti die heterosexuell übertragenen HIV-Infektion sehr häufig vorkommt, weil in diesen Gebieten Geschwüre oder Wunden im Genitalbereich bei beiden Geschlechtern sehr häufig auftreten, wodurch es für das Virus leichter ist, durch penil-vaginalen Geschlechtsverkehr in den Körper einzudringen. Ein anderer Weg in den Körper könnte folgender sein: Wenn ein Mann Gonorrhöe (oder eine ähnliche Geschlechtskrankheit) hat, hat er (infolge der Infektion) mehr weiße Blutzellen in seinem Samen, was bedeutet, daß in seinem Samen wahrscheinlich mehr AIDS-Viren sind als sonst.

12 Groopman und Gurley (s. Anm. 2/10); C. Bohan u. a.: Transactivation of human immunodeficiency virus by herpes virus (Auszug). In: *Third International Conference* (s. Anm. 3/5), S. 14.

13 Nabel und Baltimore (s. Anm. 2/8).

14 Institute of Medicine/National Academy of Sciences (s. Anm. 1/3), S. 65.

15 D. B. Fishbein u. a.: Unexplained lymphadenopathy in homosexual men. In: *JAMA* 254, 1985, S. 930–35; U. Mathur-Wagh, D. Mild-

van und R. T. Senie: Follow-up at 4½ years on homosexual men with generalized lymphadenopathy. In: *NEJM* 313, 1985, S. 1542−43; J. E. Kaplan u. a.: Lymphadenopathy syndrome in homosexual men. In: *JAMA* 257, 1987, S. 335−37.

16 R. S. Holzman, C. M. Walsh und S. Karpatkin: Risk for the acquired immunodeficiency syndrome among thrombocytopenic and nonthrombocytopenic homosexual men seropositive for the human immunodeficiency virus. In: *Annals of Internal Medicine* 106, 1987, S. 383−86.

17 B. Johnstone: German survey's gloomy outlook. In: *Nature* 324, 1986, S. 199. In diesem Bericht über eine Arbeit, die in der *Deutschen Medizinischen Wochenschrift* 1986 vorgelegt wurde, sagen Computeranalysen, basierend auf früheren Entwicklungen, bei 543 Patienten, die im großen und ganzen Geschlechtspartner der ersten AIDS-Opfer waren, die in Frankfurt starben, voraus, daß 50% der HIV-Antikörperträger innerhalb von fünf Jahren nach ihrem ersten Kontakt mit dem Virus eine voll entwickelte AIDS-Krankheit und 75% innerhalb von sieben Jahren AIDS haben werden.

18 B. Lambert: AIDS Forecasts Are Grim − and Disparate. In: *New York Times*, 25. Oktober 1987, Teil 4, S. 24. (Siehe auch den Kommentar von Dr. Lorraine Day in Anm. 2/37.)

19 R. C. Gallo u. a.: Frequent detection and isolation of cytopathic retroviruses (HTLV-III) from patients with AIDS and at risk for AIDS. In: *Science* 224, 1984, S. 500−502; J. A. Levy und J. Shimabukuro: Recovery of AIDS-associated retroviruses from patients with AIDS, AIDS-related conditions, and clinically healthy individuals. In: *Journal of Infectious Diseases* 152, 1985, S. 734−38; B. A. Michaelis und J. A. Levy: Recovery of human immunodeficiency virus from serum. In: *JAMA* 257, 1987, S. 1327.

20 J. J. Goedert: Testing for human immunodeficiency virus. In: *Annals of Internal Medicine* 405, 1986, S. 609−10; J. W. Ward u. a.: Laboratory and epidemiologic evolution of an enzyme immunoassay for antibodies to HTLV-III. In: *JAMA* 256, 1986, S. 357−61; A. M. Courouce: Evaluation of eight ELISA kits for the detection of anti-LAV/HTLV-III antibodies. In: *Lancet* 1, 1986, S. 1152−53; G. Ujhelyi u. a.: Studies of the sensitivity and reproducibility of commercial kits to detect antibodies to human immunodeficiency virus. In: *Transfusion* 27, 1987, S. 210−12.

21 Ward u. a. (s. Anm. 3/20).

22 Ein Beispiel für die Ungenauigkeit des Western-Blot-Bluttests findet sich in einer Untersuchung aus dem Jahr 1985, in der 10 von 69 AIDS-Patienten sowohl bei dem ELISA-Bluttest wie auch bei dem Western-Blot-Test ein negatives Ergebnis hatten. (J. R. Carlson

u. a.: AIDS serology testing in low- and high-risk groups. In: *JAMA* 253, 1985, S. 3405–8.) Falsche positive Ergebnisse wurden auch mit dem Western-Blot-Bluttest festgestellt (siehe, z. B., D. S. Burke und R. R. Redfield: False-positive Western blot tests for antibodies to HTLV-III. In: *JAMA* 256, 1986, S. 347; und G. Biberfeld u. a.: Blood donar sera with false-positive Western blot reactions to human immunodeficiency virus. In: *Lancet* 2, 1986, S. 289–90).

23 S. Z. Salahuddin u. a.: HTLV-III in symptom-free seronegative persons. In: *Lancet* 2, 1984, S. 1418; J. P. Phair: Human immunodeficiency virus antigenemia. In: *JAMA* 258, 1987, S. 1218; A. Ranki u. a.: Long latency precedes overt seroconversion in sexually transmitted human-immunodeficiency-virus infection. In: *Lancet* 2, 1987, S. 589–93.

24 D. D. Ho u. a.: Primary human T-lymphotropic virus type III infection. In: *Annals of Internal Medicine* 103, 1985, S. 880–83; Institute of Medicine/National Academy of Sciences (siehe Anm. 1/3); A. J. Saah: Serologic Tests for Human Immunodeficiency Virus (HIV). In: *Information on AIDS* (s. Anm. 2/10), S. 11–16.

25 Institute of Medicine/National Academy of Sciences (s. Anm. 1/3), S. 114.

26 Consensus Conference: The impact of routine HTLV-III antibody testing of blood and plasma donors on public health. In: *JAMA* 256, 1986, S. 1778–83 (Zitat auf S. 1780).

27 C. Levine und R. Bayer: Screening blood: Public health and medical uncertainty. In: *Hastings Center Report,* Sonderausgabe, August 1985, S. 8–11; R. Shilts: *And the Band Played On: Politics People, and the AIDS Epidemic.* New York, 1987, S. 541–42 u. 552.

28 Saah (s. Anm. 3/24); Phair (s. Anm. 3/23); Kessler (s. Anm. 3/1).

**Kapitel 4**

1 M. J. Alter u. a.: Hepatitis B virus transmission between heterosexuals. In: *JAMA* 265, 1986, S. 1307–10.

2 M. T. Schreeder u. a.: Hepatitis B in homosexual men: Prevalence of infection and factors related to transmission. In: *Journal of Infectious Diseases* 146, 1982, S. 7–15; S. M. Lemon: Viral Hepatitis. In: Holmes u. a. (s. Anm. 1/5), S. 479–96.

3 Alter u. a. (s. Anm. 4/1), S. 1309.

4 Interessant ist auch, daß eine fast identische Prozentzahl homosexueller und bisexueller Männer, die an einer großen Untersuchung teilnahmen, die HIV-Antikörper-Tests zum Inhalt hatten, es ablehnten, Informationen über ihre Testergebnisse entgegenzunehmen.

Ein Bericht über die Untersuchung von D. Lyter u. a. (*Public Health Reports* 102, 1987, S. 468–74, zitiert in: *JAMA* 258, 1987, S. 2349) stellte fest, daß nur 1109 von 2047 homosexuellen und bisexuellen Männern (54%) sich entschlossen, die Ergebnisse ihres HIV-Antikörper-Tests entgegenzunehmen. Von denjenigen Männern, die ihre Ergebnisse nicht erfahren wollten und die in einem Fragebogen ihre Gründe anführten, warum sie sie nicht wissen wollten, sagten 16%, daß sie nicht glaubten, daß der HIV-Antikörper-Test das Auftreten von AIDS voraussagen könne, 18% glaubten, daß der Test ungenau sei, und andere machten sich wegen der emotionalen Reaktionen auf ein positives Testergebnis Sorgen.

5 Zum Beispiel stellen Institute of Medcine/National Academy of Sciences in ihrem Bericht (s. Anm. 1/3) auf S. 9 fest:»In den nächsten 5 bis 10 Jahren wird es wesentlich mehr Fälle von HIV-Infektionen unter der heterosexuellen Bevölkerung geben.« Der *Surgeon General's Report* (s. Anm. 1/6) stimmt damit überein und hebt hervor:»Es wird erwartet, daß die heterosexuelle Übertragung für einen zunehmenden Anteil derjenigen verantwortlich sein wird, die sich künftig mit dem AIDS-Virus infizieren.« Siehe auch D. F. Echenberg: A new strategy to prevent the spread of AIDS among heterosexuals. In: *JAMA* 254, 1985, S. 2129–30; M. E. Guinan und A. Hardy: Epidemiology of AIDS in women in the United States – 1981–1986. In: *JAMA* 257, 1987, S. 2039–42; E. E. Schoenbaum und M. H. Alderman: Antibody to the human immunodeficiency virus in New York City. In: *Annals of Internal Medicine* 107, 1987, S. 599; und Padian (s. Anm. 2/13).

6 I. L. Reiss u. a.: Research on Heterosexual Relationships. In: R. Green und J. Weiner, Hrsg.: *Methodology in Sex Research*. U. S. Department of Health and Human Services, Rockville, Md., ADM 80–766, 1980, S. 1–57; W. H. Masters, V. E. Johnson und R. C. Kolodny: Sex Research: An Overview. In: *Human Sexuality*. Boston, ²1985, S. 24–45.

7 *Surgeon General's Report* (s. Anm. 1/6); D. P. Francis und J. Chin: The prevention of acquired immunodeficiency syndrome in the United States. In: *JAMA* 257, S. 1357–66; Goedert (s. Anm. 2/11).

**Kapitel 5**

1 Shilts (s. Anm. 3/27), S. 220–26, 343–48, 432–35.

2 CDC: Human immunodeficiency virus infection in transfusion recipients and their family members. In: *MMWR* 36, 1987, S. 137–40. Solche offiziellen Versicherungen finden immer wieder ihren Weg in

die Presse. Zum Beispiel: »Experten sagen, Bluttransfusionen stellen praktisch kein Infektionsrisiko dar, da Blutspenden heute in bezug auf Verunreinigungen durch das AIDS-Virus geprüft werden.« (H. Stout, 40% of Americans Fear They Will Contract AIDS, A Poll Indicates. In: *New York Times,* 29. November 1987, S. 26.)

3 Goedert (s. Anm. 3/20)

4 S. H. Weiss u. a.: Screening test for HTLV-III (AIDS agent) antibodies. In: *JAMA* 253, 1985, S. 221−25.

5 Carlson u. a. (s. Anm. 3/22)

6 A. J. Saah u. a.: Detection of early antibodies in human immunodeficiency virus infection by enzyme-linked immunosorbent assay, Western blot, and radioimmunoprecipitation. In: *Journal of Clinical Microbiology* 25, 1987, S. 1605−10. Saah und seine Kollegen stellten fest, daß bei der Multicenter AIDS Cohort Study in einer Gruppe von 106 Serokonvertern 19 keine oder wenig Empfänglichkeit für gp41 (eines der Umhüllungs-Antigene von HIV) bei ihrem 6monatlichen Arztbesuch zeigten. Diese Forscher bemerkten: »Wenn Individuen, die HIV-Serokonverter sind, nicht freiwillig auf das Spenden von Blut oder Plasma verzichten, scheint es sehr wahrscheinlich, daß solches verseuchtes Blut, mal mehr, mal weniger, von den derzeit genehmigten Tests falsch identifiziert wird« (S. 1069).

7 H. W. Reesink u. a.: Evaluation of six enzyme immunoassays for antibody against immunodeficiency virus. In: *Lancet* 2, 1986, S. 483−86; Courouce u. a. (s. Anm. 3/20); G. Fust u. a.: Traps of HIV serology: Independent changes in sensitivity and specificity of ELISA kits. In: *Third International Conference* (s. Anm. 3/5), S. 49; Ujhelyi u. a. (s. Anm. 3/20).

8 M. E. Lanz u. a.: The impact of quality of the laboratory staff on the accuracy of laboratory results. In: *JAMA* 258, 1987, S. 361−63. Probleme bei der Untersuchung auf HIV-Antikörper sind in mancher Weise gleichlaufend mit Schwierigkeiten bei der Laborarbeit, wie sie bereits beim Testen von Urin auf illegale Drogen aufgetaucht sind. Einige dieser Probleme werden erörtert in E. J. Imwinkelried: False positive: Shoddy drug testing is jeopardizing the jobs of millions. In: *The Sciences,* 27 (5), 1987, S. 23−28. Eine andere Abhandlung über Drogentests stellt fest, viele Laborleiter bestünden auf einer bestätigenden Wiederholung, »um sicherzustellen, daß es keinen Verwaltungsirrtum, wie eine Verwechslung von Proben, gegeben hat« (D. W. Hoyt u. a.: Drug testing in the workplace − Are methods legally defensible? In: *JAMA* 258; 1987, S. 504−9. Zitat auf S. 507). Ähnlich stellt in einem neueren Buch Dr. John A. J. Barbara fest, daß »in einem vielbeschäftigten Transfusionszentrum« alle möglichen Fehler unterlaufen können (J. C. Petricciani

u. a. [Hrsg.]: AIDS: The Safety of Blood and Blood Products. WHO/John Wiley, New York, 1987, S. 166—67). Trotz solch verbreiteten Eingeständnisses von Verwechslungen und Irrtümern bei den Tests selbst der besten Laboratorien hat man diesem Problem in Hinsicht auf fälschlich als »antikörperfrei« bezeichnetes, HIV-infiziertes Blut und dessen anschließende Zulassung zu Transfusionen praktisch keine Aufmerksamkeit geschenkt.

9 D. B. Barnes: New questions about AIDS test accuracy. In: *Science* 238, 1987, S. 884—85.

10 T. F. Zuck: Greetings — A final look back with comments about a policy of zero-risk blood supply. In: *Transfusion* 27, 1987, S. 447—48.

11 Ranki u. a. (s. Anm. 3/23). In dieser Untersuchung, bei der Blutproben retrospektiv getestet wurden, die man vorher in 3—6monatigen Abständen einer Gruppe homosexueller Männer abgenommen hatte, die sich in der Folge als seropositiv erwiesen, zeigte sich, daß bei 5 von 9 Männern die Serokonversion 7 bis 8 Monate dauerte, während 2 der 9 Männer 13 bis 14 Monate dafür brauchten. Dieser außerordentliche Befund muß zwar noch verifiziert werden, aber seine Folgerungen sind besonders bestürzend, da sie darauf hinweisen, daß Fälle, bei denen ein längeres Ansteckungsintervall auftritt, ehe eine ELISA-meßbare Antikörper-Reaktion erfolgt, verbreiteter sein könnten, als man dachte.

12 Ho u. a. (s. Anm. 3/24); CDC: Transfusion-associated human T-lymphtropic virus type III/lymphadenopathy-associated virus from a seronegative donor — Colorado. In: *MMWR* 35, 1986, S. 389—91.

13 Laut W. E. Kline u. a.: Hepatitis B core antibody (antiHBc) in blood donors in the United States: Implications for surrogate testing programs. In: *Transfusion* 27, 1987, S. 99—102, hat das American Red Cross in dem letzten Jahr, für das Daten verfügbar sind (1. Juli 1984 bis 30. Juni 1985), annähernd 6,1 Millionen Bluteinheiten gesammelt, was der Hälfte der nationalen Blutversorgung entsprach. Der durchschnittliche Rotkreuz-Spender spendete 1,5mal im Jahr Blut. Wenn also die Gesamtzahl gespendeter Bluteinheiten in den USA annähernd 12 Millionen betrug, also Spenden von etwa 8 Millionen verschiedener Spender, und die Gruppe der 18- bis 64jährigen 1984 in Amerika annähernd 145 Millionen betrug (U. S. Bureau of the Census: *Statistical Abstract of the United States, 1986.* Washington D. C. 1985, S. 17. 106. Ausg.), kann man schätzen, daß etwa 5,5% der amerikanischen erwachsenen Bevölkerung unter 65 Jahren in jedem beliebigen Jahr als Blutspender dienen. Das bedeutet, daß unsere Annahme einer Quote von 4% Blutspendern unter den Personen mit frischen Fällen von HIV-Infektion, die weder homo-

noch bisexuell sind, noch intravenös Drogen benutzen, eher vorsichtig ist. In dieselbe Richtung gehört die Feststellung, daß eine Blutbank im Gebiet von San Francisco, die ein retrospektives Programm durchführte, herausfand, daß bis zum August 1986 139 (5,5%) von den etwa 2500 in ihrer Umgebung nachgewiesenen AIDS-Patienten seit 1977 bei einer Blutbank gespendet hatten; zwischen 1977 und 1984 hatten diese 139 AIDS-kranken Patienten für mehr als 950 Personen Blut gespendet (M. Busch, S. Sampson und H. Perkins: Is look-back doing the job? (Leserbrief.) In: *Transfusion* 27, 1987, S. 503–04.

14 Das ist ein kompliziertes Thema. Es gibt viele Gründe, weshalb manche Menschen in Hochrisiko-Gruppen weiterhin als Blutspender tätig sind. Die schlimmsten Fälle sind sicherlich die von nachweisbar AIDS-Kranken oder AIDS-Infizierten, die wiederholt – und bewußt – weiter Blut spenden. Über einen solchen Fall, den eines AIDS-kranken Mannes, der sein infiziertes Blut einer kommerziellen Plasma-Bank in Los Angeles verkaufte, wurde unlängst berichtet (Charges Filed Against Blood Donor In AIDS Case. In: *New York Times*, 30. Juni 1987, S. A18; *American Medical News*, 24. Juli 1987, S. 12). Man weiß von ähnlichen Fällen, die vorgekommen und Anlaß zu schwerer Besorgnis sind, auch wenn man hoffen muß, daß sie höchst selten sind. Leider spenden aber Angehörige von Hochrisiko-Gruppen weiter Blut aufgrund realer oder empfundenen sozialen Drucks (Consensus Conference, s. Anm. 3/26, S. 1782). Dieses Problem ist wahrscheinlich in der Tat von viel größerem Ausmaß, als allgemein zugegeben worden ist. Reporter Philip M. Boffey zitierte verschiedene Experten, die sagten, daß »viele Personen in ›Hochrisiko-Gruppen‹, wie männliche Homosexuelle, weiter Blut spenden, trotz aller Bemühungen, sie davon abzuschrecken« (*New York Times*, 8. Juli 1986, S. C3). Manche Menschen, die von HIV-Infektion gefährdet sind, scheinen sich nicht bewußtzumachen, daß sie infiziert sein könnten – ein verheirateter Mann zum Beispiel, der gelegentlich sexuellen Kontakt mit anderen Männern hat, betrachtet sich vielleicht nicht als bisexuell. Andere, denen klar ist, daß sie infiziert sein könnten, spenden Blut, um sich selbst zu beweisen, daß sie in Ordnung sind. Hinzu kommt eine unbekannte Zahl von rachsüchtigen, verbitterten Leuten, die Blut spenden, von dem sie wissen, daß es infiziert sein könnte, und dabei tatsächlich hoffen, eine verseuchte Einheit werde durch das Test-Labyrinth schlüpfen und andere anstecken.

15 Diese Zahl basiert auf Daten der American Blood Commission, zitiert vom CDC in *MMWR* 36, 1987, S. 137–40.

16 J. R. Bove: Transfusion-associated hepatitis and AIDS. In: *NEJM* 317, 1987, S. 242−45.
17 CDC (s. Anm. 5/2); Institute of Medicine/National Academy of Sciences (s. Anm. 1/3).
18 Klein und Alter (s. Anm. 2/28).
19 T. A. Peterman u. a.: Estimating the risks of transfusion-associated AIDS and HIV infection. In: *Transfusion* 27, 1987, S. 37.
20 Council on Scientific Affairs: Autologous blood transfusions. In: *JAMA* 256, 1986, S. 2378−80; M. S. Kruskall u. a.: Utilization and effectiveness of a hospital autologous preoperative blood donor program. In: *Transfusion* 26, 1986, S. 335−40; R. K. Haugen and G. E. Hill: A large-scale autologous blood program in a community hospital. In: *JAMA* 257, 1987, S. 1211−14; D. R. Avoy: Autologous and aged blood donors (Leserbrief). In: *JAMA* 258, 1987, S. 1331. Zudem stellte eine von den National Institutes of Health geförderte Census Conference fest: »Man stimmt allgemein überein, daß Eigenblut die sicherste Form der Transfusionstherapie ist« (*JAMA* 256, 1986, S. 1782).
21 P. T. Toy u. a.: Predeposited blood for elective surgery. In: *NEJM* 316, 1987, S. 517−20.
22 D. M. Surgenor: The patient's blood is the safest blood. In: *NEJM* 316, 1987, S. 542−44.

**Kapitel 6**

1 CDC (s. Anm. 2/38)
2 P. M. Boffey: Failures Reported in AIDS Blood Test. In: *New York Times*, 8. Juli 1986, S. C3.
3 Organ Transplants Infect Two Patients Despite AIDS Tests. In: *New York Times*, 29. Mai 1987, S. A28.
4 W. A. Booth: AIDS and insects. In: *Science* 237, 1987, S. 355−56.
5 Ebd.
6 Ein Brief an *Science* von D. F. Siemens jr. (AIDS transmission and insects. In: *Science* 238, 1987, S. 144) weist darauf hin, daß ein Stechinsekt, das sich vorher an einer infizierten Person gütlich getan hat und dann zerquetscht wird, während es jemand beißt, im Blut aus seinem Gedärm, das an der Bißstelle auf die Haut gespritzt wird, genug Viren-Partikel haben kann, um ansteckend zu wirken. Wenn die gestochene Person dann an der juckenden Stelle kratzt, »ergibt sich die Standardmethode der Übertragung: virusenthaltende Körperflüssigkeit auf einem beschädigten Epithelium (Oberhaut)«.
7 M. W. Vogt u. a.: Isolation of HTLV-III from cervical secretions of

women at risk for Aids. In: *Lancet* 1: 1986, S. 525−27. Wofsy u. a. (s. Anm. 2/18); Archibald u. a. (s. Anm. 2/18).

8 D. Gianelli: AIDS Protection Now Required. In: *American Medical News,* 7. August 1987, S. 1.

9 S. Fox: HIV Risk in Office: Rectal Colon Scopes. In: *Medical Tribune,* 2. September 1987, S. 10−11.

10 CDC: Recommendations for preventing possible transmission of HTLV-III/LAV virus from tears. In: *MMWR* 34, 1985, S. 533−34. Ähnliche Vorsichtsmaßnahmen sollten bei anderen medizinischen Vorgängen, wie etwa dem Einsetzen von Pessaren, ergriffen werden.

11 A. T. Ng u. a.: Tracing HIV-infected blood recipients: Large-scale recipient screening vs. look-back testing (Leserbrief). In: *JAMA* 258, 1987, S. 201−2.

12 F. Clavel u. a.: Isolation of a new retrovirus from West African patients with AIDS. In: *Science* 233, 1986, S. 343−46. F. Clavel u. a.: Human immunodeficiency virus type 2 infection associated with AIDS in West Africa. In: *NEJM* 316, 1987, S. 1180−85.

13 L. K. Altman: Third AIDS Virus found in Sweden. In: *New York Times,* 20. November 1986, S. A24.

14 G. J. Stewart u. a.: Transmission of human T-cell lymphotrophic virus type III by artificial insemination by donor. In: *Lancet* 2, 1985, S. 581−85. J. Morgan und J. Nolan: Risk of AIDS with artificial insemination. In: *NEJM* 314, 1986, S. 386. L. Mascola und M. Guinan: Screening to reduce transmission of sexually transmitted diseases in semen used for artificial insemination. In: *NEJM* 314, 1986, S. 1354−59.

15 CDC (s. Anm. 2/38).

16 Johnstone (s. Anm. 3/17).

17 L. K. Altman: AIDS Virus: Always Fatal? In: *New York Times,* 8. September 1987, S. C1.

18 J. L. Rhoads u. a.: Chronic vaginal candidiasis in women with immunodeficiency virus infection. In: *JAMA* 257, 1987, S. 3105−7.

19 M. W. Vogt u. a.: Isolation patterns of the human immunodeficiency virus from cervical secretions during the menstrual cycle of women at risk for the acquired immunodeficiency syndrome. In: *Annals of Internal Medicine* 106, 1987, S. 380−82.

20 G. Y. Minuk, G. E. Bohme und T. J. Bower: Condoms and hepatitis B virus infection. In: *Annals of Internal Medicine* 104, 1986, S. 584.

21 M. Conant u. a.: Condoms prevent transmission of AIDS-associated retrovirus. In: *JAMA* 255, 1986, S. 1706.

22 L. Resnick u. a.: Stability and inactivation of HTLV-III/LAV

under clinical and laboratory environments. In: *JAMA* 255, 1986, S. 1887–91.

23 Ebd., S. 1890.

24 P. Boffey: Worker Is Infected by AIDS Virus in Laboratory. In: *New York Times*, 5. September 1987, S. 6. Ders.: Report on AIDS Lab Case. In: *New York Times*, 12. September 1987, S. 6. Ders.: 2nd Worker Gets AIDS Virus. In: *New York Times*, 10. Oktober 1987, S. 64.

25 Laut Dr. Peter Fischinger, Direktor des National Cancer Institute, hat sich der betreffende Labormitarbeiter »vor über einem Jahr (zurückgerechnet vom Datum des öffentlichen Berichts) infiziert, aber wir sagten nichts, weil wir das Virus nicht isoliert hatten« (D. M. Gianelli: Researcher in AIDS Lab infected with HIV. In: *American Medical News*, 18. September 1987, S. 2). Fischinger behauptete, obwohl viele Labormitarbeiter mit hohen Konzentrationen von HIV in Kontakt kämen, »hat es keinen weiteren Zwischenfälle gegeben«. Allerdings haben am 8. Oktober 1987 die National Institutes of Health (zu denen das National Cancer Institute gehört) den Fall eines zweiten Labormitarbeiters gemeldet, der 1985 durch berufliche Gefährdung mit HIV infiziert wurde, wobei die Infektion erst im Mai 1986 entdeckt wurde. Ein Sprecher der NIH behauptete, wegen »Kommunikationsstörungen« hätten die Sicherheitsbeamten der NIH erst kürzlich Kenntnis von dem Fall erlangt (*New York Times*, 10. Oktober 1987, S. 64).

26 J. H. Gilbaugh jr. und P. C. Fuchs: The gonococcus and the toilet seat. In: *NEJM* 304, 1979, S. 91–93.

**Kapitel 7**

1 R. Lindsey: AIDS Among Clergy Presents Challenges to Catholic Church. In: *New York Times*, 2. Februar 1987, S. A15.

2 A. C. Kinsey, W. B. Pomeroy und C. F. Martin: *Sexual Behavior in the Human Male*. Philadelphia 1948; A. C. Kinsey u. a.: *Sexual Behavior in the Human Female*. Philadelphia 1953.

3 C. Tavirs und S. Sadd: *The Redbook on Female Sexuality*. New York 1977.

4 P. Blumstein und P. Schwartz: *American Couples*. New York 1983. Das zitierte Material findet sich auf den Seiten 270 und 272.

5 U. S. Syphilis Cases Rise 23%. In: *New York Times*, 3. Juli 1987, S. A15. Bis zum 31. Oktober 1987 waren für das vorausgehende Jahr 29 178 von Syphilis bekannt, verglichen mit 21 969 Fällen für die vergleichbare Periode von 1986 (CDC, Table I Summary: Cases of specified notifiable diseases, U. S. In: *MMWR* 36, 1987, S. 714.

6 Jeder, der sich in den letzten Jahren mit männlichen Homosexuellen beschäftigt hat, weiß, daß viele von ihnen ihre sexuellen Gewohnheiten vorübergehend geändert haben und dann zu früheren Mustern ihres Sexualverhaltens zurückgekehrt sind. Dieses Phänomen, das die Gay-Gemeinde nicht gern offen diskutiert, zeigt eine neuere Studie von Dr. Michael Quadland von der Mount Sinai Medical School in New York City auf. Quadland hat bei einer Gruppe von 619 homo- und bisexuellen Männern verschiedene Methoden der Sexualerziehung mit dem Ziel der Reduzierung riskanten Sexualverhaltens angewandt. Er fand, daß homo- wie bisexuelle Männer, die ein Wochenende lang über Praktiken des Safer Sex aufgeklärt worden waren (und darüber diskutiert hatten), sich wenig änderten, mit Ausnahme einer Gruppe von Männern, die erotische Filme mit Darstellungen von Safer-Sex-Praktiken anschauten. »Manche Männer, die diese Beratung (über Safer Sex) bekamen, verzichteten eine Zeitlang (weniger als zwei Monate) vollkommen auf Sex, änderten aber ihr Sexualverhalten nicht, wenn sie wieder Beziehungen eingingen«, sagte Dr. Quadland (G. Kolata: Erotic Films in AIDS Study Cut Risky Behavior. In: *New York Times,* 3. November 1987, S. C4).

7 M. Brading: Doctors Assail Groups Billed As AIDS-Free. In: *Wall Street Journal,* 30. September 1987, S. 39.

8 CDC: HIV infection and pregnancies of sexual partners of seropositive hemophilic men – United States. In: *MMWR* 36, 1987, S. 593–95.

9 Conant u. a. (s. Anm. 6/21).

10 M. Conant, D. W. Spicer und G. Smith: Herpes simplex virus transmission: Condom Studies. In: *Sexually Transmitted Diseases* 11, 1984, S. 94–95.

11 Minuk, Bohme und Bowen (s. Anm. 6/20); G. Y. Minuk u. a.: Condoms and the prevention of AIDS (Leserbrief). In: *JAMA* 256, 1986, S. 1443. Siehe auch Erwähnung einer unveröffentlichten Studie von Marcus Conant und seinen Kollegen an der University of California, die darauf hinweist, es habe »gelegentliches Durchsikkern« von Viren bei Kondomen aus natürlicher Haut gegeben (M. F. Goldsmith: Sex in the age of AIDS calls for common sense and condom sense. In: *JAMA* 257, 1987, S. 2261–66).

12 FDA: One in the Five Sample Lots of Condoms Failed Standards. In: *American Medical News,* 4. September 1987, S. 37.

13 L. Gruson: Condoms: Experts Fear False Sense of Security. In: *New York Times,* 18. August 1987, S. C1.

14 J. D. Sherris, D. Lewison und G. Fox: Update on condoms – products, protection, promotion. In: *Population Reports* 6, Folge H,

1982. R. A. Hatcher u. a.: *Contraceptive Technology 1986—87.* New York 1986.

15 Padian u. a. (s. Anm. 2/11).

16 Goedert (s. Anm. 2/11).

17 Soweit wir wissen, hat es noch keine Untersuchung gegeben, aus der hervorging, präejakulatorische Flüssigkeit enthalte HIV, aber wir halten es für klug, zunächst einmal anzunehmen, daß dies möglicherweise der Fall ist.

18 D. R. Hicks u. a.: Inactivation of HTLV-III/LAV-infected cultures of normal human lymphocytes by nonoxynol-9 in vitro. In: *Lancet* 1, 1985, S. 1422—23. Zusätzlich berichtete Goldsmith (s. Anm. 7/11, S. 2263) über eine neuere Untersuchung, bei der mit Nonoxynol-9 durchdrungenen Kondome absichtlich zerrissen wurden. In zwei Dritteln dieser Fälle wurde HIV vernichtet.

19 Winkelstein u. a. (s. Anm. 2/21)

20 Fischl u. a. (s. Anm. 2/14)

**Kapitel 8**

1 CDC: Declining rates of rectal and pharyngeal gonorrhea among males — New York City. In: *MMWR* 33, 1984, S. 295—97.

2 L. McKusick u. a.: Reported changes in the sexual behavior with men at risk for AIDS. San Francisco, 1982—1984: The AIDS behavioral research project. In: *Public Health Reports* 100, 1985, S. 622—28. D. F. Reisenberg: AIDS-prompted behavior changes reported. In: *JAMA* 255, 1986, S. 171. S. Staver: San Francisco Successful in Cutting HIV Infection Rates. In: *American Medical News,* 27. November 1987, S. 1.

3 Goedert (s. Anm. 2/11).

4 Winkelstein u. a. (s. Anm. 2/21).

5 Diese Untersuchung wurde von Robert C. Kolodny durchgeführt am Behavioral Medicine Institute, New Canaan, Connecticut.

6 Mit dieser traurigen Tatsache wurden wir während der letzten paar Jahre bei verschiedenen Untersuchungs-Interviews konfrontiert. Sie ist auch bei Shilts (s. Anm. 3/27) festgehalten.

7 W. H. Masters, V. E. Johnson und R. C. Kolodny: *Human Sexuality.* Boston ³1988.

8 A. M. Rosenthal: AIDS and Self-Interest. In: *New York Times,* 22. September 1987, S. A35.

9 J. Gross: Bleak Lives: Women Carrying AIDS. In: *New York Times,* 27. August 1987, S. A1.

10 Chamberland und Dondero: Heterosexually acquired infection with

human immunodeficiency virus (HIV). In: *Annals of Internal Medicine* 107, 1987, S. 709–66 (Zitat auf S. 764).

11 W. E. Schmidt: High AIDS Rate Spurring Efforts for Minorities. In: *New York Times,* 2. August 1987, S. 1. G. Kolata: Experts Say Women at Risk Are Well-Informed on AIDS. In: *New York Times,* 30. September 1987, S. A18.

12 M. Chase: A Maverick, Bleak Numbers and Buses: Notes on International AIDS Conference. In: *Wall Street Journal,* 6. Juni 1987, S. 33.

13 Masters, Johnson und Kolodny (s. Anm. 8/7).

14 R. C. Kolodny, W. H. Masters und V. E. Johnson: *Textbook of Sexual Medicine.* Boston 1979.

15 M. Zelnik und J. F. Kantner: Sexual activity, contraceptive use and pregnancy among metropolitan-area teenagers, 1971–1979. In: *Family Planning Perspectives* 12, 1980, S. 230–37. M. Zelnik, J. F. Kantner und K. Ford: *Sex and Pregnancy in Adolscence.* Beverly Hills 1981. M. Zelnik und F. K. Shah: First intercourse among young Americans. In: *Family Planning Perspectives* 15, 1983, S. 64–70.

16 Allan Guttmacher Institute: *Teenage Pregnancy: The Problem That Hasn't Gone Away.* New York 1981. Zelnik, Kantner und Ford (s. Anm. 8/15); F. A. McGee: *Too Little, To Late – Services for Teenage Parents.* New York 1982.

17 C. Chilman: *Adolescent Sexuality in an Changing American Society* (Bethesda, U. S. Department of Health, Education and Welfare. NIH 79, 1979, S. 1426); Masters, Johnson und Kolodny (s. Anm. 8/7).

18 S. Hofferth, J. R. Kahn und W. Baldwin: Premarital sexual activity among U. S. teenage women over the past three decades. In: *Family Planning Perspectives* 19, 1987, S. 46–53.

19 L. D. Johnston, P. M. O'Malley und Y. Bachman: *Drug Use Among American High School Students, College Students and Other Young Adults – National Trends Through 1985* (Bethesda, U. S. Department of Health and Human Services, ADM 86, S. 1450, 1986); T. N. Robinson u. a.: Perspectives on adolescent substance use. In: *JAMA* 258, 1987, S. 2072–76.

20 Johnston, O'Malley und Bachman (s. Anm. 8/19). Nach von der CDC berichteten Daten fand eine Untersuchung über 15 200 High School Seniors heraus, daß 12,7% in den vergangenen zwölf Monaten Kokain genommen hatten, 0,5% hatten Heroin und 5,2% hatten andere Opiate gebraucht (CDC, Table 1: Trends in annual prevalence of drug use among high school seniors. In: *MMWR* 36, 1987, S. 721).

21 Daten des Center for Population Options, Washington, D. C., zitiert

in Survey Shows Teenagers Misinformed About AIDS Transmission. In: *American Medical News*, 5. Juni 1987, S. 39.
22 Guttmacher Institute (s. Anm. 8/16)
23 Holmes u. a. (s. Anm. 1/5)
24 Zelnik und Kantner (s. Anm. 8/15)
25 D. Byrne und W. A. Fisher: *Adolescents, Sex and Contraception*, Hillsdale, N. J., 1983.
26 Survey Shows Teenagers Misinformed (s. Anm. 8/21).
27 S. L. Caron, R. M. Bertran u. T. McMullan: AIDS and the college student: The need for education. In: *SIECUS Report* 15 (6), Juli/ August 1987, S. 6–7
28 L. A. Kirkendall: *Premarital Intercourse and Interpersonal Relations*. New York 1961; I. L. Reiss: *The social Contest of Premarital Sexual Permissiveness*. New York 1967; J. DeLamater u. P. Mac-Corquodale: *Premarital Sexuality: Attitudes, Relationships, Behaviour*. Madison: University of Wisconsin Press, 1979; I. L. Reiss: *Family Systems in America*. New York ³1980; I. L. Reiss: *Human Sexuality in Sociological Perspective*. In: Holmes u. a. (s. Anm. 1/5)

**Kapitel 9**

1 Institute of Medicine/National Academy of Sciences (s. Anm. 1/3), S. 97.
2 Im Gegensatz zu vielen Sexualpädagogen halten wir es nicht für sinnvoll, AIDS-Aufklärung bereits im Kindergarten oder in der Grundschule durchzuführen. Mit fünf oder sechs Jahren sind Kinder noch zu klein, um zu begreifen, was AIDS ist und wie es übertragen wird. Außerdem ist der Gedanke beunruhigend, daß Kinder lernen sollen, daß Sex tödlich sein kann, bevor sie imstande sind, zu verstehen, daß Sex Freude bereiten und eine Form tiefer Vertrautheit bedeuten kann. Wir meinen, daß im Alter von zehn Jahren die meisten Kinder besser dazu in der Lage sind, diesen Sachverhalt zu begreifen.
3 Institute of Medicine/National Academy of Sciences (s. Anm. 1/3)
4 Ebd.
5 D. C. Bross: Legal Aspects of STD Control. In: Holmes u. a. (s. Anm. 1/5), S. 925–30.
6 *New York Times,* 23. April 1987, S. A21.
7 T. Beardsley: U. S. troops and AIDS. In: *Nature* 316, 1985, S. 668.
8 L. Gostin: Traditional Public Health Strategies. In: H. L. Dalton, S. Burris and the Yale AIDS Law Project (Hrsg.): *AIDS and the Law.* New Haven 1987, S. 57.

9 Material zitiert nach Bross (s. Anm. 9/5); der Gerichtsprozeß war Molien v. Kaiser Foundation Hospitals, August 25, 1980, California Supreme Court. In: *Family Law Reporter* 6, 1980, S. 2866–67.

10 D. P. Francis und J. C. Petricciani: The prospects for and pathways toward a vaccine for AIDS. In: *NEJM* 313, 1985, S. 1586–90; Institute of Medicine/National Academy of Sciences (s. Anm. 1/3); T. J. Matthews u. a.: Prospects for development of a vaccine against HTLV-III-related disorders. In: *AIDS Research and Human Retroviruses* 3, Suppl. 1, 1987, S. 197–206; Former FDA head cautious against AIDS vaccine hopes. In: *American Medical News*, 13. November 1987.

11 Die Fehlerquote von 1 von 10 000 bei Personen, deren Resultate bei ELISA- und Western-Blot-Tests irrtümlicherweise positiv waren, kann aufgrund von Parametern der betreffenden Tests errechnet werden. Plausible Ansichten im Hinblick auf Zuverlässigkeit und Wirksamkeit dieser Tests äußern P. Cleary und seine Mitarbeiter in einem Artikel (*JAMA* 258, 1987, S. 1757–62), auf die wir weiter unten in diesem Kapitel noch ausführlich eingehen werden. Dieses Team errechnete, daß bei einem breit angelegten Testprogramm, einschließlich der Untersuchungen von Bevölkerungsgruppen mit geringem Ansteckungsrisiko, eine falsch-positiv-Rate von 1 von 10 000 angenommen werden könne. Berechnungen dieser Art sind jedoch rein hypothetisch. Dagegen ist es interessant, festzustellen, daß es durch strenge Qualitätskontrollen in den Labors gelungen ist, die Quote der falsch-positiven Ergebnisse bei den amerikanischen Militäruntersuchungen auf 1 von 135 000 zu senken (vgl. Barnes, Anm. 5/9). Daß ein derartiges Ergebnis auch außerhalb des Militärs zu erreichen ist, läßt sich an Daten aus Minnesota ablesen, wo das State Department of Health über 250 000 Personen mit niedrigem Ansteckungsrisiko untersuchte, ohne auf ein einziges falsch-positives Resultat zu kommen (C. SerVaas: The News on AIDS Testing from Minnesota. In: *New York Times,* 14. Dezember 1987, S. A22).

12 J. Gross: Bathhouses and the AIDS Epidemic. In: *New York Times,* 14. Oktober 1985, S. B3; S. Bronstein: 4 New York Bathhouses Still Operate Under City's Program of Inspections. In: *New York Times,* 3. Mai 1987. Es sollte auch angemerkt werden, daß mehrere gesundheitsbehördliche Verfügungen erlassen wurden, um einzelne Badehäuser zu schließen, die auf besonders schamlose Weise in ihren Lokalitäten gefährliche Sexpraktiken zuließen, auch wenn derartige gesetzliche Aktionen nicht immer Erfolg hatten. Vgl. z. B. G. W. Matthews und V. S. Neslund: The initial impact of AIDS on public health law in the United States – 1986. In: *JAMA* 257, 1987, S. 344–52.

13 Dennis Altman behandelt dieses Thema ziemlich umfassend in *The Homosexualization of America*. Boston 1983. Er schreibt: »Großzügige, luxuriöse Vergnügungspaläste, in denen jeder ein potentieller und direkter Sexpartner ist, spielen in den sexuellen Phantasien vieler eine große Rolle; nur für homosexuelle Männer sind diese Phantasien auch Realität« (S. 17). »Die Männer in den Badehäusern reden meist wenig, und es ist durchaus üblich, daß während des Geschlechtsverkehrs nicht gesprochen wird und keiner den Namen des anderen kennt . . . Die Bereitschaft, sofort und wahllos Sex auszuüben mit Menschen, über die man nichts weiß und mit denen man nur körperlichen Kontakt haben will, kann als eine Art Demokratie im Stile Walt Whitmans angesehen werden« (S. 79).

14 Randy Shilts schreibt ausführlich in seinem Buch *And the Band Played On* (s. Anm. 3/27) über den Kampf, die Badeanstalten für Homosexuelle in San Francisco und New York offenzuhalten, trotz der wachsenden Besorgnis, daß sie eine Brutstätte für AIDS darstellten. In einem Abschnitt seines Berichts beschreibt Shilts ein Treffen in der AIDS-Klinik des San Francisco General Hospital, in dessen Verlauf Dr. Paul Volberding, einer der führenden AIDS-Experten der Nation, die Besitzer von Badehäusern von der Notwendigkeit überzeugen wollte, ihre Etablissements zu schließen. »Nachdem Abrams (der stellvertretende Klinikdirektor) und Volberding gesprochen hatten, nahm sie einer der Eigentümer der größten Badehäuser beiseite und versuchte, ihnen gut zuzureden. ›Wir wollen doch beide dasselbe‹, sagte er. ›Geld. Wir verdienen am Anfang Geld, wenn sie in die Badehäuser kommen. Sie verdienen am Ende an ihnen, wenn sie hierherkommen.‹ Paul Volberding war sprachlos. Diesem Menschen ging es nicht um bürgerliche Freiheiten, sein Motiv war Habgier. Volberding kam sich hoffnungslos naiv vor. Die Badehäuser waren nicht etwa weiterhin geöffnet, weil ihre Besitzer nicht begriffen hatten, daß sie den Tod verbreiteten. Das hatten sie sehr wohl verstanden. Die Badehäuser waren geöffnet, weil sich weiter gut an ihnen verdienen ließ« (S. 421–22).

15 Chase (s. Anm. 8/12).

16 W. W. Darrow: Prostitution and Sexually Transmitted Diseases. In: Holmes u. a. (s. Anm. 1/5), S. 109–16; J. W. Curran: Prevention of Sexually Transmitted Diseases, ebd., S. 973–91.

17 Institute of Medicine/National Academy of Sciences (s. Anm. 1/3).

18 Padian (s. Anm. 2/13). Vgl. auch einen Forschungsbericht der Johns-Hopkins-Universität in den *American Medical News* (23.–30. Oktober 1987, S. 40), demzufolge 3% der Frauen und 6,3% der Männer, die eine Klinik für sexuell übertragene Krankheiten aufsuchten, HIV-infiziert waren und ein Drittel dieser Männer und die

Hälfte der Frauen sich durch heterosexuelle Kontakte angesteckt hatten.

19 Guinan und Hardy (s. Anm. 4/5).
20 Scott u. a.; Ledger; Mok u. a. (s. Anm. 2/4).
21 C. Marwick: HIV-antibody prevalence data derived from study of Massachusetts infants. In: *JAMA* 258, 1987, S. 171–72.
22 A. M. Kaunitz u. a.: Prenatal care and HIV screening (Leserbrief). In: *JAMA* 258, 1987, S. 171–72.
23 S. Landesman u. a.: Serosurvey of human immunodeficiency virus infection in parturients. In: *JAMA* 258, 1987, S. 2701–3.
24 Gross (s. Anm. 8/9); Schmitt (s. Anm. 8/11).
25 Baker u. a. (s. Anm. 2/39); J. C. Lennox, R. R. Redfield und D. S. Burke: HIV antibody screening in a general hospital population. In: *JAMA* 257, 1987, S. 2914; H. H. Handlesfield u. a.: Prevalence of antibody to human immunodeficiency virus and hepatitis B surface antigen in blood samples submitted to a hospital laboratory. In: *JAMA* 258, 1987, S. 3395–97. Nach den Unterlagen von Handlesfield und seinen Mitarbeitern waren 3% der Routine-Blutproben, die in den chemischen Labors eines städtischen Ausbildungskrankenhauses untersucht wurden, HIV-seropositiv. Die Studie wurde in Seattle erarbeitet, das nicht als besonders AIDS-gefährdete Region gilt. Verblüffenderweise stimmte die Ansteckungsrate von 3% exakt mit der Rate überein, die Baker und seine Mitarbeiter bei ihrer Untersuchung einer Gruppe von Notfallpatienten an der Johns-Hopkins-Universität in Baltimore festgestellt hatten.
26 R. R. Redfield u. a.: Disseminated vaccinia in a military recruit with human immunodeficiency virus (HIV) disease. In: *NEJM* 316, 1987, S. 673–76; CDC: Immunization of children infected with human T-lymphotropic virus type III/lymphodenopathy-associated virus. In: *Annals of Internal Medicine* 106, 1987, S. 75–78; D. R. Johns, M. Tierney und D. Felenstein: Alteration in the natural history of neurosyphilis by concurrent infection with the human immunodeficiency virus. In: *NEJM* 316, 1987, S. 1569–72; C. D. Berry u. a.: Neurologic relapse after benzathine penicillin therapy for secondary syphilis in a patient with HIV-infection. In: *NEJM* 316, 1987, S. 1587–89. Außerdem legen Ärzte Wert darauf, zu wissen, ob ihre Patienten HIV-infiziert sind, bevor sie eine Behandlungsart einsetzen, die die Abwehrfunktionen herabsetzen könnte (z. B. Cortisonbehandlungen oder Chemotherapien bei Krebsbehandlungen).
27 CDC (s. Anm. 2/38).
28 J. B. Lucas: The national venereal disease problem. In: *Medical Clinics of North America* 56 (5), 1972, S. 1073–86.
29 Ebd.

30 Chase (s. Anm. 8/12); CDC: Heterosexual transmission of human T-lymphotropic virus type III/lymphadenopathy-associated virus. In: *MMWR* 34, 1985, S. 561–63; G. Papaevangelou u. a.: LAV/HTLV-III infection in female prostitutes (Leserbrief). In: *Lancet* 2, 1985, S. 1018; Kreiss u. a. (s. Anm. 1/9); M. Fischl u. a.: Human immunodeficiency virus (HIV) among female prostitutes in south Florida. In: *Third International Conference* (s. Anm. 3/5).

31 P. D. Cleary u. a.: Compulsory premarital screening for the human immunodeficiency virus. In: *JAMA* 258, 1987, S. 1757–62.

32 Ebd., S. 1758.

33 A. S. Berenson (Hrsg.): *Control of Communicable Diseases in Man.* Washington, D. C., 1958, S. 172.

34 Marwick (s. Anm. 9/12); Schoenbaum und Alderman (s. Anm. 4/5); Landesman u. a. (s. Anm. 9/23); Kaunitz u. a. (s. Anm. 9/22).

35 S. J. Ventura: Trends in material status of mothers at conception and birth of first children. In: *NCHS Monthly Vital Statistics Report* 36 (2. Suppl.), 1987.

36 D. S. Burke u. a.: Human immunodeficiency virus infections among civilian applicants for United States military service, Oktober 1985–März 1986. In: *NEJM* 317, 1987, S. 131–36; CDC: Trends in human immunodeficiency virus infection among civilian applicants for military service – United States, Oktober 1985–Dezember 1986. In: *MMWR* 36, 1987, S. 273–76; Pentagon Testing Finds 3035 in Military with AIDS-Virus. In: *New York Times,* 2. September 1987, S. B4.

37 A. P. Bell und M. S. Weinberg: *Homosexualities.* New York 1978.

38 M. Saghir und E. Robins: *Male and Female Homosexuality.* Baltimore 1973; L. Humphreys: *Tearoom Trade: Impersonal Sex in Public Restrooms.* Chicago 1970; E. Coleman: Bisexual and gay men in heterosexual marriage. In: *Journal of Homosexuality* 7, 1982, S. 93–103.

39 Marwick (s. Anm. 9/21).

40 Gross (s. Anm. 8/9). Diese Schätzung wird zumindest teilweise durch ein Gutachten bestätigt, das eine HIV-Antikörper-Ansteckungsrate von 2,6% von 353 Frauen feststellte, die in New York City eine Abtreibung vornehmen lassen wollten (Schoenbaum und Alderman, s. Anm. 4/5).

41 D. M. Gianelli: AIDS Testing Issues Divide Hearing Witnesses. In: *American Medical News,* 21. August 1987, S. 2.

42 Bross (s. Anm. 9/5); Dalton, Burris, and the Yale AIDS Law Project (s. Anm. 9/8).

43 Cleary u. a. (s. Anm. 9/31).

44 Institute of Medicine/National Academy of Sciences (s. Anm. 1/3); Peterman und Curran (s. Anm. 1/12).

45 H. Ennes und T. G. Bennett: The contact-education interview: Its functions, principles, and techniques in venereal disease contact investigation. In: *American Journal of Syphilis, Gonorrhea, and Venereal Disease* 29, 1945, S. 647.

46 Institute of Medicine/National Academy of Science (s. Anm. 1/3).

47 Eine stichhaltige Erörterung dieses äußerst vielschichtigen Rechtsgebiets findet sich in R. Belitsky und R. Solomon: Doctors and Patients: Responsibilities in a Confidential Relationship. In: Dalton, Burris, and the Yale AIDS Law Project (s. Anm. 9/8), S. 201–9. Trotz der generellen Schlußfolgerung in diesem Kapitel, daß ein Arzt vermutlich gesetzlich verpflichtet ist, ihm bekannte Sexualpartner von HIV-infizierten Personen zu warnen (zumindest wenn der begründete Verdacht besteht, daß diese die Richtlinien für risikofreien Sex nicht befolgen), würden sich die meisten Ärzte wahrscheinlich dieser Pflicht entziehen, da man sie gelehrt hat, Vertraulichkeit als ein nahezu heiliges Gut zu achten. Tatsächlich formuliert es der Hippokratische Eid ausdrücklich folgendermaßen: »Was immer ich in Ausübung meines Berufes sehe oder höre . . . was nicht an die Öffentlichkeit dringen sollte: ich gelobe, nichts davon zu enthüllen und es wie ein heiliges Geheimnis zu bewahren.«

48 *New York Times,* 14. Oktober 1987, S. B8.

49 In Nürnberg verurteilte ein bayrisches Gericht einen ehemaligen AIDS-kranken Koch der US-Armee zu zwei Jahren Gefängnis, weil er ungeschützten Geschlechtsverkehr ausgeübt hatte (S. Schemann: Bavarian Court Convicts American in AIDS Case. In: *New York Times,* 17. November 1987, S. A5). Desgleichen wurde ein Armee-Sergeant (ironischerweise ein Sanitätsausbilder) in einem Vergleichsverfahren zu fünf Monaten Militärgefängnis und unehrenhafter Entlassung aus der Armee verurteilt, nachdem er gestanden hatte, mit drei weiblichen Soldaten ungeschützten Sex betrieben zu haben, obwohl er wußte, daß er HIV-positiv war und von einem Offizier den Befehl erhalten hatte, dies entweder seinen Sexualpartnern mitzuteilen oder während des Geschlechtsverkehrs ein Kondom zu benutzen (Soldier with AIDS Virus to be Imprisoned for Sexual Contacts. In: *New York Times,* 4. Dezember 1987, S. B5).

# Personen- und Sachregister

David Bodanis

# Das geheimnisvolle Haus

## Die Mikrowelt, in der wir leben

ECON

232 Seiten, gebunden, 50 Farb- und 35 s/w-Abbildungen

ECON Verlag, Postfach 30 03 21, 4000 Düsseldorf 30

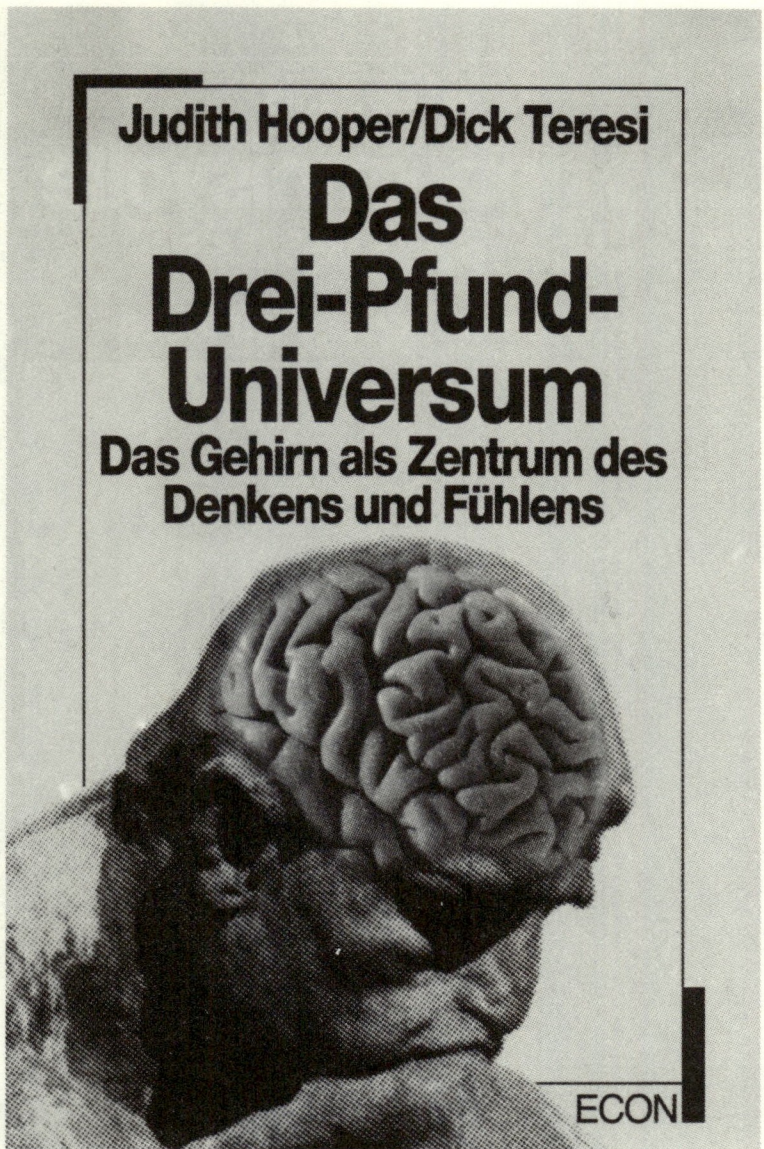

# Judith Hooper/Dick Teresi

# Das Drei-Pfund-Universum

## Das Gehirn als Zentrum des Denkens und Fühlens

ECON

472 Seiten, gebunden

ECON Verlag, Postfach 30 03 21, 4000 Düsseldorf 30

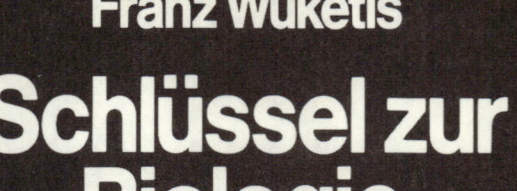